Dieses Buch wurde geschrieben für:

Die Auflage dieses Buches beträgt 777.

Dieses Buch hat die Nr.

267

Schweinchen Schnüfferl und die Ernährung.
Von der Entdeckung der Kultur der Speisen und Getränke

Gottfried Tichy: Schweinchen Schnüfferl und die Ernährung.
Von der Entdeckung der Kultur der Speisen und Getränke.
Schweinchen Schnüfferl Band III.
Schwanenstadt: Aichmayr 2006
(Reihe Europäische Kinder- und Jugendliteratur, Band 8)
ISBN 3-901722-10-6

BUNDESKANZLERAMT ⋮ KUNST

Text, Illustrationen und Umschlagentwurf und Foto von Gottfried Tichy
Lektorat: Gabriele Benisek, Christine Aichmayr, Erika Fröhlich
Gestaltung: Manuela Führer, Michael Aichmayr
Übersetzung Kapitel „In Vino Sanitas": Elisabetta De Martin
© Verlag Michael Aichmayr, A-4690 Schwanenstadt
© Gottfried Tichy, A-5201 Seekirchen am Wallersee
Druck: H + S Druck, A-4921 Hohenzell
Gedruckt in Österreich, 2006

Reihe Europäische Kinder- und Jugendliteratur, Band 8
Hrsg. von Michael Aichmayr, Livio Sossi und Markus Vorauer

Gottfried Tichy

SCHWEINCHEN SCHNÜFFERL UND DIE ERNÄHRUNG

Von der Entdeckung der Kultur der Speisen und Getränke.

Schweinchen Schnüfferl Band III.

Illustrationen von Gottfried Tichy

Diese Ernährungspyramide ist für die Katz

VORWORT DES HERAUSGEBERS

Nun liegt ein neuer Band der Schnüfferl-Entdeckungsbücher vor. Handelten Band I über Geologie und Band II über Biologie, so widmet sich das poetische Erzähl-Sachbuch über die Ernährung der Herkunft, der Geschichte, der Zusammensetzung und der Wirkung von Speisen und Getränken.

Wiederum gehen das Schweinchen Schnüfferl und sein Lehrer, der Rabe Habakuk, in der Tradition des frühen Carlo Collodi auf eine Entdeckungsreise, um das Alltägliche von seiner geheimnsivollen und somit unbekanntenteren Seite betrachten zu können und tiefer die Wunder des Lebens und der Natur, diesmal auf der Grundlage der Ernährung, zu bestaunen.

Gerade junge Menschen werden mit vielen Modeerscheinungen, insbesondere und oft unmerklich im Ernährungsbereich, aber auch mit diversen Suchtmitteln, konfrontiert. Mit aufgeklärtem Geist wird auf die Gefahren, die ein falscher Umgang mit dem Körper in sich birgt, verwiesen. Die humorvolle Darstellung und die vielen lustigen Illustrationen des international geschätzen Universitätsprofessors Gottfried Tichy, der es versteht, in seinem Werk das Nützliche mit dem Angenehmen zu verbinden, bilden einen wertvollen Impuls, das Bewusstsein im Sinne eines verantwortlichen Umgangs mit der eigenen Gesundheit zu schärfen.

Michael Aichmayr

Eine Investition in Wissen bringt immer noch die besten Zinsen
Benjamin Franklin (1706-1790)

EINLEITUNG

Gesunde Ernährung ist für alle wichtig, besonders aber in der Kindheit, da dadurch Wachstum und Entwicklung maßgeblich beeinflusst werden. Eine abwechslungsreiche und ausgewogene Ernährung ist eine der wesentlichsten vorbeugenden Maßnahmen gegen spätere Erkrankungen. Oftmals essen und trinken wir uns krank oder auch zu Tode. Während eines 75-jährigen Lebens eines Menschen wandern etwa dreißig Tonnen Nahrung und 50.000 Liter Flüssigkeit durch seinen Darm. Damit die Nahrungsaufnahme, zu der neben dem Essen auch die Getränke gehören, wieder Lust und Genuss wird, ist es wichtig, etwas darüber zu erfahren und danach zu handeln.

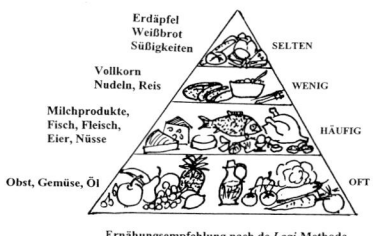

Nahrungsempfehlung nach der Logi-Methode

Essen bedeutet mehr als richtige Ernährung, Essen ist eine wichtige Voraussetzung für unser Wohlergehen, das ist die physische und psychische Gesundheit. Ein Großteil der Bevölkerung ernährt sich falsch, oft zu einseitig, meist zu kalorienreich, nimmt wahrhaftig ‚Müll' zu sich. Die Folgen derartiger Kalorienorgien sind Übergewicht und die verschiedensten Zivilisationskrankheiten, wie Bluthochdruck, (Hypertonie), Zuckerkrankheit (Diabetes), Erhöhung der Blutfettwerte, bis zum dicken Ende: Herzinfarkt und Schlaganfall. Nach einer deutschen Studie haben fast 7 % der Jugendlichen zwischen 12 und 16 Jahren einen gestörten Zuckerstoffwechsel. In Österreich dürfte es nicht viel besser sein. Immer mehr Jugendliche leiden unter Übergewicht und können damit an der Vorstufe zur Zuckerkrankheit stehen. Fest steht, dass auch die Österreicher immer dicker werden. Bereits 800.000 von ihnen gelten als übergewichtig. Etwa 80.000 davon leiden unter krankhafter Fettsucht (morbide Adipositas), die Tendenz ist steigend. Daher sind viel Obst und Gemüse und fettarme Kost zu befürworten. Es ist besser, mehrmals am Tag kleine Portionen zu essen, als drei Mal große Mengen. Essen sollte man nur dann, wenn man wirklich Hunger verspürt. Neben einer ausgewogenen Ernährung ist auch eine Änderung des Lebensstils nötig, zu dem auch regelmäßiges

Betreiben von Sport gehört. Lieber fit statt fett!
Die Geborgenheit innerhalb der Familie und der Gesellschaft spielen ebenfalls eine wesentliche Rolle. Mit übermäßiger Nahrungsaufnahme versuchen manche ihr emotionales, seelisches Loch zu stopfen. Andere Wege müssen gesucht und gefunden werden, um die Einsamkeit, Langeweile, geringe Aufmerksamkeit, mangelnde Liebe, Wut, Trauer, Angst wie auch andere Gefühle zu bewältigen, ohne sie mit Essen, alkoholischen Getränken oder Rauschgift zu betäuben. Dann, wenn Körper und Seele in Harmonie sind, wird es auch zu einer Besserung der Lebensqualität kommen.

Durch ein missverstandenes Schönheitsideal, gertenschlank zu sein, kommt nicht selten auch Mangelernährung vor. Auf alle Fälle führt dies zum Verlust der Lebensfreude, zum Verlust der Genussfähigkeit. Wenn jemand nicht genießen kann, ist er bestimmt auch „ungenießbar". Essen ist etwas Herzhaftes, etwas, das dem Auge wohltut, gut riecht, gut schmeckt und bekömmlich ist. Zum Genießen gehört auch, dass man seine Mahlzeiten in Gesellschaft einnimmt, dass auch das Auge mitisst, bei einer schönen Dekoration, romantischer Kerzenbeleuchtung und angenehmer Musik. Dann freilich wird das Essen zum Speisen, anstelle des Kalorienmampfens wird es zum Genuss.

> **Der Mensch ist, was er isst**
> *Ludwig Feuerbach* (1804-1872) in seinem Artikel:
> „Die Naturwissenschaft und die Revolution"

Erfahren sollen wir aber auch, dass es viel zu viele Menschen gibt, die nicht genügend zum Essen haben, nicht über ausreichend Wasser verfügen, dass sie Krankheiten durch Unterernährung erleiden, dass alltäglich Menschen Hungers sterben müssen - müssen? Oder können wir auch etwas dagegen tun?

> **Essen und Trinken hält Leib und Seel' z'samm**
> *Deutsches Sprichwort*

Liebe geht durch den Magen.

Wie merkt man, dass man zu dick ist?

Lasst mich doch an Land, ich bin doch kein gestrandeter Wal, dass ihr mich immer wieder ins Meer hinaus schleppt.

ALLGEMEINES

VITAMINE TUN GAR NICHT WEH

„Was isst du da Schnüfferl, sind das wieder Zuckerl? Ich habe dir doch gesagt, du sollst vor dem Essen nicht naschen." - „Ich nasche doch gar nicht", antwortete Schnüfferl resolut. „Aber ich sehe doch, dass du etwas isst." - „Ja, aber das sind „Fitamine" um mich fit zu halten, und von denen kann man doch nicht genug bekommen, oder?" - „Das ist richtig, Vitamine sind lebenswichtig, vital bedeutet immerhin Leben, und ein Mangel an Vitaminen macht krank. Aber durch unsere Nahrung, wenn man vernünftiges Essen zu sich nimmt und nicht immer Pommes Frites mit Ketchup futtert, nimmt man genügend davon zu sich. Eine zusätzliche Versorgung mit Vitaminen hebt das Wohlbefinden nur dann, wenn der Körper mit dem bestimmten Vitamin unterversorgt ist. Was glaubst du, was mit einem Auto passiert, wenn es kein Motoröl mehr hat?" - „Es bekommt einen Kolbenreiber." - „Richtig, so geht es uns auch, wenn wir nicht genügend Vitamine haben." - „Bekommen wir dann auch einen Kolbenreiber?" - „Das gerade nicht, aber wir werden krank und sind nicht mehr funktionstüchtig. Wenn du aber mehr Motoröl ins Auto einfüllst, über die Nachfüllmarke hinaus, glaubst du, dass das Auto dann schneller fahren wird? Dass es für das Auto besser sein wird?" - „Glaube ich nicht." - „Siehst du! Bei den Vitaminen kann sogar das Gegenteil eintreten. Hohe Überdosen können schwere Erkrankungen hervorrufen. Ein Zuviel an Vitamin A erzeugt beim Menschen Durchfall, Haarausfall und Kopfschmerzen. Hohe Vitamin-C-Dosen sind ebenfalls nicht ungefährlich, allerdings muss man da sehr viel zu sich nehmen, dann allerdings können Nierensteine, Durchfall oder auch Wahnzustände auftreten."
Schnüfferl schaute schon fast so drein, als ob es viel zu viel Vitamin C geschluckt hätte. Habakuk bemerkte es aber nicht und dozierte gleich weiter: „Na, und was das Vitamin-D erst anlangt, so kann es zu Übelkeit, Muskelschwäche, Erbrechen, Gliederschmerzen, ja sogar zum Tode führen!" Dabei hob der alte Rabe seinen rechten Flügel und schwenkte ihn drohend auf und ab, so dass das Schweinchen den Luftzug um sein Schnäuzchen verspürte. „Zum Tode?" Schnüfferl war leichenblass." - „Zum Tode?", sagte es nochmals, zart, wie gehaucht. „Ja, zum Tode", wiederholte der alte Rabe theatralisch seine letzten Worte und blickte dabei sehr ernst drein, dann musste Habakuk selbst über sich lachen. Schließlich sagte er: „Es ist zwar richtig, was ich dir gesagt habe, Schnüfferl, aber mit den paar Pillen wirst du sicherlich nicht krank, iss sie nur brav weiter und bald gibt es das Mittagessen."

SWEET HONEY

Habakuk machte sich gerade in der Küche wichtig, als er immer wieder hörte, wie das kleine Schweinchen ganz vergnügt vor sich hinträllerte und pfiff. An und für sich wäre das nichts Ungewöhnliches, Schweinchen ist eben eine Frohnatur. Und der alte Rabe glaubte zwischendurch so etwas wahrzunehmen, das so klang wie *'sweet honey, my sweet honey I love you'* oder so etwas Ähnliches. Habakuk pirschte sich zur Tür und beugte ein wenig seinen Kopf um die Kurve um zu sehen, was passiert war. Tatsächlich, da saß Schweinchen bei Tisch und spielte mit einem Glas.
„Was machst du Schnüfferl, was ist los mit dir?", fragte der alte Rabe. Schnüfferl fühlte sich ertappt, zuckte zusammen und sah ihn gekonnt unschuldig an. „Wawas soll mit mir los sein?" - „Ich meine ja nur." - „Schau, Habakuk, die Kinder mögen es, die Bären mögen es und auch die kleinen Schweinchen sind davon begeistert." - „Wovon begeistert?" - „Von meinem *Sweet Honey*!", sagte Schweinchen resolut. „Du bist doch etwa nicht verliebt, Schweinchen?" - „Iiich? Wieso ich?" - „Na, dein *Sweet Honey*, wer ist denn das?" Jetzt dämmerte es dem Schweinchen. „Mein *Sweet Honey* ist vor mir", und Schweinchen lächelte. „Der Topf da?" - „Ja, der Topf da."
Nun sah Habakuk, was Schweinchen meinte, es war ein Glas Honig. „Weißt du auch, woraus Honig besteht?", fragte Habakuk mit ernster Stimme. „Aus lauter süßen, guten Sachen." Während Schnüfferl den Satz sprach, leckte es sein Mäulchen. Habakuk redete streng und schulmeisterisch weiter: „Und wie wird der Honig gemacht? Weißt du das?" - „Der Honig?" - „Ja, der Honig." - „Ist es wichtig zu wissen, wie der Honig gemacht wird, wenn er schmeckt?", antwortete das Schweinchen ein wenig keck. „Nicht unbedingt, aber vielleicht..." - „Wie wird er denn gemacht?", sprudelte nun Schnüfferl heraus.
Es schien, als ob es doch neugierig geworden wäre, mehr zu erfahren, und schnell naschte es wieder vom goldenen Saft, während Habakuk zur Erklärung ansetzte: „Eine Unzahl von keinen Bienen fliegt, solange die Sonne scheint, von Blüte zu Blüte und holt sich dort den Honigtau." - „Dann stammt der Honig von den Blütenpflanzen?" - „Die Rohstoffe, nur die Rohstoffe, Schnüfferl. Der Honig selbst wird im Körper der Biene erzeugt. Sie saugen den Nektar mit ihrem Rüssel in die Honigblase oder den Honigmagen. Dieser Rüssel ist so lange, dass sie auch bei Lippenblütlern und Schmetterlingsblütlern zum Nektar

vordringen können." - „Und was geschieht dort in der Honigblase? Machen sie dann Honigpipi?"

- „Jetzt musste auch Habakuk, der die ganze Zeit über ernst war, lächeln. „Nein, dort wird der Wassergehalt des Nektars verringert. Der Nektar ist noch zu wässerig, musst du wissen, er beinhaltet zwischen 50 und 90 Prozent Wasser, daher wird er solange bearbeitet, bis nur mehr siebzehn bis zwanzig Prozent davon übrig sind." - „Und dann ist der Honig fertig?" - „Noch nicht, denn im Nektar gibt es sehr viel Rohrzucker, so etwas, woraus auch unser Würfelzucker besteht. Dieser wird in einen Einfachzucker umgewandelt. Honig besteht ja zu etwa 75 Prozent aus Zucker, genauer gesagt, aus einem Gemisch von Glucose und Fructose."
Schnüfferl leckte sich schon wieder, wenn auch unbewusst, sein Schnäuzchen. Und als Schnüfferl sich noch dachte: Schlucktose hin, Schlucktose her, oder so, egal, mir schmeckt's, fühlte Habakuk den Drang, es noch genauer zu erklären und so begann er fast feierlich: „Der Hauptteil davon aber liegt als Invertzucker vor, das heißt als umgewandelter Einfachzucker, der für uns wesentlich bekömmlicher und gesünder ist als der Rohrzucker oder Zweifachzucker, wie ihn die Chemiker bezeichnen." - „Und wie machen die Bienen das?" - „Dazu benötigen die Bienen spezielle Fermente. Du hast das schon öfters selbst gemacht." - „Iiich?" - „Ja, natürlich du. Wenn du beispielsweise eine Semmel lange Zeit kaust, wird der Speisebrei plötzlich süß." - „Oh ja, das weiß ich." - „Siehst du, auch hier wirkt ein Ferment, die *Amylase*, welche die Stärke, und das ist ein Vielfachzucker, in Einfachzucker, den Traubenzucker, abbaut, und dann schmeckt es plötzlich süß."
Schweinchen sah Habakuk mit weit aufgerissenen Augen an, und Habakuk redete wie aufgezogen: „Wenn der Honig reif geworden ist, wird er in eine Zelle des Honiglagers, die aus sechseckigen Wachswaben besteht, gespeichert. Diese Behälter sind geometrisch vollendet angefertigt und zudem baustoffsparend. Zur Konservierung wird mit dem Giftstachel noch eine Spur Ameisensäure dazugespritzt und anschließend die Zelle mit einem Wachsdeckel versiegelt."
Schweinchen blickte zu Habakuk und sagte fast ehrfürchtig: „Wie viele Einzelblüten brauchen denn die Bienen, um so ein Glas Honig zu

machen, das muss ja unheimlich viel sein?" - „Das hängt natürlich ganz von der Art der Blüten ab. Um ein Kilogramm Honig zu erzeugen, müssen 1,6 Millionen Akazienblüten abgesammelt werden oder gar sechs Millionen Kleeblüten." Nun senkte Schweinchen ein wenig den Kopf und grübelte kurz, bis es sagte: „Sagt man deshalb 'bienenfleißig', wenn jemand sehr arbeitsam ist?" - „Genau, du kannst auch emsig sagen, das ist das gleiche. Aber die Bienen sammeln nicht nur den Blütennektar, sondern können auch die süßen, klebrigen Ausscheidungen der Blattläuse aufschlecken, was das Ausgangsmaterial des Blatt- oder Tannenhonigs bildet." Schnüfferl hatte den letzten Satz überhört, wenngleich es sein Schnäuzchen ein wenig gerümpft hatte." - „Blattlausgaga, na so was?" dachte es sich, schüttelte sich dabei einmal kurz und stellte gleich eine weitere Frage: „Und wie viel Honig erzeugt so ein Bienenvolk?" - „Das hängt natürlich von der Größe des Volkes und den Trachtquellen ab. Pro Jahr können bis zu acht Zentner erreicht werden, bei uns ist es höchstens ein Zentner. Das heißt, dass ein Bienenvolk im Tag bis zu einem Kilogramm Honig produzieren und speichern kann." - „Und warum arbeiten die Bienen so viel für uns?" - „Für uns arbeiten sie eigentlich gar nicht, sie sammeln Honig, um ihr Volk durch den Winter zu bringen, da es dann keine Blüten mehr gibt und sie auf ihre Vorräte angewiesen sind."

Schweinchen war erschrocken und fragte mit trauriger Stimme: „Oj, müssen jetzt die Bienen verhungern, nur weil ich gerne Honig esse?" - „Aber nein, die Imker oder Zeidler, das sind die Bienenzüchter, tauschen den Honig gegen Zuckerwasser. Die Bienen bekommen genug davon, um gut die Winterzeit zu überstehen." Jetzt war das Schweinchen froh, dies zu erfahren, denn wer möchte denn schon gerne andere arbeiten lassen und dann sie ihres Verdienstes, ihres Futters zu berauben und womöglich Schuld daran zu sein, dass sie verhungern müssen. So gut könnte der Honig gar nicht schmecken, dass man dann am Essen Freude hätte.

„Und warum machen die Menschen dann nicht selbst Honig?" - „Es gibt ohnedies einen Kunsthonig, aber der echte Bienenhonig ist dem Kunstprodukt weit überlegen. Im Honig sind nicht nur etwa 75 Prozent Zucker, und wie ich dir gesagt habe, in einer sehr gut bekömmlichen Form des Fruchtzuckers enthalten. An Rohrzucker verbleiben kaum fünf Prozent, der Wassergehalt liegt auch zwischen 18 bis 22 Prozent. Bei Heidehonig kann er auch auf 25 Prozent steigen, die restlichen zwei bis drei Prozent enthalten organische Säuren, Eiweiß und Asche. Das Eiweiß stammt zumeist von den Bienen, z. T. aus Fermenten. Und schließlich ist Honig nicht nur ein beliebtes Nahrungsmittel, früher war es der einzige Süßstoff, den die Menschen kannten, sondern Honig kann auch Medizin sein."

> In ein Land, in dem Milch und Honig fließen
> *Exodus 3,8*

Schweinchen strahlte, „Medizin", das klang gut: „Die lasse ich mir vom Arzt verschreiben", quiekte Schnüfferl gleich fröhlich heraus und dann etwas kleinlaut: „Und wofür braucht man den Honig?" - „Bei Erkrankungen des Herzmuskels und bei Leberleiden und bei manchen Hautkrankheiten mit Juckreiz." - „Das habe ich aber nicht." - „Wie wär's mit Leberzirrhose und Gelbsucht?" - „Das habe ich auch nicht." - „Aber auch bei Katarrhen und bei Bronchitis ist Honig ein altbewährtes Mittel." - „Äch, äch, äch...", hustete das Schweinchen." Habakuk sah Schnüfferl fest in die Augen und sprach mit sonorer Stimme: „Das hört sich aber gar nicht schön an, Schnüfferl. Du bist ja schwer erkältet." - „Gelt ja, Habakuk. Äch, äch, äch..." und schwups war ein Löffel voll Honig im Mäulchen von Schnüfferl verschwunden. Schnüfferl schleckte sich mit der Zunge über sein Schnäuzchen und sagte: „Das wirkt ja wirklich, ich habe kaum mehr einen Husten." Der alte Rabe sah mit verschmitzen Augen das kleine Schweinchen an und erwiderte: „Aber nimm zur Vorsicht noch einen Löffel, du weißt schon..."

> Auf der Zunge Honig, im Herzen Eis
> *Russisches Sprichwort*

> Jemandem Honig ums Maul streichen
> *Altes Sprichwort für: jemandem zum Munde reden.*

NAPOLEON UND DIE KONSERVENDOSE

Der goldene Herbst lud ein, eine Wanderung zu machen und so hielt es auch Habakuk mit Schnüfferl nicht lange zu Hause. Da Wandern hungrig macht und Schnüfferl schon ungeduldig wurde, beschlossen sie, eine Rast einzulegen. Behutsam packte der alte Rabe die Jause[1] aus. Schnüfferl machte sich gleich über die größte Konservendose her, klein geschnittene Pfirsiche mit allerlei anderen Früchten in köstlichem Saft. Während Schnüfferl andächtig sein Essen verzehrte, kam dem kleinen Schweinchen plötzlich ein Gedanke:
„Du, Habakuk, wie haben es denn die Leute früher gemacht, als es noch keine Konserven gegeben hat?" - „Zu den ersten Konserven könnte man das Fladenbrot zählen. Einmal gebacken, hielt es jahrelang. Na und die Früchte, die hat man eben getrocknet. Das machen wir ja heute auch noch, getrocknete Apfelspalten, oder Birnen, die Kletzen oder Früchte, die man eben länger aufbewahren kann wie

Nüsse, und diese hat man dann auf Wanderungen mitgenommen."

Umzug

- „Und hat man Fleisch auch getrocknet?" - „Gewiss, Fleisch wurde in Streifen geschnitten und luftgetrocknet, oder man hat Fleisch und Fisch gesalzen. Derartig gepökeltes Fleisch, das man *salsamenta* nannte, kannte man schon im Altertum. Damals hatte man durch Salzung Gemüse- und Obstkonserven hergestellt, die sogenannten *salgamae*." - „Kann man denn nur mit Salz Lebensmittel haltbar machen?" - „Nein, im alten Orient hat man dazu auch Honig verwendet."

Schnüfferl kratzte sich am Kopf. So wie es das immer tat, wenn es angestrengt nachdachte. Dann wollte es die Sache mit der Honigkonservierung genauer wissen: „Honig? Mhm, das ist mir aber sehr sympathisch", dabei leckte es sich sein Schnäuzchen. - „Ja, Zucker wurde nicht nur zum Einmachen von pflanzlicher Nahrung, sondern auch von Fleisch verwendet. In Ländern, wo es eine kalte Jahreszeit gibt, gräbt man beispielsweise die Kartoffeln ein und holt sie im Frühjahr wieder heraus. In der Tiefe gefrieren die Kartoffel nicht, denn gefrorene Kartoffel schmecken nicht mehr gut." - „Mit dieser Methode kann man aber keine Wanderungen machen, wenn man aufs Essen bis zum Frühjahr warten muss." - „Da hast du Recht, aber man hat auch manche Nahrungsmittel geräuchert, Fische, Speck und Käse zum Beispiel, oder durch eine sogenannte Schnellräucherung, indem man die Speisen in Holzessig getaucht hat." - „Aber mein Kompott ist weder geräuchert noch gesalzen und in Honig sind die Früchte auch nicht gelegt."

„Da hast du Recht. Sehr wichtig bei der Konservierung ist der Luftabschluss. Das hat bereits ein gewisser Papin[2] erkannt." - „Ist das der mit dem Druckkochtopf?" - „Genau, der ist es. Dieser besagte Papin hat bereits 1685 einen Brief an den berühmten Philosophen und Naturwissenschafter Leibnitz[3] geschrieben und ihm von der Notwendigkeit des luftdichten Verschlusses von Nahrungsbehältnissen mitgeteilt. Das erste Patent auf konservierende Nahrungsbehältnisse wurde allerdings nicht ihm, sondern zwei Engländern, Porte und White 1685 zuerkannt. Und der große deutsche Philosoph Leibnitz erwähnte 1714 bereits Konserven, die für die Verpflegung der Truppen im Felde Verwendung fanden."

Schnüfferls Blick traf zufällig das Küchenregal, wo neben Gewürzen auch einige Packerl waren. Da wurde natürlich gleich die nächste Frage geboren: „Sind denn die Packerlsuppen nicht auch so etwas wie Konserven?" - „Richtig. Um Platz zu sparen und die Nahrungsmittel

länger haltbar zu machen, versuchte man das Wasser aus den Nahrungsmitteln zu entfernen, das man bei der Verwendung wieder zusetzte. Ein so genanntes 'Pulver wider den Hunger' hatte schon Heinrich Pott 1756 für die preußische Armee erfunden, einen Vorläufer der heutigen Packerlsuppen[4]. Aber all diese Methoden waren für einen längern Krieg oder für die Seefahrt wenig geeignet. Dazu musste erst die Konserve, wie wir sie heute kennen, erfunden werden."
Das war natürlich eine Sternstunde in der Evolution, Konserven. Man kann all die überschüssigen Nahrungsmittel aufbewahren und sie bei Bedarf verzehren, wenn einmal wenig oder nichts anderes zur Verfügung steht. „Und wer hat nun die Konserve erfunden?" „Eigentlich haben wir Tiere lange vor dem Menschen schon Konserven verwendet." - „Wirklich?" - „Na, ja, eigentlich schon. Denn manche Insekten töten ihre Beutetiere nicht, sie lähmen sie nur und legen ihre Eier in deren Körper ab. Manche Säugetiere, wie die Eichhörnchen, vergraben Vorräte für den Winter, Eicheln, Nüsse und andere Leckerein. Die Erfindung der eigentlichen Konserve hat etwas mit der Pariser Revolution zu tun." - „Mit der Revolution?", wiederholte Schnüfferl die letzten Worte Habakuks wie ein Echo. - „Ja, mit der Revolution. Denn das Revolutionsdirektorium von Paris hatte 1795 einen Preis von immerhin 12.000 Francs für jeden ausgeschrieben, der Nahrung mit einer neuen technischen Methode haltbar machen konnte." - „Und wer hat nun die Konserve erfunden?", fragte Schnüfferl ungeduldig. - „Ein Pariser Konditor und Likörmeister." - „Waaas? Ein Konditor?" - „Ja, Nicolas Appert fühlte sich dazu berufen, und er experimentierte an der Sterilisation von Nahrungsmitteln in leeren Weinflaschen. Später gab er die Vorräte in Gläser, die er luftdicht verschloss und anschließend stundenlang erhitzte. Anfänglich verwendete er nur Glas und Keramik, später auch Blechbüchsen. Er legte den Konserveninhalt einfach roh, oder nur kurz abgekocht, in die Blechdose, lötete einen Deckel darauf und erhitzte die Dose anschließend stundenlang im Wasserbad. Nach zehn Jahren eifrigen Experimentierens war die Konserve geboren." - „Zehn Jahre? Das war aber eine schwere Geburt. …Und hat Appert nun doch noch den Preis bekommen?" - „Sogar aus der Hand von Kaiser Napoleon höchstpersönlich, der kurz vorher, 1804, sich selbst zum Kaiser gekrönt hatte. Zur Demonstration übergab ihm Appert eine Reihe verkorkter, sterilisierter Proben in Flaschen. Achtzehn verschiedene Speisen hatte er zubereitet, wie Geflügel, Gemüse und verschiedene Soßen. Nach einer Seereise von vier Monaten und zehn Tagen an Bord des Schiffes behielten die Speisen nach wie vor ihren Geschmack und ihre Frische."
Die Franzosen sind also nicht nur Feinschmecker, sondern auch die Erfinder der Konservendose, na so etwas, dachte sich Schnüfferl und stellte so nebenbei eine fast rhetorische Frage: „Dann haben also die

Franzosen das Patent auf die Konserven bekommen?" Habakuk schüttelte kräftig seinen Kopf: „Das gerade nicht. Da die Erfindung für die Kriegsführung äußerst wichtig ist, hat der englische König Georg III sofort die Konservierung von Nahrungsmitteln angeordnet. Immerhin sind im Russlandfeldzug Napoleons mehr Soldaten verhungert als durch Kampfhandlungen umgekommen[5]. Ein Engländer mit einem französischen Namen, Peter Durand, übernahm gleich Apperts Sterilisationsmethode. Nur verwendete er ausschließlich Behältnisse aus Blech anstatt aus Glas und meldete die Methode, die gar nicht von ihm stammte, zum Patent an. Seine beiden Landsleute Bryan Donkin und John Jall setzten das Patent in die Tat um und gründeten 1811 die erste Konservenfabrik. Um Korrosion zu vermeiden benützte man damals schon Stahlbleche mit Zinnbeschichtung. Ein Jahr später tauchten überall in Europa Konservendosen aus Metall auf. Im Jahr 1813 wurden die ersten Konservendosen für die britische Armee und Marine für Versuchszwecke geliefert. Sie haben offensichtlich den Test bestanden, denn 1814 wurde die Konservendose Bestandteil der Standardverpflegung britischer Militärbasen."

Dass nicht nur das Militär Konserven schätzt, das wusste Schnüfferl bereits, denn im Vorratskeller lagen genug Konserven bereit, aber ob andere Staaten auch so schlau sind, Konserven zu produzieren? So fragte es eben seinen Freund: „Gibt es die Konservendosen nur bei uns in Europa oder woanders auch?" Habakuk lachte laut auf, dann sagte er: „Was glaubst du denn, die Amerikaner haben sich das Geschäft mit den Dosen natürlich nicht entgehen lassen. Schon 1825 meldeten die beiden Amerikaner Thomas Kensett und Ezra Daggett ein Patent dafür an, nachdem sie einige Jahre lang versucht hatten, Austern und Gemüse zu sterilisieren und zu verpacken. Durch den Goldrausch von 1849 und durch den Bürgerkrieg 1861-1864 erlebte die amerikanische Konservenfabrikation einen bedeutenden Aufschwung. In dieser Zeit stieg die jährliche Zahl der hergestellten Dosen über dreißig Millionen Stück." - „Das ist ja unglaublich viel!", meinte Schnüfferl. „Viel meinst du? Heute brauchen die Amerikaner mehr als zweihundert Millionen Blechbüchsen pro Tag, in denen mehr als 2500 verschiedene Produkte eingedost sind." Vor lauter Überraschung fiel Schnüfferl der Dosenöffner aus seinen Vorderbeinen.

„Ha!", sagte Habakuk. „Weißt du seit wann es Dosenöffner gibt?" Schnüfferl fand gar keine Zeit aufzuschreien. Es rieb sich nur verschämt sein Bein und sagte: „Wahrscheinlich mit der Erfindung der Konservendose, nehme ich an, so um 1811, als die Dose den Markt eroberte oder knapp danach wahrscheinlich." Habakuk lächelte, schüttelte seinen Kopf einige Male hin und her als er antwortete: „Weit gefehlt, weit gefehlt! Obwohl dies an und für sich vernünftig gewesen wäre. Nein, man hat früher die Dosen mit roher Gewalt öffnen müssen.

Die Soldaten benützen dabei ihr Bajonett oder sonst ein Messer. Auf den Kalbfleischdosen, die der Polarforscher William Parry[6] auf seiner Arktisexpedition 1824 mitführte, stand: 'Mit Hammer und Meißel zu öffnen.' Das erste Patent für einen Dosenöffner hatte der Amerikaner Ezra J. Warner aus Waterbury in Connecticut 1858 angemeldet." - „Jetzt wäre mir beinahe der Dosenöffner noch einmal heruntergefallen, wenn er nicht vorher schon am Boden gelandet wäre", sagte Schnüfferl. „Ja, aber mittlerweile haben sehr viele Dosen eine vorgeformte Aufrissstelle, wie sie nun bei den meisten Getränkedosen üblich ist." „Das ist aber gescheit! Und wer hat diese geniale Erfindung gemacht?" Habakuk nickte bedächtig und sagte: „Wer? Die Trilobiten." - „Aha, die Trilobiten", sagte Schnüfferl wissend, dabei versuchte es die Antwort Habakuks zu verstehen: ‚Trilobiten' geisterte es in seinem Köpfchen, aber es kam kein erleuchtender Gedanke. So wollte Schnüfferl es doch genauer wissen, wer der oder die Erfinder dieser raffinierten Dosen waren, welche die ‚High-tech Konserven' entwickelten, und so fragte es gleich nach: „*Trilobiten*, ist das ein moderner, religiöser Orden?" - „Nein Schnüfferl, das sind Tiere, sehr entfernte Verwandte mit den Krebsen, die bereits vor 550 Millionen Jahren die Meere bevölkerten und vor etwa 220 Millionen Jahren ausgestorben sind. Auch sie hatten vorgeformte Stellen in ihrem Panzer, damit sie, wenn sie sich häuteten, ihn rascher und gefahrloser abwerfen konnten ohne sich dabei zu verletzen." - „Da staune ich aber!" - „Gelt ja. Wir Tiere können den gescheiten Menschen immer wieder Vorbild sein." - „Und woraus bestand ihr Panzer, vielleicht aus Eisen?" - „Nein, nein. Nicht aus Eisen, aus Chitin, einem organischen Stoff, wie ihn auch die Krebse und Insekten haben." - „Aber die Dosen damals waren aus Eisen, nicht wahr?"
Schnüfferl glaubte im Recht zu sein, denn all die Fisch-Konserven im Keller sind aus Weißblech, umso erstaunter war es, als Habakuk sagte: „Der Großteil der Getränkedosen besteht aus Aluminium. Dieses leichtere Metall verwendet man seit 1957 für die Dosenherstellung." - „Aber die Gewinnung von Aluminium benötigt doch sehr viel mehr an Energie als das für Eisen notwendig ist." - „Richtig, deshalb werden heutzutage viele Getränke in Pappkartons abgefüllt, aber auch die haben eine vorbereitete Abrisskante oder ein abgedecktes Loch, in das man den Trinkhalm stecken kann." Schnüfferl nickte beruhigt mit dem Kopf, nahm noch ein paar Löffel Kompott zu sich, dann packten beide alles zusammen und setzten ihre Wanderung fort.

Nun kommt Schnüfferls Rezept:

PFIRSICH-BOWLE
Zutaten:
125 g   Zucker
1/8 l   Wasser
1 kg   reife Pfirsiche
1 l   Apfelsaft
1   Handvoll Minzeblätter
2 l   Mineralwasser
1/8 l   Maracujasirup
Saft einer halben Zitrone

Zubereitung:
Zucker und Wasser etwa 5 Minuten zu einem Sirup kochen und abkühlen lassen. Pfirsiche mit kochendem Wasser überbrühen und häuten. Fruchtfleisch in Spalten vom Stein schneiden. Den Zuckersirup, Minzeblätter, Maracujasirup und Pfirsichspalten über Nacht durchziehen lassen: Mit Zitronensaft abschmecken. Mit eisgekühltem Apfelsaft und Mineralwasser aufgießen.

Kalorien:
(ca. 12 Portionen à 153 kcal. = 640,56 KJ).

TYPISCH AMERIKANISCH

„Gelt Habakuk, der Kaugummi ist eine typisch amerikanische Erfindung!" - „Wiiie war das?", sagte der alte Rabe und ließ dabei seinen Schnabel tief hängen. Dabei betrachtete er Schnüfferl mit schiefem Kopf, dann wiederholte er die Frage Schnüfferls: „Aus den U.S.A., meinst du?" - „Ja, ist doch typisch für die Amis, nicht?" und schon kaute Schnüfferl an seinem Kaugummi weiter. „Plupp!"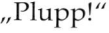

Habakuk erschrak für den Moment, dann sah er, was den Knall verursacht hatte. Es war das übermütige Schnüfferl, das eine

Kaugummiblase platzen ließ. Da Habakuk an sich nicht sehr schrekkhaft ist, hatte er sich auch gleich wieder gefangen und antwortete: „Das ist ein weit verbreiteter Irrtum, das mit dem Kaugummi und den U.S.A., denn schon die alten Griechen haben Kaugummi gekannt. Sie nahmen das Harz des Mastixbaumes, des Pistazienbaumes, wenn dir der Name geläufiger ist." - „Oh ja, oh ja, der hat ja die hervorragenden Nüsse, nicht wahr?" - „Hat er, und die Griechen kauten das Harz, um ihre Zähne damit zu reinigen und einen frischen Atem zu bekommen." - „Sooo? Haben die Amerikaner dann von den alten Griechen den Kaugummi übernommen?" - „Eher von den Indianern, würde ich sagen. Auch die Indianer kauten verschiedene Harze, wie zum Beispiel Fichtenharz, und der Chiclegum, den du jetzt vor dich hinkaust, ist nichts anderes als ein eingedickter Milchsaft des mittelamerikanischen Sapotillbaumes[7], den die Mayas, die Indianer Mittelamerikas, schon lange vor Ankunft der Weißen als Kaugummi schätzten."

Schnüfferl gingen gleichzeitig mehrere Gedanken durch den Kopf: Kaugummi, nicht typisch amerikanisch? Na, man darf sich wohl einmal irren, oder? Aber bei einem war sich Schnüfferl ganz sicher, nein, Ketchup ist sicherlich ganz typisch amerikanisch. Und so frage es Habakuk, der seine Meinung bestätigen sollte: „Aber Ketchup, gelt Ketchup ist etwas typisch Amerikanisches, ich hab' doch Recht?" Eigentlich wollte Schnüfferl nur ein klares, eindeutiges „Ja" auf seine rhetorisch gemeinte Frage hören, aber wir kennen ja Habakuk, der gleich darauf loslegte: „Ketchup wird aus Tomaten gemacht und Tomaten stammen ursprünglich aus Mittel- und Südamerika, da hast du völlig Recht." - „Siehst du!", sagte das kleine Schweinchen triumphierend. „Nun, bei Ketchup aber irrst du dich, nein, nicht einmal das Wort ist amerikanisch." Schnüfferl ließ die Ohren hängen und schaute Habakuk entgeistert an: „Jetzt fehlen m i r aber die Worte, Habakuk. Ja, wieso denn das?" - „Mit den chinesischen Einwanderern nach Amerika kam diese Tomatensoße als '*Ke-Tsiap*' nach Amerika[8]." - „Dann ist Ketchup also eine chinesische Erfindung so wie das *Chop Suey*?" - „Na ja, Tomatensoßen haben andere Völker auch gemacht, aber Ketchup als ein urtypisch amerikanisches Produkt zu vermarkten haben wir einem 25-jährigen Nachkommen deutscher Einwanderer zu verdanken. Diesem Henry John Heinz gelang es, durch raffinierte Werbung und industrielle Massenproduktion, Ketchup zu dem zu machen, was es

heute ist. Na, und was Chop Suey betrifft…" - „Das ist typisch Chinesisch", warf Schnüfferl vorlaut ein. „Nein, sondern urtypisch amerikanisch."

Jetzt schien Schnüfferl ernst zu machen, was es vorhin sagte, es schienen ihm die Worte zu fehlen, nur seine großen blauen Augen redeten eine deutliche Sprache.

GETRÄNKE

NICHT ALKOHOLISCHE GETRÄNKE

WASSER, GETRÄNKE UND LEBENSMITTEL
OHNE WASSER KEIN LEBEN

Nie wieder Urlaub in der Wüste, schwor sich Schnüfferl, als es der Erschöpfung nahe, in einem ausgetrockneten Flusstal, einem Wadi, endlich die Oase erreichte. Die Wasserflasche war längst geleert und der Mund ausgetrocknet, wie das Wadi. In den Zähnen knirschte der feine Sand. Wie oft hatte es schon Wasserflächen gesehen, die in der Ferne den Himmel spiegelten. Aber als es und der alte Rabe den Seen näher gekommen waren, verschwand alles wie durch Zauberhand. Diese Luftspiegelungen, Fata Morgana, wie man dazu sagt, können einen ganz verrückt machen. Aber diese Oase war echt, wenigstens diese existierte, nicht nur in ihrer Phantasie. Hier gab es endlich klares, frisches und kühles Wasser. „Wawasser!", brachte das kleine Schweinchen gerade noch heraus. Seine Stimme klang sehr trocken und rau. Jetzt hatte Schnüfferl die Worte Habakuks verstanden, der sagte, dass Wasser lebenswichtig sei. Als sich das kleine Schweinchen wieder gelabt hatte und wieder voll unter den Lebenden weilte, sagte es erleichtert: „Wasser, das edelste Getränk, es ist doch das Beste und Bekömmlichste, das es gibt."

Wohl ist Wasser das Beste
Αρωστον μεν υδωρ
Pindar: Olymp: 1,1

Dann fragte es Habakuk: „Du, Habakuk, warum brauchen denn Schweinderln so viel Wasser?" Habakuk hätte sich beinahe verschluckt, dann sah er scheel zu Schnüfferl hinüber und sagte: „Weil unser Körper zu einem Großteil aus Wasser besteht. Viele Lebensaktivitäten spielen sich in wässriger Lösung ab. Ohne Transport können keine

Lebensvorgänge ablaufen. Ohne Wasser gibt es keinen Stoffwechsel. Schließlich dient Wasser auch der Temperaturregulation des Körpers. Deshalb müssen alle Tiere, ja selbst der Mensch, immer wieder nachtanken." - „Aber wohin ist das Wasser, ich war die ganze Zeit doch nicht Pipi", fragte Schnüfferl. „Aber du hast ganz gehörig geschwitzt." - „Keinen Tropfen, nicht einen! - „Ja, weil es in der trockenen Wüste so heiß ist, verdunstet alles sofort, der Schweiß geht direkt in Wasserdampf über, daher hast du nichts gesehen. Aber Flüssigkeitsverluste von 11-20 % haben schwerwiegende Konsequenzen und führen zum Tod, wenn nicht binnen kurzer Zeit die Flüssigkeitszufuhr erfolgt." - „Da sind wir armen Schweinderln wirklich schlecht dran, wenn man da im Vergleich an die Menschen denkt. „Da täuschst du dich, Schnüfferl. Auch die Menschen sind in dieser Hinsicht arme Schweinderln. Denn sie bestehen selbst aus 65% Wasser und ihr Gehirn sogar aus 70%." – „Was? Ihr Gehirn arbeitet mit Wasser?" Habakuk lächelte, ließ sich aber nicht unterbrechen:„Wenn es heiß ist, oder bei starker körperlichen Anstrengung, wenn durch die körperliche Arbeit Wärme frei wird, muss der Körper gekühlt werden." - „Und dazu braucht man auch Wasser? Muss man dann ins Bad springen?" - „Das wäre auch gut, aber der Körper versucht die Wärme durch Schwitzen loszubekommen. Du kennst ja die Geschichte mit der Verdunstungskälte. Zum Verdunsten von Flüssigkeiten braucht man viel Energie, die vom Körper genommen wird. Daher wird einem nicht so heiß, wenn man richtig schwitzen kann. Die Bauern stellen einen Krug mit Wasser, Most oder Wein mitten in die Sonne. Es verdunstet

Bauer, der sich im Schatten eines Baumes an einem Wasserschlauch erfrischt. Grab des Nacht, Mitte der 18. Dynastie, Theben-West.

zwar einiges, aber dadurch bleibt die Flüssigkeit schön frisch. Vorausgesetzt der Tonkrug ist porös und nicht gebrannt oder gar glasiert "- „Muss das unbedingt ein Tonkrug sein?" - „Nicht unbedingt, hier in der Wüste verwenden die Menschen auch Ziegenhäute." - „Wo Ziegen verwendet werden, sind die Schweinchen auch nicht sicher, oder?" - „Nein, Schnüfferl. In moslemischen Ländern werden Schweine weder geschlachtet noch gegessen, also auch nicht als Wasserflaschen verwendet. Damit das endgültig klar ist. Aber Wasser hat für die Menschen noch eine andere Bedeutung." - „Eine andere Bedeutung? Ist denn das nicht schon genug?" - „Schau, Schnüfferl, weil Wasser so wichtig ist, eine zentrale Rolle im Leben des Menschen einnimmt und in unserem eigentlich ja auch, genießt Wasser eine große Achtung bei den Menschen, besonders bei den Wüstenbewohnern, und schon früh hat der Mensch Wasser, das in Form von Regen vom Himmel fällt, mit den Göttern verbunden. Ohne Wasser gäbe es kein Leben, und um die

Fruchtbarkeit zu sichern, wurde Wasser, das ‚Blut der Erde' in den Mittelpunkt kultischer Handlungen gestellt." - „Aber Wasser kann doch auch großen Schaden anrichten, oder nicht?" - „Ja, wie bei so vielen Dingen auf der Welt sind Licht und Schatten, Leben und Zerstörung nicht voneinander zu trennen, so auch beim Wasser. Zwischen Vertrautem und Unbekanntem, zwischen Lebensspender und Todbringer, wie es auch in der christlichen Religion zum Ausdruck kommt, zwischen Taufwasser, als Lebensspender und zwischen todbringendem Wasser der Sintflut. Wasser ist fruchtbarkeitsfördernd und zugleich zerstörerisch, schützend und gefährlich, heilend und krankmachend. Wasser steht zwischen dem Dämonischen und dem Profanen." Mag ja alles sein, Schnüfferl war nur eines wichtig, der Durst, der brennende Durst war weg, und es ging ihm auch schon wieder gut, denn nur ein putzmunteres Schweinchen kann kluge Fragen stellen, meint ihr nicht auch?

> Das Wasser reinigt den Körper, die Wüste reinigt die Seele.
> *Arabisches Sprichwort*

EIN GESCHENK DER GÖTTER

Schnüfferl war traurig und saß teilnahmslos im Zimmer, den Blick in die Ferne gerichtet, als ob es fern von ihm irgendetwas zu sehen gäbe. Schnüfferl bemerkte Habakuk vorerst gar nicht, als er es anredete, keine Reaktion. Habakuk machte sich deshalb Sorgen, was denn mit dem kleinen Schweinchen wohl los wäre. „Schnüüüfferl!", rief er und sah das kleine Schweinchen mit etwas schräg geneigtem Kopf an. „Schnüfferl, was ist los mit dir?"
„Ach nichts", sagte es seufzend und stierte weiter in die Ferne. Habakuk näherte sich dem kleinen Trauerbündel, streckte ihm ein kleines Stück Etwas entgegen und sagte: „Hier hast du was, es ist ein Geschenk der Götter." Jetzt taute Schnüfferl ein wenig auf und, neugierig geworden, fragte es gleich: „Ein Geschenk der Götter?", dann aber verfiel es wieder in Traurigkeit und, ohne den Raben eines Blickes zu würdigen, brabbelte es vor sich hin: „Habakuk, ich glaube du willst dich lustig über mich machen." - „Nein, nein, was da drinnen ist, hatte Quetzalcoatl, der Gott des Windes und des Mondes, den Tolteken als Geschenk gemacht... Du kennst doch die Tolteken, nicht wahr?"
Schnüfferl war schon fast wieder die Alte: „Na klar!", sagte es. „Die Tolteken, Olmeken und Mayas sind Indianerstämme in Mittelamerika, so ist es doch?" - „Ganz richtig, Schnüfferl, dieser Quetzalcoatl schickte vor langer Zeit, mehr als tausend Jahre, bevor Columbus Amerika entdeckte, Ameisen zu den Tolmeken, die ihnen Samenkerne des

Kakaobaumes brachten, und er erklärte dem Indianerstamm die Zubereitung des Göttertrankes." Jetzt erst blickte Schnüfferl zu Habakuk auf, das kleine Päckchen in seinen Händen, das es fest drückte: „Das ist aber ziemlich hart und fest. Wie kann es denn ein Göttertrank sein?" - „Wenn ich dir sage, wie der Göttertrank in der Indianersprache heißt, wirst du wissen, was du bekommen hast." - „Und was habe ich bekommen?", fragte es ungeduldig. „Sie nannten das Getränk ‚bitteres Wasser' oder *Xoco-atl.*"

Schnüfferl strahlte: „Ah, dann ist da Schokolade darinnen?" –
„Genau! Erst als man dem bitteren Wasser Honig und Rohzucker beimengte, begann der Siegeszug der Kakaoerzeugnisse in aller Welt. Da Kolumbus bei seiner Landung in Mittelamerika 1502 wenig Interesse am Kakao zeigte..." - „Kein Interesse?", ganz im Gegensatz zu Schnüfferl, dessen Interesse jetzt erst recht geweckt wurde: „Nein, kein Interesse, es war erst Hernando Cortez[9] vorbehalten, nach der Eroberung des Aztekenreiches, Kakao nach Europa mitzunehmen. Die Azteken hatten im 12. Jahrhundert die Tolteken unterworfen und gleich deren Kakaokultur übernommen. Stell dir vor, damals fanden die Samenkerne der Kakaofrucht sogar als Zahlungsmittel Verwendung." - „So wie die Kaurischnecken?" - „Ja, so ähnlich."

Kaukaubohnen und Geld? Das wäre etwas, wenn man in der Bank einen Sack voll Kaukaubohnen anstelle von Münzen bekäme. Schließlich kann man die Bohnen essen, aber kann man Geld essen? Was man damit aber wohl kaufen konnte? Mal fragen, dachte sich das Schweinchen: „Und was hat man alles für die Bohnen kaufen können?" - „Na ja, für zehn Bohnen bekam man ein Kaninchen und für hundert sogar einen Sklaven." - „Puh, das ist aber stark!" - „Viel bedeutender aber ist, dass die Kakaobohnen obendrein noch ein wertvolles Nahrungs- und Genussmittel darstellen. Kakao ist sehr nahrhaft und enthält an die 45 Prozent Fett. Kakaofett schmilzt schon zwischen 32 und 33,5° C und lässt sich bei 15° C zu Pulver zerreiben. Dieses Pulver stellt dann den Rohstoff für die Schokolade dar. Nicht umsonst hat der berühmte Naturforscher Alexander von Humboldt[10] gesagt, dass die Natur kein zweites Mal einen so wertvollen Nährstoff auf einem so kleinen Raum zusammengedrängt hat wie gerade bei der Kakaobohne." - „Dann waren die Preußen sicherlich die ersten in Europa, die Kakao und Schokolade kannten, gelt?"

Der Kakao ein (fast) deutsches Getränk, das hört sich gut an, glaubte

Schnüfferl, aber Habakuks Antwort ließ die Gedankenblasen des Schweinchens platzen. „Sicherlich werden einige den Kakao schon früh gekannt haben, aber Friedrich II. von Preußen, der Große[11], wie er sich nannte, hatte alle Kakaoprodukte aus wirtschaftlichen Gründen verbieten lassen, die ursprünglich sein Leibarzt Bontekoe eingeführt hatte." Schweinchen machte große Augen. „Unglaublich ist das, wirklich unglaublich", sagte das kleine Schweinchen entrüstet. „Nun, Schnüfferl, iss doch etwas davon, deshalb habe ich dir doch die Schokolade gegeben …!"
Das ließ sich Schnüfferl natürlich nicht zwei Mal sagen. Es riss die Verpackung auf und biss herzhaft in die dunkelbraune Köstlichkeit. Schnüfferls Augen glänzten und man sah es ihm an, dass es ihm ein großes Vergnügen bereitete. Mein Gott schmeckte das gut, es war genau das Richtige, was Schnüfferl nun brauchte.

> Ich hab' einen ganz einfachen Geschmack,
> ich bin immer mit dem Besten zufrieden.
> *Oskar Wilde (1854-1900)*

„Weißt du Schnüfferl, warum man Schokolade auch als das 'kleine Glück' bezeichnet?" - „Als kleines Glück?" wiederholte es vergnügt. „Ja, genau, als kleines Glück, denn in der Schokolade sind Inhaltsstoffe, welche im Organismus nicht ausreichend erzeugt werden können, es sind vor allem die Alkaloide Theobromin und Koffein." - „Koffein, ist das nicht auch im Kaffee vorhanden?", fragte Schnüfferl schmatzend. „Ja, Koffein stimuliert, das heißt, es regt das Zentralnervensystem und das Herz-Kreislaufsystem an, aber der Gehalt in der Schokolade ist viel zu gering, um schädlich zu wirken. Das Theobromin beispielsweise erweitert die Blutgefäße und wirkt auch harntreibend." - „Was? harntreibend?" Schnüfferl blickte nervös um sich. Habakuk ging auf die rhetorische Frage erst gar nicht ein und setzte gleich fort:
„Aber der bedeutendste Inhaltsstoff ist das Phenylethylamin, deshalb habe ich dir auch die Schokolade gegeben." - „Deswegen?" Schnüfferl schüttelte sich, als ob es dieses Feülundsoweiter abbeuteln wollte. Und so etwas Unaussprechliches sollte gesund sein, na wer weiß? Habakuk aber dozierte schon weiter: „Genau! Ein Gramm Schokolade enthält zwar nur sechs Mikrogramm dieser Substanz, das ist aber ausreichend, um das limbische System im Gehirn zu beeinflussen. Die Substanz gelangt über das Blut ins Gehirn und steuert von hier aus positive Emotionen." - „Das ist ja toll, aber ich hätte das nicht gebraucht", stellte Schnüfferl mit Bestimmtheit fest, dem es auch schon wieder blendend ging. „Dann gib mir gleich die Schokolade zurück!", sagte der Rabe und hielt seinen rechten Flügel fordernd vor Schnüfferls Rüssel.

Schnüfferl nahm noch einen großen Bissen, würgte ein wenig, dann sagte es: „Welche Schokolade?" - „Na, welche? Jetzt ist es zu spät, du hast sie ja schon verspeist." Habakuk machte vorerst ein bitterernstes Gesicht, bis er das verdutzte Gesicht von Schweinchen sah. Dann freilich mußte der alte Rabe hellauf lachen, denn Schnüfferl war auf ihn hineingefallen. Nun lachte auch das Schweinchen.
„Siehst du, Schnüfferl, ich habe es dir ja gesagt, die Inhaltsstoffe der Schokolade machen lustig, dieses Phenylethylamin ist nämlich mit den Endorphinen verwandt. Es steigert geringfügig den Blutdruck, verbessert die Gehirnfunktion und auch das psychische Empfinden. Es sorgt für Entspannung, wirkt schmerzlindernd und steigert das Lustempfinden. Mit einem Wort, es sorgt auch für gute Laune, da auch der Serotonin-Spiegel im Gehirn steigt und damit auch unsere Stimmung. Und der Zucker in der Schokolade ruft einen raschen Insulinstoß hervor, welcher den Einstrom von Tryptophan, der Ausgangssubstanz von Serotonin in das Gehirn erleichtert" - „Puh!", sagte das Schweinchen und nach einer kurzen Verschnaufpause: „Ich habe gar nicht gewusst, was d a s für eine Arznei ist." - „Da hast du Recht, Schokolade ist fast wie eine Arznei. Leider bekommt man sie nicht auf Krankenschein. Übrigens, es gibt da nämlich noch etwas, was darin enthalten ist, Polyphenole, als Gerbstoffe wie sie auch im Rotwein und im grünen Tee enthalten sind."
Das mit den Gerbstoffen ließ Schnüfferl aufhorchen. Pure Chemie, dachte es. Und so sprudelte es gleich eine Frage heraus: „Polyphenole? Das klingt ja ganz chemisch. Und was ist an dem chemischen Zeugs gesund?" - „Diese fangen die sogenannten aggressiven Radikale ab und beugen so Krebs und Herzinfarkt vor[12]." Schweinchen wirkte nun ganz verändert, blass, wie eine gekalkte Wand. Es schaute Habakuk lange an, sodass er nicht genau wusste, ob es an seinen Worten zweifelte, dann sagte es mit einer jämmerlichen, kläglichen Stimme: „Willst du, dass ich etwa an einem Herzinfarkt sterbe, Habakuk?" Dabei sah es schrecklich leidend aus, sodass man Erbarmen mit dem kleinen Schweinchen haben musste. Und erst der Augenaufschlag des kleinen Schweinchens. Ob dies nur alles Theater war? Nun, der alte Rabe kannte das Schweinchen so gut wie keiner sonst. Er hatte gleich begriffen, was Schweinchen wollte, natürlich noch eine Tafel. Zuviel macht allerdings dick, aber damit hatte das kleine Schweinchen noch keine Probleme. Natürlich gab Habakuk dem leidenden Schweinchen noch eine Tafel, denn nun sollte einmal gründlich vorgebeugt werden, man kann ja nie wissen.

KAKAO

Dieses Mal gab es zum Frühstück etwas ganz Besonderes, etwas, was es bisher nur selten gab, es gab Kakao. Schnüfferl schlürfte seine Tasse mit Begeisterung: „Kann ich noch etwas Schokoladewasser haben?" Dabei schleckte es sich ganz sorgfältig und genüßlich sein Schnäuzchen. Nur ein kleiner zarter Kakaobart blieb noch stehen. Habakuk goss, ohne einen Laut von sich zu geben, dem kleinen Schweinchen noch eine Tasse ein, dann sagte er: „Das Schokoladewasser, was du da trinkst, nennt sich Kakao, weißt du denn, woher der Kakao kommt?" - „Aus dem Lebensmittelgeschäft", sagte Schnüfferl treuherzig. „Ja, aber vorher, bevor er ins Geschäft kam, hat man aus den gelben oder rotbraunen Früchten die kleinen, mandelförmigen Samen herausgeholt und zubereitet. Pro gurkenförmige Frucht, die etwa fünfundzwanzig Zentimeter lang und zehn Zentimeter breit werden kann, sind je fünf Reihen mit wiederum fünf bis zehn Bohnen enthalten." - „Solche Kakaogurken habe ich aber noch nie bei uns gesehen. Wo gibt es denn die guten Bohnen, aus denen man den köstlichen Bohnensaft macht?" - „Die stammen vom Kakaobaum[13], der in den Regenwäldern des tropischen Süd- und Mittelamerika beheimatet ist, aber jetzt gibt es auch riesige Plantagen in Afrika und Asien. Dort werden die Bäume auf fünf bis acht Meter hoch gehalten, während sie im Urwald bis zu fünfzehn Meter wachsen können. In Mexiko nannte man das Getränk *kakaoatl*, daher auch der Name Kakao. Na, und die Bohnen dienten damals auch als Münzen. Aber davon habe ich dir ja schon früher einmal erzählt.

Bitteres Wasser? Na, so bitter schmeckte der Frühstückskakao wieder nicht. Eigentlich schmeckte er nach mehr: „Kann ich noch so ein bitteres Bohnenwasser haben, Habakuk?", dabei sah Schnüfferl den alten Raben mit großen, bettelnden Augen an, aber Habakuk sagte nur: „Du meinst noch so ein Göttergetränk? Nein Schnüfferl, es ist jetzt genug, später wieder. Im Kakao gibt es nämlich ein Alkaloid das sogenannte Theobromin." - „Oj, und ist das schädlich?" - „Nein, nein, das ist es nicht, aber es wirkt leicht erregend auf das Herz und das Nervensystem. Zu viel ist auch nicht gut." - „Gut, dann warte ich eben noch ein Weilchen, aber bis dahin kannst du mir ja sagen, wie man den Kakao aus den Bohnen gewinnt."

Was blieb dem Raben anders übrig, als Schnüfferl die Geschichte weiter zu erzählen: „Gut, die rohen Bohnen werden zu großen Haufen aufgeschichtet und mit Erde bedeckt oder in Betonsilos gelagert, wo sie zwei bis zehn Tage sich selbst überlassen sind." - „Und dann kommen die Schokoladekäfer..." warf das Schweinchen ein. „Da kommen keine Käfer, Schnüfferl, nicht einmal die Kakaomotte[14], sondern die Temperatur steigt und steigt bis zu 55°C an, und dabei vollzieht sich

nebeneinander eine alkoholische Gärung, dann eine Milchsäuregärung sowie eine Essigsäuregärung." - „Und warum das alles, diese Gärerei?" - „Weil auf diesem Wege die stark bitter und herb schmeckenden, farblosen Gerbstoffe und die ihnen nahe stehenden rotvioletten anthocyanartigen Verbindungen in braune, kaum lösliche Substanzen von bedeutend milderem Geschmack verwandelt werden. Danach werden die Bohnen gewaschen und getrocknet und bei 70° bis 120° C geröstet um anschließend zu Kakaopulver, Kakaobutter und Schokolade weiterverarbeitet zu werden." - „Da habe ich also ein Indianergetränk gehabt", sagte Schnüfferl stolz. „Im gewissen Sinne ja. Wahrscheinlich aber stammt dieser Kakao aus Westafrika, aus Ghana oder Nigeria, denn mehr als die Hälfte der Kakaoernte kommt von dort."
Jetzt auf einmal kommt der Kakao aus Afrika oder soll gar aus Asien kommen? Wie ist das bloß möglich? „Und wie kam der Kakao bis nach Westafrika?" Habakuk holte einmal tief Luft, dann begann er: „Die Geschichte des Kakaoanbaus in Afrika und Asien[15] begann mit der Eroberung Mexikos durch die Spanier. So kam zunächst die Kakaopflanze 1520 nach Spanien und wurde von den Europäern in allen ihren Kolonien, die in den Tropen lagen, angepflanzt. In Spanien trank man Kakao damals nach mexikanischer Art, also kalt, oder mischte ihn auch in den Wein. Ohne auf Schnüfferl einzugehen berichtete der Rabe weiter: „Aber erst im 17. Jahrhundert verbreitete sich der Kakaogenuss nach Italien und Frankreich." - „Und die armen Schweinderln bei uns kannten noch keinen Kakao?" - „Bei uns dauerte es noch länger. In Preußen zum Beispiel, wo Bontekoe, der Leibarzt des großen Kurfürsten, den Kakao eingeführt hatte, verbot ihn Friedrich der Große aus wirtschaftlichen Gründen." – „Geh, geh, ich lass mich doch nicht durch den Kakao ziehen", sagte Schnüfferl schnippisch. „Doch, das ist wahr. Erst mit der neuen Technologie, die Van Houten im 19. Jahrhundert einführte, das heißt, mit der Entölung des Rohpulvers und das Aufschließen mit Alkalien, wodurch Kakaopulver hergestellt wurde, gewann Kakao als Getränk größere Bedeutung. Seither bekommen auch die armen Schweinderln bei uns Kakao."
Schnüfferl reckte sich hoch und streckte seinen Hals, dann sagte es empört: „Stimmt nicht, stimmt überhaupt nicht. Selbst im vielgepriesenen 21. Jahrhundert bekommen die armen Schweinderln noch immer keinen Kakao", sagte Schnüfferl trotzig und dann ganz leise, mit zarter Stimme: „Oder fast keinen", fügte es hastig hinzu. Habakuk wußte natürlich gleich, worauf Schnüfferl anspielte. Was war zu tun? Würde er ihm keinen Kakao mehr einschenken, hätte Schnüfferl Recht, würde er dem kleinen Quälgeist doch noch eine Tasse einschenken, na, dann hätte der alte Rabe Unrecht. Also schüttete er seiner Freundin noch eine Tasse ein, damit hatte sie Unrecht und er behielt Recht, oder wie

war es nun? Egal, Schnüfferl war die Siegerin, denn sie erhielt, was sie sich wünschte, ein schäumendes Bohnenwasser, und weil Schnüfferl zufrieden war, so war es auch der alte Rabe.

"Glück ist ein legitimes Lebensziel,
aber es lässt sich auf direktem Weg nur selten erreichen.
Es ist weniger ein Produkt als das Nebenprodukt,
der Überschuss eines gut gelebten Lebens."
(Heiko Ernst in: Das gute Leben, Ullstein, 2003)

KAFFEE

Schweinchen streckte seinen Rüssel in die Höhe und schnüffelte. Wie es doch gut nach Kaffee roch, und wo es Kaffee gibt, da gibt es sicherlich auch Kuchen, dachte es sich. Das Schwänzchen von Schnüfferl rotierte und gleich darauf startete es in Richtung Wohnzimmer, von wo der Duft sich ausbreitete. Der alte Rabe saß schon bei Tisch, eingehüllt in der Duftwolke von Kaffee. Er sah müde aus. „Es gibt Kuchen, hurra, es gibt Kuchen", quiekte das Schweinchen fröhlich, und noch bevor Habakuk antworten konnte, stellte es begeistert fest: „Und wie der Kaffee duftet!" - „Ja, der Kaffee", sagte monoton der alte Rabe und dann: „Ich brauch' jetzt eine Tasse, ich bin schrecklich müde." - „Kann man dann besser schlafen, wenn man Kaffee trinkt?" - „Du gefällst mir Schnüfferl, schlafen kann ich doch auch so, und das auch ohne Kaffee, aber ich bin sooo müde und muss noch etwas arbeiten, also habe ich uns Kaffee gemacht." - „Wird man denn auf Kaffee wieder wach und munter? Und woher weiß man das, dass man vom Kaffee munter wird?" - „Von wem? Na von den Ziegen." - „Das glaube ich dir aber nicht, du schwindelst, Habakuk." - „Du weißt ja, dass der Kaffee aus Arabien stammt. Dort, im Jemen, hat ein Hirte beobachtet, dass seine Ziegen ständig munter waren. Na, und dann hat er es selbst probiert. So wurde die Wirkung des Kaffees entdeckt." - „Und wie macht das der Kaffee, dass man munter bleibt?" - „Wenn man müde wird, bildet der Körper Adenorin. Im Kaffee ist eine Substanz, das Coffein, welches diese Ruhesubstanz blockiert. Daher fühlt man sich bald danach wach. Nach 1-2 Stunden entwickelt das Coffein seine stärkste Wirkung, die dann noch einige Stunden lang anhalten kann." - „Und das soll gesund sein?"

Der Trank ist so köstlich, dass es eine Sünde wäre, ihn den Ungläubigen zu überlassen. Wir wollen den Satan bezwingen und den Kaffee taufen.
Papst Clemens VIII. (1536-1605; Papst von 1592-1605)

Habakuk sah etwas betroffen drein, als er antwortete: „Gesund? Eigentlich nicht, aber ich muss eben noch etwas tun, was bis morgen fertig sein soll. Weißt du, dass man in Deutschland etwa dreihundertzwanzig Millionen Tassen Kaffee pro Tag trinkt?" - „Das ist ja unglaublich viel!" - „Nach dem Mittagessen trinken eben viele einen starken Kaffee. Ja, ja, die Menschen lernen nicht von uns Tieren." - „Und was sollen sie von uns lernen?", fragte das Schweinchen erstaunt. „Schau, Schnüfferl, was machst du, wenn du viel gegessen hast?" - „Das ist aber eine sehr einfache Frage, Habakuk. Ich lege mich natürlich ein wenig hin und döse." Der Rabe nickte, während er sprach: „Siehst du, das sollten die Menschen eigentlich auch machen. Verdauung ist auch Arbeit, Schwerarbeit könnte man sagen. Viel Blut wird dafür benötigt, der Mensch fühlt sich wohlig satt u n d müde. Und was macht der Mensch? Er arbeitet gleich wieder weiter, obwohl er müde ist. Daher trinkt er Kaffee, viel sogar, um wach zu bleiben. Das Gehirn wird wieder ausreichend mit Blut versorgt, Blut, das aber der Magen brauchen würde, und so bekommt er mit der Zeit Verdauungsbeschwerden." - „Gibt es denn dagegen kein Mittel?" - „Dooooch, sich kurz ausruhen, wäre das beste Mittel. Wenn einmal die Magenbeschwerden aufgetreten sind, nehmen die meisten Medikamente, die wiederum die Leber schädigen, aber dagegen gibt es wieder Medikamente. Schließlich bekommen sie dann auch noch Kopfschmerzen, aber auch dagegen gibt es ja Tabletten. Nun arbeitet die Niere nicht mehr so richtig, aber auch dagegen ist ein Medikament vorhanden. Das geht immer so weiter." - „Das ist ja phantastisch!", rief Schnüfferl. „Gelt ja, was die Medizin heute nicht alles kann, dabei wäre die Sache ganz einfach..."

Habakuk blickt nervös nach links, dann nach rechts, plötzlich dreht er sich herum schaut nach oben, nach unten, dann fragt er: „Wo ist denn mein Kaffee?" - „Kaffee? Welcher Kaffee?" - „Den, den ich auf die Kochplatte aufgesetzt habe." - „Ach so, diesen braunen Saft da, den habe ich weggeschüttet, du möchtest doch nicht so dumm sein wie die Menschen, oder? Raste dich doch ein wenig aus, ich mach das ja auch so."

Habakuk verschlug es für einen Augenblick die Sprache. Als er sich wieder gefasst hatte, krächzte er: „Wieso du, du bist doch gar nicht müde." - „Bevor ich müde werde, möchte ich mich lieber rechtzeitig ausrasten", sagte das Schweinchen und schmunzelte. Da blickte der Rabe nervös nach allen Seiten, er blickte nach links, er blickte nach rechts, nach oben und unten. Dann sagte er kleinlaut: „Ja, wo ist denn der...." - „Du meinst den Kuchen?", antwortete das Schweinchen schnell. „Ja, den Kuchen." Schnüfferl schaute ein wenig betroffen, dann quiekte es, gar nicht müde, frisch und fröhlich heraus: „Den Kuchen habe ich aufgegessen, dir zuliebe, denn wenn du ohnedies schon so müde bist und noch einiges arbeiten sollst und dann auch noch einen Kuchen isst, hilft dir doch auch kein Kaffee mehr."

> Versuchungen soll man nachgeben.
> Wer weiß, ob sie wiederkommen.
> *Oscar Wilde (1854-1900)*

Was blieb Habakuk anders übrig, als damit einverstanden zu sein. Wo Schnüfferl Recht hatte, da hatte es eben Recht. Schließlich wollte der Rabe sich doch nicht selbst widersprechen - und so schliefen beide ein wenig.

Anmerkung: Die phenolischen Verbindungen im Kaffee, wie auch im Tee, tragen dazu bei, dass Eisen, Kalzium und auch Vitamin B1 im Darm schlechter aufgenommen werden. Das Koffein hat nicht nur eine belebende Wirkung, sondern erhöht auch die Ausscheidung von Kalzium und Magnesium, daher sollten Kaffee und schwarzer Tee nicht gleichzeitig mit einer Mahlzeit getrunken werden.

> Der Kaffee muss heiß wie die Hölle, schwarz wie der Teufel, rein wie ein Engel, süß wie die Liebe sein.
> *Dieser Ausspruch wird Charles Maurice Duc de Talleyrand-Périgod (1754-1838) zugeschrieben.*

DAS GEHEIMNIS VON 7 X

Habakuk und Schnüfferl machten einen Ausflug. Sie trotteten auf der staubigen Straße dahin, kein Baum, kein Strauch schützte die beiden vor der prallen Sonne. Durst ist schlimmer als Heimweh, sagt man, und für Heimweh war auch gar keine Zeit, denn alle Gedanken Schnüfferls kreisten nur um das Eine, bald etwas zum Trinken zu bekommen. Ohne Essen kann man ja längere Zeit leben, aber ohne Flüssigkeit, nein ohne Flüssigkeit geht es nicht, zumindest nicht lange. Habakuk schien die Hitze weniger auszumachen, ihn schützte ja sein Gefieder, aber Schnüfferl mit seiner zarten, rosa Haut litt sehr darunter, und so seufzte es und stammelte heraus:
„Ich habe Durst, Habakuk, schrecklichen Durst." Habakuk sah sich kurz nach Schnüfferl um und bemerkte, dass sich das zarte Schweinchenrosa bereits in ein dunkles Rosa verwandelt hatte. „Schau, dort drüben ist ein Gasthaus, dort werden wir einkehren." Die Aussicht, gleich etwas zum Trinken zu bekommen, gab Schnüfferl einen Kraftschub, und schon waren beide im Gasthaus. „Eine Cola bitte!", quiekte das Schweinchen mit seiner trockenen Stimme und das mit letzter Kraft. Das kleine Schweinchen nahm vorerst einen kräftigen Schluck, und indem es die Dose wieder auf den Tisch stellte, stöhnte es: „Puuuh! War das eine Wohltat!" Das gut gekühlte Coca Cola rann im Nu die Kehle des kleinen Schnüfferls hinunter. „Eigentlich wären lauwarmes Wasser oder ein heißer Tee besser gegen den Durst gewesen", meinte Habakuk altersklug. Aber das eiskalte Cola schmeckte eben viel besser, und in der Zwischenzeit hatte Schnüfferl gleich noch eine Dose bestellt. Das Schweinchen setzte die Dose an, und schon rann der köstliche Saft die Kehle hinunter.
Schnüfferl stellte die leere Dose auf den Tisch und sagte mit beachtlich kräftiger Stimme: „Aber es schmeckt viel besser und dann sind da ja noch Fruchtsäfte enthalten, die sicherlich sehr gesund sind." - „Na ja Schnüfferl, Coca Cola, das typische amerikanische Getränk, ist nichts anders als eine Lösung von synthetischen Chemikalien mit sehr viel Zucker in Sprudelwasser. Zu 99% besteht Cola aus Wasser und Zucker. Und der rasch vom Körper aufgenommene Zucker, der immerhin 11% ausmacht, macht auch den Cola-Trinker munter." - „Gar nichts Natürliches?" - „Cola besteht vor allem aus Zucker. In einer Flasche sind etwa 37 Stück Würfelzucker enthalten[16], weiters ist noch Karamell, ein künstlicher Süßstoff, Phosphorsäure, Coffein und eine Aromamischung darinnen, das ist alles." - „Was, Coffein ist da drinnen? Ist das nicht giftig?" - „Da hast du Recht, man kann an Coffein sterben." - „Steeerben?" stieß Schnüfferl entsetzt aus. Dabei fiel ihm die Dose, die der Kellner gerade gebracht hatte, aus der Hand.
„Keine Angst, die tödliche Dosis für einen erwachsenen Menschen

liegt bei fünftausend Milligramm, bei einem kleinen Schweinchen allerdings dürfte es schon um einiges weniger sein." - „Weeeniger? Ja, wie viel ist denn in einer Dose Coca Cola drinnen?", fragte Schnüfferl aufgeregt. Dabei rutschte es auf seinem Sessel unruhig hin und her. „Eine Dose enthält etwa vierzig Milligramm. Siehst du, das ist ganz, ganz wenig, gerade genug um wieder munter zu werden. Um fünftausend Milligramm zu dir zu nehmen, müsstest du hintereinander gleich hundertzwanzig Dosen Coca Cola trinken oder ebenso viele Tassen Tee oder achtzig Tassen Kaffee."

Schnüfferl dachte nach. Wie oft hatte es schon gehört, dass sich manche Gifte im Körper akkumulieren oder sammeln, sagt man, na dann, Prost. Also, die Sache mit dem Coffein muss noch geklärt werden: „Und Coffein wird nicht gespeichert?" - „Nicht wirklich. Coffein wird von der Leber abgebaut. Die Wirkung hält auch nur ungefähr fünf Stunden an, dann ist Coffein in Einzelbausteine zerlegt und wird als *Xanthin* durch den Urin ausgeschieden. Bei Rauchern geht das sogar noch schneller, weil die Leber durch den Zigarettenrauch angeregt wird, mehr koffeinabbauende Enzyme zu bilden."

Eigentlich ist es merkwürdig, solche Stoffe in ein Getränk zu geben, das von Kindern und Jugendlichen so geliebt wird, wenn das giftig oder schädlich sein soll. Da musste Schnüfferl denn gleich noch einmal nachhaken: „Wozu braucht man denn das Coffein überhaupt?" - „Coffein bewirkt, dass im Gehirn vermehrt den Botenstoff *Dopamin* ausgeschieden wird, diesem verdanken wir die anregende Wirkung. Wenn man aber mehr als sechs Dosen Coca Cola trinkt, oder auch vier Tassen Kaffe, wird die Dopaminausschüttung nicht mehr erhöht."

Na ja, so „ohne" ist Coffein also nicht, aber die Phosphorsäure, die würde dem kleinen Schnüfferl nun sicherlich ein Loch durchätzen, da war es sich schon beinahe sicher, aber wie gesagt, nur beinahe. Vielleicht wußte Habakuk Bescheid? „Aber was ist mit der Phosphorsäure, das ist ja schrecklich, Phosphorsäure! Ätzt die nicht?" - „Keine Angst, Schnüfferl. Man hätte auch Zitronensäure hernehmen können, aber das wäre dann zu teuer geworden, obwohl die Hersteller noch genug Geld mit dem Verkauf von Coca-Cola verdienen. Das Getränk kostet in der Herstellung keine fünf Prozent vom Verkaufspreis. Phosphorsäure ist nicht nur für den erfrischenden Geschmack verantwortlich, Phosphorsäure oder ihre Salze sind für uns sogar lebensnotwendig. Die Knochen bestehen großteils aus Phosphaten und bei der Synthese von Adenosindiphosphat, dem so genannten ADP, das eine wichtige Rolle in unserem Stoffwechsel spielt, na, da hat Phosphor eine Schlüsselrolle." - „Ja, Phosphor vielleicht, aber Säure, Habakuk, Phosphor s ä u r e, ist das denn nicht gefährlich?" - „Im sauren Milieu des Magens werden alle Phosphate, die wir mit der Nahrung aufnehmen, vorerst in Phosphorsäure umgewandelt. Du

siehst, davon droht also keine Gefahr."
Hatte Habakuk nicht auch etwas von Aromastoffen gesagt, die im Cola sein sollten? Das wollte Schnüfferl unbedingt noch wissen: „Und die Aromamischung? Ist die vielleicht schädlich? Gelt die ist schädlich, oder? Und was ist mit dem Cocain?" - „Aber Schnüfferl! Cocablätter mit dem Alkaloid Kokain[17] wurden früher verwendet, aber schon seit 1903 restlos aus dem Getränk entfernt. Ein Glas enthielt damals 8,45 mg Kokain. Die Dosis, die ein Kokainschnupfer zu sich nimmt, liegt beispielsweise zwischen 20 und 30 Milligramm. Und was das Aroma betrifft, gerade das macht ja das Getränk so attraktiv, und vor allem steckt da ein großes Geheimnis darin."
Schnüfferl, das gerade die Dose wieder zum Mund führen wollte, setzte diese rasch ab und sah Habakuk mit großen Kulleraugen an. „Ein Geheimnis sollte da drinnen sein? Ja welches? Wiiirklich, ein Geheimnis sagst du?" - „Ja, ein sehr wohl gehütetes Geheimnis noch dazu.
Die Geschichte beginnt mit dem 28. Juni 1887, als in Atlanta[18], das liegt im Bundesstaat Georgia, in den Vereinigten Staaten, der damals 56-jährige Apotheker Dr. John Stith Pemberton[19] die Bewilligung des Handelsnamens Coca-Cola für sein erfundenes Getränk bekam. Er hatte dafür einen äußerst günstigen Zeitpunkt gefunden, da am 1. Juli 1886 in Atlanta die Prohibition eingeführt wurde." - „Und was ist das, die Pro und so was?" - „Das ist das Verbot, Alkohol zu verkaufen. Wenngleich in Atlanta dieses Verbot noch im selben Jahr aufgehoben wurde, ging das Geschäft mit dem Coca Cola auch nachher noch sehr gut, obwohl es ursprünglich gar nicht als Getränk gedacht war." - „Nicht als Getränk? Ja, als was denn dann?" Pemberton wollte ein Mittel gegen Müdigkeit, Kopfschmerzen und Depressionen schaffen, das er vorerst Pemberton's *French Wine* „Cola" nannte. Er nahm ursprünglich einen Extrakt aus den Blättern der Cocapflanze. Durch die Prohibition musste er den Wein herausnehmen, so entstand das Coca Cola. Mit Sodawasser vermischt, wurde der Sirup erstmals am 8. Mai 1886 als Medizin und nicht als Erfrischungsgetränk für einen Nickel (= 5 Cent) verkauft, aber mit nur mäßigem Erfolg. Kurz nach dem Tod des Erfinders erwarb 1888 der Apothekengroßhändler Asa Griggs Candler die Mehrheit an der Marke und gründete 1892 The Coca-Cola Company." - „Das ist ja ganz interessant, was du da alles erzählst, aber was war das für ein Geheimnis?", drängelte das kleine Schweinchen. „Ach ja, das Geheimnis. Willst du es wirklich wissen?" Schnüfferl hatte sein Ohr ganz knapp an den Schnabel Habakuks herangeführt. Habakuk wusste ja, dass Schnüfferl vor Neugierde geplatzt wäre, wenn es nicht von dem Geheimnis erfahren hätte. Dann begann Habakuk leise und feierlich zu berichten: „Da Geheimnis heißt 7X."

Schnüfferl prallte einen Schritt zurück, dann sagte es enttäuscht: „7X? Und was ist das, 7X?" - „Das sind die sieben Zutaten, Orange, Zitrone, Muskat, Koriander, Zimt, Neroli und Limone."
„Und das war das Geheimnis?", sagte Schnüfferl ein wenig enttäuscht. „Ein wenig, aaaber..." Jetzt kam Schnüfferl ganz nahe an Habakuk heran und Habakuk flüsterte geheimnisvoll: „Es ist die Mischung, Schnüfferl, die Mischung", und nach einer kurzen Pause sprudelte er das Rezept heraus: „Es sind hundertzwanzig Teile Limonenöl, achtzig Teile Orangenöl, vierzig Teile Muskatöl, vierzig Teile Zimtöl, vierzig Teile Neroliöl, das man aus Orangenblüten gewinnt und dann noch zwanzig Teile Korianderöl. Diese Zutaten gab Pemberton in Alkohol und ließ die Mischung einen ganzen Tag lang stehen."
Schnüfferl flüsterte ebenfalls, damit niemand unbefugt es hören konnte: „War d a s das Geheimnis?" Habakuk nickte heftig mit seinem Kopf, dabei presste er seine rechte Schwinge auf den Schnabel und lispelte: „Psst! Das i s t das Geheimnis des 7X-Extraktes." Dann sprach er wieder in normalem Ton weiter: Heute allerdings verwendet man zu seiner Herstellung keinen Alkohol mehr." Als Schnüfferl wieder zur Dose griff und daraus trinken wollte, merkte es, dass sich die Dose so seltsam leicht anfühlte. „Wo ist das Cola hin?", fragte Schnüfferl aufgebracht. „Ja, wohin ist das Cola?" sagte der Rabe, dabei lachte er, und ein brauner Tropfen zappelte noch an seiner Schnabelspitze.

TLILXOCHITL
Exotisch und gut

Habakuk war in der Küche sehr beschäftigt und richtete so allerhand Sachen her. „Komm, hilf mir ein wenig Schnüfferl, heute gibt es Tlilxochitl." - „Au, fein, Tlilschotschitl", wiederholte Schnüfferl, als ob dies schon immer seine Leibspeise gewesen wäre, aber dann fragte es gleich darauf: „Und was ist das?" Manchmal sprach nämlich Habakuk nicht deutlich genug, und selbst wenn er deutlich sprach, musste das nicht heißen, dass Schnüfferl alles verstand. Dieses Mal aber hatte Schnüfferl den alten Raben richtig verstanden, nur was es mit dem merkwürdigen „Tlilschotschitl", so spricht man *Tlilxochitl* richtig aus, auf sich hat, das wollte es doch allzu gerne wissen.

„Tlilxochitl ist das Getränk, das die vornehmen Azteken sehr schätzten." - „Die Azteken?" - „Ja, und nun stelle bitte die Milch auf die

Herdplatte, damit wir die Orchideen darin erwärmen können." - „Orchideeeen?", echote Schnüfferl, dann reichte Habakuk dem kleinen Schweinchen zwei lange bräunliche Stangen, die er aus einem Glas fischte, und gab Schnüfferl die Anweisung: „Die erhitzt du nun so fünf bis zehn Minuten in der Milch!" - „Was sind denn das für Stängel?" - „Das sind die Orchideen, Schnüfferl!" - „Sooo? Orchideen habe ich mir aber anders vorgestellt. – Ui, die riechen ja wie Vanille!" - „Das sind auch Vanille-Schoten[20], oder sagen wir lieber Kapselfrüchte, weil es eigentlich keine echten Schoten sind." - „Ich dachte, Vanille ist ein weißes Pulver?" - „Auch, Schnüfferl, auch." - „Und die Stangerln kommen aus Südamerika?" - „Vielleicht auch aus Madagaskar, ich weiß es nicht. Du hast aber Recht. Ursprünglich lebte die Vanillepflanze nur im Urwald Südamerikas, und zwar im Gebiet der Toconaco-Indianer." - „Dann haben wir das Gewürz von den Toconaco-Indianern?" - „Nur indirekt, Schnüfferl. Denn als die Azteken den Stamm unterwarfen, mussten sie den Herrscher der Azteken, Vanille als Tribut abliefern. Es war der König Moteczuma[21], der die Vanille benutzte, um den köstlichen Trank Tlilxochitl herzustellen, den man auch *Chocolatl* nannte."

> Man soll dem Leib etwas Gutes bieten,
> damit die Seele Lust hat, darin zu wohnen.
> *Sir Winston Churchill (1874-1965)*

Was wir nicht alles den südamerikanischen Indianern zu verdanken haben, dachte sich Schnüfferl. Dann fragte es: „Dann haben wir es dem Aztekenhäuptling zu verdanken, dass wir Vanillekipferl und Vanilleeis und Vanillepudding haben?" -„Indirekt ja. Es war der spanische Eroberer Bernal Diaz del Castillo[22], der den Wert der Vanille erkannte und sie 1520 nach Europa mitnahm." - „Und seither wird in Europa Vanille angebaut, gelt ja, so wie die Kartoffel und Tomaten?" - „Schön wär's. Die Ausfuhr von Vanille hatten die Spanier streng verboten, und so blieb die Pflanze in Mexiko. Die Verwendung der Vanille-Früchte waren auch in Europa lange Zeit ein gesellschaftliches Privileg, das sich nur die Reichsten leisten konnten." - „Und seit wann können sich auch die weniger Begüterten Vanille leisten? Wie die armen Schweinderl zum Beispiel?"
Habakuk machte es sich vorerst bequem, dann antwortete er: „Dies begann als es den Holländern 1810 gelang, einige Vanille Stecklinge herauszuschmuggeln. Diese Stecklinge wurden nach Java gebracht, wo sie schnell wuchsen." - „Ah! Und seither können wir uns Vanille leisten!", meinte Schnüfferl. „Auch noch nicht, weil die Pflanzen keine Früchte brachten." - „War das der Fluch des Montezuma?" Habakuk kicherte, dann sagte er: „Es dauerte noch eine geraume Zeit, bis der belgische Botaniker Charles Morren 1838 den Grund dafür erkannte."

- „Den Fluch, gelt ja, den Fluch des Montezuma, der war daran Schuld!", wiederholte Schnüfferl geschäftig seine vorherige Vermutung. „Verflixt war die Geschichte schon, denn für die Bestäubung der Vanille war eine Bienenart Melipona zuständig, sowie einige Kolibriarten, na, und die gibt es eben in Indonesien nicht." - „Ha, dann hat man gleich darauf die Tiere dort ausgesetzt und gezüchtet, gelt?" - „So einfach, wie du dir das vorstellst, ist das nicht, aber man hat einen anderen Trick gefunden." - „Trick? Ja, welchen denn?" - „Es war Edmond Albius, ein schwarzer Sklave, der auf der Insel La Réunion lebte, der mit Hilfe eines Kaktusstachels die Orchideen bestäubte. Für seine Entdeckung erhielt er die Freiheit. Na, und so wurde die Vanille über die Komoren-Inseln 1868 und 1872 in Mauritius und schließlich 1912 in Madagaskar eingeführt. Auch heute noch werden die Vanillepflanzen von Hand aus bestäubt. - Jetzt wird's aber Zeit", sagte Habakuk erschrocken und fischte schnell die beiden Stangerln aus der Milch heraus, kratzte das Vanillemark aus und verrührte das Mark mit vier Esslöffel Kakaopulver und anschließend alles mit Wasser.

Schnüfferl beobachtete sehr genau, was sein Freund tat. Vanillepulver mit Kakao kann nichts Schlechtes sein, dachte es sich. Da entdeckte es den Topf mit Honig, und schwups war sein Rüssel auch schon darin. „Halt, Schnüfferl, den Honig brauchen wir gleich." Das Schweinchen zog seinen Rüssel erschrocken aus dem Glas. Es fühlte sich ertappt. Es sah echt süß aus, mit seinem Honiggoscherl, von dem Honig tropfte. Habakuk, der das Gemisch inzwischen in die heiße Milch einrührte, sagte: „Nun, Schnüfferl, gib noch ein wenig Honig und ein bisschen Zucker in die Milch." - „Aber die Milch kocht doch noch gar nicht." - „Das soll sie auch nicht, denn dann wären die meisten Inhaltsstoffe, die im Honig sind, wirkungslos." Während Schnüfferl geschäftig den Honig in die warme Milch eintropfte, besorgte Habakuk Tabascosauce und Cayennepfeffer und einen Salzstreuer." - „Ja was machst du mit dem scharfen Zeugs?" - „Das gehört auch hinein", sagte er und gab von der Sauce wie vom Pfeffer ein ganz wenig hinzu, kostete, und schon wieder fügte er ein wenig von dem scharfen Gewürz hinzu. „Nun, um die Sache abzurunden, braucht man noch eine Prise Salz." Abermals schmeckte Habakuk seine Mischung ab und, sichtlich zufrieden mit seinem Werk, nahm er den Topf von der Herdplatte und sagte: „Nun kommst du dran, Schnüfferl, rühre bitte alles sorgfältig um, so schaumig wie nur möglich, damit sich keine Haut bildet." Schnüfferl tat wie ihm geheißen, und nach kurzer Zeit packte Habakuk den Topf und füllte den duftenden Aztekensaft in zwei Gläser. Fertig war das Tlilschotschitl, und wiiie das schmeckte, weit besser als der sonderbare Name des Getränks verraten hätte!

„Ist die Vanille nicht selten?" - „Oh nein, Vanille ist mengenmäßig sicherlich der häufigste Geschmacksstoff. Weltweit werden pro Jahr 12.000 Tonnen verwendet." - „Waaas? Zwölftausend Tonnen. Da muss es ja riesige Plantagen geben, nicht wahr?" - „Eigentlich schon. Aber aus Vanillekapseln gewinnt man nur vierzig Tonnen, der Rest wird künstlich hergestellt." - „Künstlich? Das kann man?" - „Ja! Angefangen hat es mit dem deutschen Chemiker Wilhelm Haarmann, der 1874 erstmals aus dem Saft von Fichtenbäumen künstlich Vanillin[23] herstellte." - „Von Fichtenbäumen, sagst du?" Schnüfferl war sichtlich aufgeregt, dass es so etwas gab. „ Heute gewinnt man Vanillin selbst aus den Ablaugen, den Sulfitlaugen, die beim Abbau des Lignins in der Papierindustrie anfallen, und auch biotechnisch erzeugt man Vanillin über Hefepilze." - „Das wird ja immer schöner!", quiekte Schnüfferl. „Hör nur! Diese Feinspitze von Hefepilzen bekommen Ferulasäure zum Fressen, woraus sie Vanillin herstellen."

Nun sah Habakuk erst, dass Schnüfferl einen ganz braunen Ring um sein Schnäuzchen hatte, weil es seinen Rüssel tief in das Getränk, in das Tlilxochitl versenkte, um auch noch den letzten Tropfen herauszuschlecken. Der alte Rabe riss vorerst die Augen weit auf, dann lachte er hellauf: „ Duuu schaust aus, Schnüfferl! Jetzt hast du einen Schoko-Vanille-Ring um dein Schnäuzchen." Nun lachte auch das Schweinchen, das kurz vorhin noch erschrocken war.

Und hier habt ihr die Zutaten:

TLILXOCHITL
1 Liter Milch
2 Vanillestangen
4 Esslöffel Kakaopulver
1/4 Liter Wasser
2 Esslöffel Honig
4 Esslöffel Zucker
1/4 Teelöffel Tabascosauce oder 1 Prise Cayennepfeffer
1 Prise Salz
Schmeckt's?

Es gibt kein Rezept für Lebensglück,
aber viele gute Zutaten....

DIE U.S.A. UND DER TEE
TEE TEA TSCHAI SCHAI CHA
TEE UNITED STATES OF AMERICA

Habakuk deckte den Tisch. Diesmal, so schien es Schnüfferl, besonders feierlich. Habakuk nahm die fast neue, weiße Tischdecke, und auch das neue Teeservice sollte eingeweiht werden, natürlich mit Tee. Der Teetopf stand schon auf der Herdplatte, und das Wasser begann gerade zu wallen. Habakuk sagte bedeutsam: „Tee[24] hat schließlich nicht nur für die Gesundheit eine große Bedeutung, sondern auch eine politische." - „Politische? Wie das denn?" - „Schließlich verdanken die Amerikaner, ich meine politisch gesehen, dem Tee ihre Existenz." - „Du meinst, dass es ohne Tee keine USA gäbe?" - „Genau, das meine ich." - „Stammt denn der Tee aus den USA?" - „Das nicht, der Tee wurde von den Holländern so um 1650 nach Neu Amsterdam, dem heutigen New York importiert. Auf der Chatham Street gab es sogar eine eigene Teewasserquelle. Kutscher fuhren damals durch die Straßen, schwangen eine Glocke und riefen: ‚Come and get your teawater!' Das heißt, ‚Kommt und holt euer Teewasser', denn Wasser ist sehr entscheidend für den Geschmack des Tees. Damals trank man noch grünen Chinatee und würzte ihn mit Safran, Iriswurzeln und Gardeniablüten."
Habakuk stellte nun auch die Zuckerkanne und ein Milchfläschchen auf den Tisch. Schnüfferl sah Habakuk fragend an. Die Sache, warum Amerika dem Tee seine Existenz verdankte, ging ihm nicht aus dem Sinn, dann stellte er schnell eine Frage: „Ja, ja! Aber warum verdanken die Amerikaner dem Tee ihre Existenz, wenn der Tee nicht einmal aus Amerika stammt?" - „Wieso? Weil die Amerikaner bis 4. Juli 1776 Untertanen des Königs von England waren, die Bezeichnung Yankee für die Englisch sprechenden Amerikaner dürfte wahrscheinlich aus dem Französischen stammen, wo Engländer nämlich „Anglais" heißt, was zu Yankee verballhornt wurde." - „Gut, dann waren die Amis eben früher Engländer, und die Engländer trinken gerne Tee, aber was hat das mit den USA zu tun?" - „Ach so! Die Engländer, das heißt die englische Regierung, die immer knapp bei Kasse war, brummte auf Importwaren für die Kolonien kräftige Steuern auf, und da boykottierten die Siedler jahrelang britische Waren. Dabei waren sie ziemlich erfolgreich, denn der König Georg III. von England gab klein bei. Er nahm die Verbrauchersteuern zurück, bis auf die Teesteuer, die behielt er bei." - „Die Teesteuer?" - „Ja, genau, die Teesteuer, die blieb. Als an einem Dezembertag 1773 drei englische Schiffe im Hafen von Boston einliefen, stürmten fünfzig als Indianer verkleidete Amerikaner die Schiffe und warfen die gesamte Teeladung über Bord, insgesamt 342 Teekisten versanken. Damit begann der amerikanische Unabhängigkeitskrieg, der schließlich am 19.April 1775 zur Unabhängigkeitserklä-

rung führte."

Das Teewasser kochte bereits, und Habakuk goss das heiße Wasser über die Teebeutel. Ein köstliches Aroma verbreitete sich. Schnüfferl begann mit seinem Rüssel zu schnuppern und genoss den Tee. Schließlich sagte es: „Und die Teebeutel haben die Engländer erfunden?" - „Nein, nein, das wiederum ist eine amerikanische Erfindung. Der New Yorker Teeimporteur Sullivan kam vorerst auf die Idee, seine Teemuster in kleinen Seidentüten einzunähen, genug Tee für eine Tasse nur zum Probieren. Und so setzte sich der praktische Tee-Aufgussbeutel durch. - Nun aber trink, bevor der Tee kalt wird." - „Wird man auf kalten Tee auch schön, wie beim Kaffee?" Dabei setzte sich Schnüfferl in Pose und drehte sein Köpfchen kokett einmal nach links, dann nach rechts. „Davon habe ich noch nichts gehört, denn sonst könnte man ja Eistee trinken." - „Eistee? Höre ich da Eistee?" - „Ja, übrigens verdankt der Eistee auch einem Zufall seine Erfindung." - „Da bin ich aber gespannt." - „Es war ein heißer, ein sehr heißer Tag, als die Weltausstellung in St. Louis stattfand. Der Sommer im Mittelwesten ist üblicherweise immer heiß, aber an diesem denkwürdigen Tag des Jahres 1904 sollte der Engländer Richard Blechynden den Amerikanern, die bisher nur grünen Tee tranken, einmal schwarzen Tee aus Indien vorführen. Aber wer trank schon heißen Tee bei dieser Hitze. Keiner wollte den Tee auch nur kosten." - „Ist denn heißer Tee nicht das Beste gegen die Hitze?" - „Du hast Recht, Schnüfferl. Aber auch bei uns trinken die Menschen lieber eiskalte Getränke, anstelle warmer, wenn es heiß ist." - „Und was hat der Herr dann gemacht?" - „Du kannst dir vorstellen, dass er verzweifelt war. Schließlich schüttete er wütend Eiswürfel in den Tee, und siehe da, die Leute prügelten sich förmlich, um das erfrischende Eisteegetränk zu ergattern. Ein neuer amerikanischer Drink war geboren, der Eistee."

Fortsetzung auf Seite 58

Eigentlich wäre Schnüfferl die Erfinderin des Eistees gewesen, wenn ihn die Amis nicht früher entdeckt hätten, denn der Tee Schnüfferls war bereits kalt geworden. So ist es eben, wenn man zu viel plaudert, anstatt die Teepause zu genießen. Aber Eistee ist auch etwas Gutes, hier eines der vielen Rezepte:

MINZ-EISTEE
Zutaten:
6 TL Tee
1 l Wasser
1/4 l Zitronensaft
Gewürznelken
Pfefferminz (oder Aufgussbeutel Pfefferminztee)
200 g Zucker oder weißer Kandis

Zubereitung:
Den schwarzen Tee mit Pfefferminztee und Gewürznelken aufbrühen, fünf Minuten ziehen lassen, abgießen. Zitronensaft und Zucker hinzugeben, verrühren und abkühlen lassen. In Gläsern mit Eiswürfeln servieren.
Für ca. 10 Gläser

Lass kommen, was mag – ich trinke Tee.
König Gustav VI. von Schweden

BIONADE
Das Rezept aus dem Dorf der Unbeugsamen

„Was trinkst du denn da für ein seltsames Getränk, Habakuk?" Habakuk hätte sich beinahe verschluckt, dann sagte er unschuldig: „Ich?" - „Ja, genau." - „Das ist Bionade." - „Waaas ist das?" - „Das ist ein Szenegetränk", sagte der Rabe schnell „Das erste durch Fermentation hergestellte biologische Erfrischungsgetränk."
„Aha, wieder was Alkoholisches." - „Alkoholisches? Das gerade nicht, aber es wird in einer kleinen Dorfbrauerei in Ostheim in Bayern, hergestellt. Es ist so eine Art Fanta ohne Chemie." - „Und das wird rein biologisch erzeugt und ist kein Saft?" - „Kein Saft. Zucker wird hier nicht zu Alkohol, sondern zu Glucuronsäure vergoren. Genau dieselbe Substanz, die auch im Kombucha enthalten ist. Ähnlich wie beim Bier werden die Ausgangsstoffe Malz und Wasser verwendet. Nach der Lagerung und Filtrierung werden Kohlensäure, und je nach Geschmack natürliche Frucht- und Kräuteressenzen, zugesetzt. Kräuter, Holunder, Litschi, Kiwi, Ingwer-Orange." - „Davon habe ich aber noch nichts gehört", meinte Schnüfferl.
Habakuk nahm noch einen herzhaften Schluck, bevor er weiter erklärte: „Das kann schon sein. Die Bionade ist eine Erfindung des Braumeisters Dieter Leipold. Acht Jahre dauerte die Entwicklung des Getränks, bis er es 1995 geschafft hatte. Zwei Jahre später begann er mit dem Betrieb, aber keiner wollte sein Getränk kaufen. Die

Getränkehändler blieben auf ihren Kisten sitzen, und auch die Banken waren nicht zugänglich für Investitionen. Wie aber sollte er seine Ökobrause auf den Markt bringen? Ohne Reklame? Na, und aus der Sicht des Lebensmittelrechts gab es dieses Produkt auch nicht. Was es nicht gibt, eignet sich nicht zum Verkauf. So bot Leipold sechs großen deutschen Brauereien die Lizenz an, erntete aber nur ein mildes Lächeln. So war er bald dem Bankrott nahe, aber die traurige Geschichte nahm ein Happy End, als 1999 eine Wende eintrat."
Schnüfferl, das ja nicht umsonst neugierig ist, hatte es sich natürlich nicht nehmen lassen, von dem neuen Getränk zu kosten. „Probieren geht über studieren", sagt man: „Ui, das schmeckt aber", sagte es, als es einen weiteren, kräftigen Zug aus der Flasche nahm, und Habakuk berichtete weiter: „Der Durchbruch geschah erst, als irrtümlicherweise eine Lieferung, die nach Ungarn gehen sollte, nach Hamburg geschickt wurde. Der Hamburger Getränkehändler Göttsche nahm dieses Getränk in sein Angebot auf, und kurz darauf auch die Drogeriekette Budniskowski, und auch bei Rewe wurde die Bionade in die Regale gestellt. Über Nacht wurde sie zum Kultgetränk der Hanseaten. So war die kleine Brauerei gerettet. 1999 wurden bereits eine Million Flaschen verkauft, und im Jahr 2003 waren es schon fünf Millionen und..." - „Und wie viel sind es jetzt?" - „Die Verkaufszahl von 2006 sind 100 Millionen Flaschen, doppelt so viel wie 2005. Du siehst, Erfindergeist zahlt sich aus."

Bi-Onade

Schnüfferl wollte rasch zur Flasche greifen, zog die Pfote aber ebenso rasch wieder zurück, als Habakuk auf die ausgestreckte Hand blickte. „Trink nur, Schnüfferl, trink! Das Safterl ist auch gesund. Es enthält nämlich auch viel Kalzium und Magnesium[25], daher ist es besonders für Ausdauersportler und Osteoporose-Patienten, die an Kalzium und Mineralstoffmangel leiden, empfehlenswert." - „Leidest du denn auch unter Osteoporose?" Habakuk erschrak für einen kurzen Augenblick, dann sagte er entrüstet: „Aber nein, ich bin doch Sportler, denn das Getränk ist auch isotonisch." - „Ach so," flötete das Schweinchen, das einen hochroten Kopf bekam und schnell fügte es noch hinzu: „Da bin ich aber froh!", sagte es und trank und trank, denn schließlich wollte ja auch Schnüfferl zu den Leistungssportlerinnen gehören.

Nutze die Talente, die du hast.
Die Wälder wären sehr still,
wenn nur die begabtesten Vögel sängen.
Henry van Dyke (1852 – 1933)

KOMBUCHA

Der Frühling war nur kurz, und schon bald war es heiß geworden, sehr heiß sogar. Natürlich musste man mehr trinken als sonst. Habakuk öffnete eine Flasche, schenkte sich etwas von dem Saft in ein Glas und ergötzte sich an dem köstlichen Nass, verfolgt von den neugierigen Augen Schnüfferls. Schnüfferl beobachtete alles ganz genau, dann stellte es eine Frage: „Was trinkst du da, Habakuk?" Dabei schluckte es ein paar Mal, um seine trockene Kehle anzufeuchten. Habakuk blickte kurz auf, dann sagte er vergnügt: „Das ist etwas ganz Besonderes, ein durstlöschendes und auch sehr gesundes Getränk." Dabei perlte ein Tropfen von seinem Schnabel. Schnüfferl schluckte und schluckte. Habakuk, nachdem er einen kräftigen Zug aus dem Glas genommen hatte, sagte darauf: „Das ist Kombucha." - „Kombucha? Davon habe ich aber noch nichts gehört." Habakuk stellte das Glas hin, es war ohnedies schon fast leer, rückte sich in seinem Stuhl zurecht und berichtete.

„Sooo! Nun, Kombucha macht man aus einem Pilz, dem sogenannten Kombucha-Pilz oder Teepilz." - „Ein Pilz? Ein echter Pilz, ein Schwammerl?" - „Nicht so, wie du meinst, es ist eine gelatineartige Masse, die aus einer Unzahl hefeartiger Pilze und Mikroben besteht, die in Symbiose, also in Lebensgemeinschaft miteinander leben." - „Und was machen die beiden zusammen?" - „Das Getränk ist nur ihr Abfallprodukt. Wie sie das machen, ist aber kompliziert. Um ein solches Getränk herzustellen, muss man natürlich den Bakterien und den Hefepilzen Futter geben, zum Beispiel in Form von gezuckertem Tee." - „Gezuckerter Tee, und davon leben die beiden?" - „Ja, die Bakterien produzieren eine zellulosehaltige gallertartige Masse, die den Pilz umgibt, und die Hefepilze vergären den Zucker zu Alkohol." - „Ui, ich verstehe, dann ist das Alkohol, was du da trinkst?" - „Alkohol? Wo denkst du hin. Alkohol stellt nur die Nahrungsgrundlage für die Bakterien dar. Sie verwandeln ihn nämlich in Glucuronsäure, Milchsäure, Essigsäure und verschiedene Vitamine wie B1, B2, B3, B6, B12 und C sowie Folsäure und rechtsdrehende (L+) Milchsäure, Aminosäure, Enzyme, antibiotische Stoffe. Nur eine geringe Menge an Alkohol verbleibt im Getränk, an die durchschnittlich 0,5%."

„Brr!", sagte Schnüfferl und schüttelte sich, indem es gequält sagte: „Und diese Mischung soll gesund sein? Das klingt doch sehr, sehr chemisch, oder?" - „Das Getränk schmeckt nicht nur sehr gut, sondern ist auch sehr gesund. Durch die Glucuronsäure kommt es zu einer Entgiftung des Körpers. Sie verbindet sich mit den Abfallstoffen des Körpers und den Giften im Körper, welche somit ausgeschieden werden." - „Und die Milchsäure, die ist doch grauslich, nicht?" - „Aber, aber, ganz und gar nicht. Gerade der leicht süß-säuerliche Geschmack ist es ja, der das Getränk so gut gegen den Durst macht. Zusätzlich wirkt die Milchsäure hemmend auf schädigende Darmbakterien und begünstigt den Verdauungsprozess." Plötzlich krümmte sich Schnüfferl und schnitt Grimassen, sodass Habakuk ganz erschrocken fragte: „Aber Schnüfferl, was hast du bloß?" - „Siehst du denn das nicht, ich muss irgendwie schädliche Darmbakterien haben." Jetzt wusste der alte Rabe, was Schnüfferl wirklich hatte, oder besser gesagt, was Schnüfferl wollte. Schnell schenkte der alte Rabe dem kleinen Schweinchen ein Glas mit dem köstlichen Getränk ein, er konnte doch nicht zusehen, wie sehr die kleine Schwindlerin litt.

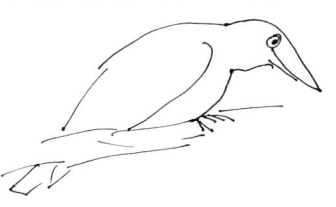

Es ist leichter, die Verdauung anderer zu fördern als die Beförderung anderer zu verdauen.
Helmut Binter als Joki Kirschner

MILCH
EIN NATÜRLICHER ENERGY-DRINK

"Ja, was trinkst denn du da für eine Emulsion?", fragte Habakuk „Ich trinke keine Emulsion, ich trinke Milch", klärte Schnüfferl seinen alten Freund auf. „Aber Milch ist doch eine Emulsion", erwiderte der alte Rabe. „Und was ist das, eine Emulsion?" - „Das ist ein Gemenge aus zwei nicht mischbaren Stoffen wie Fett in der Flüssigkeit." - „Aber Fett löst sich doch nicht im Wasser." - „Ganz richtig, deshalb ist das Fett in Form von winzigsten Fetttröpfchen verteilt. Die Tröpfchen sind nicht größer als ein zehntausendstel Millimeter[26]. Die Kuhmilch hat beispielsweise 87,5 Prozent Wasser." - „Und was macht die Milch dann so weiß?" - „Das ist der Rest, das sind 4,8 Prozent Kohlenhydrate, 3,5 bis 4,2 Prozent Milchfett und 3,5 Prozent Eiweiß und an die 0,3 Prozent Spurenelemente." - „Du hast Kuhmilch gesagt, gibt es denn auch andere Milch?" Habakuk lächelte und Schnüfferl sah ihn mit großen Augen fragend an.
Habakuk sagte, ach was, er verkündete: „Na klar. A l l e Säugetiere, das heißt, die Weibchen unter ihnen, sind in der Lage, eine besondere Nährflüssigkeit herzustellen, die man Muttermilch nennt." - „Und die Schweinderln haben auch Milch?" - „Natürlich, alle Säugetiere, selbst die Menschen[27] erzeugen Milch." - „Was, die Menschen auch? Machen

sie das in der Molkerei?" - „Aber Schnüfferl, ich meine die Milch, die sie selbst herstellen, die Muttermilch. Die Zusammensetzung der Milch ist jeweils dem Zweck angepasst. So ist die Menschenmilch, im Vergleich zur Kuhmilch viel ärmer an Eiweiß, sie hat nämlich nur 1,5 Prozent, dafür aber ist sie mit sieben Prozent Kohlenhydrat-Anteil reicher als die Kuhmilch. Neben der Kuhmilch trinken die Menschen auch noch Schafs- und Ziegenmilch, aber auch die Milch von Wasserbüffeln und von Kamelen und Pferden."

Nach einiger Zeit fragte das Schweinchen: „Und Schweinemilch trinken sie nicht?" - „Nein, dafür aber die Milch von Hirschkühen, oder genauer gesagt, von Rentieren, die besonders reich an Fett und an Eiweiß ist, nämlich mit je 16,9 Prozent." Da staunte Schnüfferl nicht schlecht. Dann fragte es vorsichtig: „Und die Rabenmilch, wie viel Fett und Eiweiß hat die?" Jetzt lachte der alte Rabe laut auf: „Wir bekommen doch keine Milch, Tschapperl, wir sind doch keine Säugetiere! Vögel sind die jüngste und entwickeltste Tiergruppe unter den Lebewesen." Und Stolz klang aus seiner rauchigen Stimme, als er verkündete: „Wir bekommen von unseren Eltern gleich eine ordentliche Nahrung, dicke fette Würmer, leckere Käfer..." - „Hör' auf Habakuk, bitte hör' auf. Du weißt ja, das vertrage ich nicht, da wird mir gleich übel." Schnüfferl schien auch schon eine ganz blasse Gesichtsfarbe anzunehmen, „Nun!", sagte der Rabe, indem er sich mit der Zunge um seinen Schnabel leckte, denn die Vorstellung allein...na, ihr wisst schon, ließ in ihm schöne Erinnerungen wach werden. Dann sagte er: „Da die kleinen Säugetiere keinen Schnabel und häufig auch noch keine Zähne haben, werden sie flüssig ernährt." - „Die Menschen auch?" - „Auch die Menschen. Soweit es geht, werden heute die menschlichen Säuglinge gestillt"[28].

Das gab dem kleinen Schweinchen gleich das Gefühl der Geborgenheit. Denn Schnüfferl war von seiner Mama auch gestillt worden. Habakuk sagte: „Das Stillen ist mehr, als dem Kind Nahrung zu geben. Durch den innigen Körperkontakt vermittelt die Mutter ihrem Kind Wärme und Geborgenheit. Aber stell dir vor, noch im ausgehenden 18. Jahrhundert war das Aufziehen der Menschenkinder in Europa oft sehr abenteuerlich, denn man fütterte die Säuglinge nicht mit Milch." - „Nicht mit Milch?" Schnüfferl stellte sich schon vor, wie die Eltern der Menschenkinder diese mit Würmern und Raupen versorgten. Alleine bei dem Gedanken schüttelte es Schnüfferl heftig vor Grausen, und nur allmählich schien die bleiche Farbe aus dem Gesicht Schnüfferls in ein zartes Rosa überzugehen.

Noch bevor Schnüfferl seinen schrecklichen Verdacht aussprechen konnte, sagte Habakuk: „Gleich nach der Geburt wurde den Kindern ein Schluck Wein verabreicht, dann gab man ihnen ein bisschen Butter, Zucker, ein wenig Öl und sogar ein wenig Braten. Stillen war zu jener

Zeit nicht gebräuchlich. Man fütterte die Kinder mit Papp." - „Was ist das, Papp?" - „Da wurde Brot in Wein oder Bier leicht gekocht und mit Mehl oder Zucker verrührt, bis das Ganze eine schleimige Beschaffenheit annahm. Mit so einem Gerstenschleim-Papp[29] wurde auch der kleine Mozart aufgezogen. ‚Wasser' sagte man damals zu dem Brei. Man wundert sich, dass die Europäer überhaupt überlebt haben[30]." - „Das ist ja schrecklich!" - „Gelt ja! In Paris und London war es vor zweihundert Jahren Mode, die Kleinkinder einer Amme zu übergeben. Aber viele dieser Damen waren der Trunksucht ergeben, waren Prostituierte und hatten Geschlechtskrankheiten. Insofern war die Übergabe eines Kindes an eine derartigen Amme ein großes Risiko."

„In dem Fall war sicherlich die künstliche Ernährung besser, gelt ja?" - „Auch diese war nicht optimal. Als man damals die ausgesetzten Kinder in Frankreich ins Spital in Aix en Provence brachte, sie künstlich ernährte und eines nach dem anderen im Alter von viereinhalb Monaten starb, wurde Dr. Le Roy von der Medizinischen Fakultät in Paris beauftragt, den Fall zu untersuchen. Er fand heraus, dass der frühe Tod der Kinder auf dem Fehlen des 'vitalen Prinzips' in der Milch beruht." - „Und was ist das, ein ‚widales' Prinzip?" - „Das ist nichts anderes als das, was man zum Leben braucht." - „Und gibt es denn das wirklich?" - „Doch, doch! Als man die kleinen Kinder an Ziegen saugen ließ, sank die Kindersterblichkeit drastisch ab." - „Wäre denn die Muttermilch nicht besser gewesen?"

Was sollte Habakuk nun sagen? Dann antwortete er: „Natürlich wäre es das Beste. Kurz nach der Geburt des Menschen, etwa vierundzwanzig bis achtundvierzig Stunden danach, bildet sich in der weiblichen Brust der Mutter vermehrt Milch. Die Zusammensetzung der Muttermilch ist jedoch in den ersten Tagen und Wochen anders als später. Diese frühe Milch, das sogenannte Kolostrum[31], sieht noch gar nicht so aus wie Milch, sondern gleicht eher einem gelblichen Schleim. Dieser ist die erste Nahrung des Menschen. Vom vierten Tag an geht das Kolostrum in die Muttermilch über. - „Warum ist die Milch am Anfang so ganz anders?" - „Weil sie besonders reich an die Immunabwehr fördernden Stoffen ist und das Neugeborene dadurch vor Krankheiten schützt. Säuglinge sind erst ab dem sechsten bis achten Lebensmonat in der Lage, wirkungsvolle Abwehrzellen, die sogenannten T-Zellen, selbst zu bilden. Bis dahin bekommt das Kleine die Antikörper[32] über den Mutterkuchen, die Plazenta, bzw. über die Milch."

Schnüfferl nahm noch einen großen Schluck aus seiner Suspension, das heißt, aus dem Becher Milch, dann meinte es: „Dann kann man durch künstliche Nahrung die Muttermilch gar nicht ersetzen?" - „Die Muttermilch ist natürlich das Beste." - „Und wenn Menschenkinder

Kuhmilch bekommen, ist das dann gleichwertig?" - „Sicherlich nicht, Schnüfferl! Ich habe dir ja schon erzählt, dass die Zusammensetzung der Milch bei den einzelnen Säugetierarten unterschiedlich ist. So ist beispielsweise die Blauwalmilch sehr fetthaltig. Eine Blauwalmutti produziert täglich vierhundert bis sechshundert Liter Milch, die sie dem Jungen direkt in sein Goscherl spritzt[33]. Dadurch nimmt ein Blauwalbaby an die hundert Kilogramm pro Tag zu." Schnüfferl schlug seine Hände über dem Kopf zusammen und rief aus: „Du meine Güte! Hundert Kilo!", dann hatte es noch eine Frage: „Ja, welche Milch wäre dann für die Menschen am besten, wenn sie keine Muttermilch bekommen können?" - „Ich glaube, die Stuten- oder Eselsmilch[34] oder auch noch die Ziegenmilch. Die Ziegenmilch entspricht in etwa der Zusammensetzung der Menschenmilch. Der Fettgehalt ist etwa gleich, sie hat nur etwas weniger Kohlenhydrate, nämlich 3,7 Prozent und um einiges mehr an Eiweiß, so an die 4,2 anstatt 1,5 Prozent."

Ganz klar war es Schnüfferl noch immer nicht, warum ein Menschenkind nicht auch die Milch einer anderen Tiermutter trinken könnte, und so hakte es noch einmal nach: „Ist das denn so schlimm, das mit der Zusammensetzung der Milch?" - „Es gibt eine ganze Reihe von Milchunverträglichkeiten, die sogar im Laufe des Alters zunehmen. In Europa können beispielsweise fünfzehn Prozent der erwachsenen Menschen keine Kuhmilch trinken[35], ohne dass sie nicht eine Reihe von Beschwerden bekommen, wie Durchfall, Blähungen oder auch Kreislaufprobleme." - „Haben die als Säuglinge auch schon Probleme gehabt?" - „Möglich, aber das kommt sehr, sehr selten vor. Nein, der Grund ist der, dass die Fähigkeit, den in der Milch enthalten Zucker, die Lactose, zu verdauen, mit der Zeit verloren geht. Dazu braucht man nämlich ein Ferment, die Lactase, diese wird aber mit fortschreitendem Alter nicht mehr gebildet." - „Und warum sind es dann nur fünfzehn Prozent in Europa, die keine Milch vertragen, wo doch in Europa die Menschen immer älter werden?" - „Du musst das so sehen: Dass dennoch 85 Prozent der Europäer Milch vertragen, ist das Ergebnis eines ganz jungen Evolutionsprozesses, der keine achttausend Jahre alt ist.[36]"

Melken einer hornlosen Kuh. Relief auf dem Sarg der Prinzessin und Hatorpriesterin Kawit, Nebenfrau des Menuhotep II. (XI. Dynastie: 2046-1905 v. Chr.).

Schnüfferl, das gerade einen Schluck aus dem Becher nahm, stellte ihn gleich wieder hin und sah Habakuk überrascht an. „Keine achttausend Jahre? Und das nennst du jung?" - „Doch, diese genetische Entwicklung fand auch nur dort statt, wo traditionsgemäß Milchviehhaltung betrieben wurde. In Gebieten, wo dies nicht der Fall war, wie in Teilen Chinas und Afrikas, liegt die Milchunverträglichkeit viel höher." - „Weil die andern lieber Bier oder Wein trinken, gelt ja?" Habakuk schmunzelte, dann sagte er: „Möglich ist's, aber sie schaffen das genetisch nicht, sie vertragen eben keine Kuhmilch."
Schnüfferl schaute in seinen Becher, viel war nicht mehr darin. Ihm schmeckte die Milch, und es hatte auch keine Probleme damit. Ob es daran lag, dass es noch so jung war? Mag sein. Nun aber wurde das kleine Schweinchen schläfrig. Vielleicht war auch ein klein wenig der hohe Gehalt an Tryptophan daran beteiligt. Dieses Hormon scheint nämlich für die schlaffördernde Wirkung verantwortlich zu sein. Nicht umsonst sind Babys still, wenn sie gestillt werden.
„ZZZzzzzzzzzzzzzzzzzzzzzzzzzzz"

Anhang: Das weiße Lebenselixier trägt zum Schutz der Zähne bei, da es die bakterielle Anhaftung am Zahn, durch Stimulation des Speichelflusses bewirkt. Dieser beschleunigt die Entfernung von Kohlehydraten aus der Mundhöhle und neutralisiert so die Plaque-Säuren. Milch kann auch zur Remineralisierung, also zum Wiederaufbau der Zähne beitragen. Milch enthält auch den Mineralstoff Phosphor, einen bedeutenden Baustein von Knochen und Zähnen Phosphor ist auch für die Umwandlung, Verwertung und Speicherung von Energie wichtig wie auch bei der Weitergabe von genetischer Information. Phosphor gewährleistet einen konstanten pH-Wert des Blutes. Ein halber Liter Milch deckt bereits 66 Prozent des täglichen Phosphorbedarfs.

KULINARISCHE ABKÜHLUNG

Die Temperatur wollte und wollte nicht sinken. Tag für Tag kletterte die Temperatur über 30 Grad hinauf und Schnüfferl schwitzte, wie ein Schweindl, würde man sagen. Sein Gesicht war schweißgebadet. Natürlich wären Erfrischungen sehr gefragt gewesen. Nur eines ist vielleicht noch besser, oder sagen wir angenehmer und köstlicher, davon werdet ihr nun erfahren.
Habakuk, dem bekanntlich die hohen Temperaturen weniger aus-

machten als dem kleinen Schweinchen, konnte das arme Wesen nicht leiden sehen, verschwand für einen Augenblick, um bald darauf mit zwei großen Portionen Eis zurückzukommen. Für einen Augenblick vergaß Schnüfferl die Hitze und freute sich riesig auf das Speiseeis. Die Hälfte war bereits weggeschleckt, da sagte Schnüfferl: „Gelt, das Speiseeis ist eine ganz moderne Erfindung." Und schon wieder schleckte das kleine Schweinchen an seinem Eis.

„Glaubst du, aber Speiseeis gibt es schon seit sehr, sehr langer Zeit." Ohne den Löffel wegzulegen, mit einem großen Eispatzen im Mäulchen, erwiderte es: „Wer das Speiseeis erfunden hat, ist nicht mit Sicherheit bekannt, gelt ja. Man hat dem Erfinder oder der Erfinderin sicherlich große Denkmäler gesetzt, so wie es gebührt." - „Schon vor 3000 Jahren legten die Chinesen riesige Eiskeller zu Kühlzwecken an. Und schlau und praktisch veranlagt, wie die Chinesen sind, haben sie sicherlich auch Eis gegessen, so etwas wie unser Sorbet wahrscheinlich." - „Und seit wann kennt man bei uns das Speiseeis?", fragte Schnüfferl und leckte sich voll Vergnügen sein Schnäuzchen. „Wahrscheinlich seit etwa 500 vor Christus. Der griechische Dichter Simonides von Keos[37] gibt uns die ersten Berichte darüber. Es wurde aus Gletscherschnee gemacht, dem man Früchte, Honig oder Rosenwasser beimengte." - „Das ist ja kaum zu glauben." - „Ja, ja! Auch Alexander der Große und auch Hippokrates hatten Vorliebe für Speiseeis. Hippokrates, der Arzt, setzte Eis auch für medizinische Zwecke ein." - „Den würde ich auch gerne als Hausarzt gehabt haben", meinte Schnüfferl, und Habakuk wusste Bescheid. „Gelt ja, die waren auch Feinschmecker. So wie die römischen Kaiser auch." - „Die auch?" - „Genau, so hatte sich Kaiser Nero zum Beispiel im ersten nachchristlichen Jahrhundert über Stafettenläufer Eis aus den Bergen, aus dem Apenninen-Gebirge, bringen lassen. Das war wahrscheinlich gestampftes Eis oder Schnee mit Früchten und Gewürzen gemischt. Übrigens hat sich auch der indische Kaiser Ashoka Eis aus dem Himalaja bringen lassen." – „Ja, der Ashoka", seufzte das keine Schweinchen und wischte sich einige Schweißperlen von der Stirn. Dann sagte Schnüfferl bedauernd: „Das gewöhnliche Volk hatte sich sicherlich kein Eis leisten können." - „Was soll's, die Lust auf Eis ist den Europäern bald verloren gegangen."
„Verloren? Ja wieso das?" - „Wir wissen jedenfalls nichts mit Sicherheit, dass man damals Eis gegessen hat. Erst im 8. Jahrhundert kamen die Araber auf die Idee, dem Eis-Frucht-Gemisch Zucker beizufügen." - „Das hätte ich aber auch gemacht." - „Ich habe dir ja schon erzählt, woher die Araber den Zucker hatten. Zucker war in Europa

Mangelware. Aber auch bei den Arabern haben nur die Reichen sich dem Genuss des Eisessens hingeben können. So die Sultane in Kairo die das Speiseeis *Scherbet*[38] nannten. Über Sizilien, das damals unter starkem arabischen Einfluss stand, gelangte die Sitte des Eismachens nach Europa."

„So spät erst? Die armen Schweindln. Was haben die bloß bei der großen Hitze gemacht?" Habakuk überhörte die Frage und plauderte munter weiter: „Ende des 13. Jahrhunderts berichtete dann Marco Polo über die Herstellung von Eis, was er in China kennen gelernt hatte. Man stellte eine Kältemischung aus Schnee oder Wasser und Salpeter her. Das Speiseeis aus Wasser und Fruchtsaft oder Früchtepüree, das man Granita nennt, wurde zu einer italienischen Spezialität." - „Gelt ja, das italienische *gelato* ist ja berühmt." Dabei schleckte sich Schnüfferl mehrmals das Schnäuzchen.

Der alte Rabe wusste natürlich, was dies zu bedeuten hatte, verschwand einen Augenblick und kam triumphierend mit weiteren zwei großen Bechern Eis mit Schlag zurück. Schnüfferl schleckte schnell die letzten Reste seines ersten Bechers auf und strahle Habakuk glücklich und zufrieden an. Vergessen war die stechende Sonne, vergessen die Hitze. Das Eis ließ einen kühlen Kopf behalten. Da sagte Habakuk: „Diese italienische Eisspezialität brachte Katharina de Medici mit ihren Eismachern und Konditoren mit, als sie im 16. Jahrhundert nach Paris kam, um den französischen König zu heiraten." - „Das ist aber g'scheit. Das hätte ich gewiss auch getan. Aber, sag Habakuk, hat man denn damals gar kein Schlagobers oder Milch für das Eis verwendet?" - „Doch, doch. Die Sizilianer Francesco und Procopio Cultelli aus Acitrezza eröffneten 1693 das erste Eiscafé, das ‚Café Procope', in Paris. Sie verwendeten zur Eisherstellung erstmals Eidotter, Schlagobers, Milch und Zucker. Procopio war früher Koch Ludwig des XIV., musst du wissen. Um 1700 wurde dann Speiseeis auch in anderen europäischen Ländern Kaffeehäusern eingeführt." Schnüfferl stieß ein lautes „Ah, endlich!" aus. Dann fragte es: „Und die Amerikaner, haben die keinen Gusto auf Eis gehabt?" - „Die Amerikaner? Denen verdanken wir sogar die erste Speiseeismaschine, die 1790 von ihnen erfunden wurde. Die erste Fabrik für Speiseeis stand 1851 in Baltimore." - „Und die Maschine hat Eis gemacht." - „Ja, aber nicht so, wie du dir da vorstellst. Bis zur Erfindung der Kältemaschine, im Jahr 1881, durch den deutschen Carl von Linde, war man auf Stangeneis aus dem Winter, das in Eiskellern bis zum Sommer aufbewahrt wurde, und Kochsalz für die Kältemischung angewiesen. Erst mit der Erfindung Lindes wurde Speiseeis zur Massenware."

Ob Schnüfferl zugehört hatte, war nicht ganz sicher, denn es war ganz und gar in sein Eis vertieft, bis es die Frage stellte: „Gibt es da nicht eine Serie von Filmen, die ‚*Eis am Stiel*' heißt?" - „Ja, das ist schon einige Zeit her. Auch das Eis am Stiel wurde schon vor geraumer Zeit erfunden, nämlich 1905, als ein Amerikaner es leid war, seine Hände klebrig zu machen. Er steckte ein Holzstäbchen in das Eis und so war das Eis am Stiel erfunden. So einfach ging das. Am 9. Oktober 1923 wurde diese praktische Art Eis zu essen vom Amerikaner Harry Bust patentiert." - „Ich liebe Eis am Stiel, das ist so richtig cool", sagte Schnüfferl, während es noch eifrig an seinem Eis leckte. „Du bist auch eine eiskalte Genießerin", erwiderte Habakuk, und dann: „Bereits 1925 begann in Deutschland die erste Speiseeisproduktion. Überall schossen die italienischen Eisdielen aus dem Boden. Im Jahr 2004 betrug der Pro-Kopf-Verbrauch an Speiseeis in Deutschland 7,4 Liter. 2005 waren es sogar 8,1 Liter. Die Italiener verspeisen sogar noch mehr, nämlich 8,3 Liter pro Jahr." - „Und die Österreicher?" - „Seit es dich gibt, Schnüfferl, mehr als 6,2 Liter." - „Das ist aber wenig." - „Na, ja. Die Portugiesen haben mit kaum 3,7 Liter das Schlusslicht in Europa. Nur die US-Amerikaner, die sind Weltmeister, die schlecken gar 24 Liter pro Kopf." Das war natürlich Ansporn für Schnüfferl, den Weltrekord der Amerikaner zu brechen. Wenn es mehr als durchschnittlich die US-Amerikaner an Speiseeis verzehren wollte, müsste es noch ganz viel Eis schlecken.

ENERGY-DRINKS

RED BULL
Eine Erfolgsgeschichte

„Was hast du da für eine interessante Dose?" Schnüfferl reagierte vorerst gar nicht auf die Frage, dann stellte es Habakuk nochmals die gleiche Frage: „Was ist da in der Dose d'rinn?" - „Bald nichts mehr, denn ich fühle mich heute so richtig ausgepowert." - „Wie fühlst du dich?" - „Ausgepowert, so ganz ohne Energie, deshalb muss ich welche nachtanken." - „Mit dem, was da in der Dose ist, vielleicht?" - „Genau."
Habakuk war nun noch neugieriger geworden. Was mag da wohl in der Dose sein? Welches Eneriezeugs wollte Schnüfferl wohl zu sich nehmen? Noch bevor der Rabe die Fragen stellen konnte, die ihm durch den Kopf gingen, sagte das kleine Schweinchen: „Weißt du, ich möchte ein Flugschweinchen werden, ein richtiges, das fliegen kann." - „Jetzt ist es aber Schluss!", brauste Habakuk auf und besah sich die längliche Dose, auf der „Red Bull[39]" stand. „Red Bull, Red Bull? Da heißt doch roter Bulle oder roter Stier oder so", dachte er bei sich und las gleich weiter: *Energy Drink*' „Aha, da haben wir es", dachte sich der alte Rabe „Ob das nicht gefährlich ist?" Schnüfferl konnte die

Gedanken Habakuks förmlich hören, sie von seinem Schnabel ablesen. Da stellte der Rabe gleich fest: „Da ist ja Koffein drinnen und, na da haben wir es, Taurin ist auch dabei." Habakuk wurde ganz ernst und hob anklagend seine Handschwinge. „Aber Habakuk, du brauchst so etwas auch nicht zu trinken, du hast ja schon Flügel, und ich, ja ich bekomme gleich welche." Habakuk schaute im Moment verdutzt, dann brauste er los: „Das sehe ich mir aber an", und Schweinchen plauderte munter weiter:
„Zumindest wird mich das Getränk beflügeln. Mehr als in einer Tasse Kaffee ist hier auch nicht an Koffein enthalten und Koffein hält einen ja wach, wie du mir schon einmal erklärt hast. Neben der Wachsamkeit werden auch die Konzentration, die Leistung und die Reaktionsgeschwindigkeit gesteigert." - „Und von dem Patzerl soll man seinen Durst stillen können?" - „Nein, Red Bull ist ja kein Durstlöscher, denn darin ist viel zu wenig Flüssigkeit enthalten um den Flüssigkeitsverlust auszugleichen, den man nach lang andauernder körperlichen Betätigung hat. Schau, Habakuk, Zucker[40] ist auch darin enthalten, relativ viel Zucker sogar. Na, und Zucker braucht man doch auch, um rasch wieder zu Kräften zu kommen, oder nicht?"
Habakuk nickte kurz, dann kamen ihm doch Bedenken: „Man kann aber auch dick davon werden, und den Zähnen schadet es auch, das ist ganz schlecht." - „Du kannst mir das Safterl nicht vermiesen, Habakuk. Es gibt übrigens auch ein *Red Bull Sugarfree*[41], also ohne Zucker." In der Zwischenzeit hatte Schnüfferl die Dose geöffnet und bereits einige kräftige Schlucke genommen." - „Da ist doch auch noch Taurin darinnen, Schnüfferl. Wer weiß, wie viele Stiere dafür geschlachtet wurden. Taurin ist doch im Stierhoden enthalten, oder?" - „So sagt man jedenfalls", antwortete Schnüfferl schnell darauf und wirkte dabei hellwach: „Na wie viele?", wiederholte der Rabe seine Frage. „Keine, denn das Taurin wird chemisch hergestellt, es ist eine rein synthetische Substanz." Noch ehe es sich das kleine Schweinchen versah, hatte Habakuk schon nach der Dose gelangt und ein wenig davon probiert. „Ui, das schmeckt!" Mit einem raschen Griff hatte Schnüfferl sich wieder der Dose bemächtigt und schlürfte den Rest aus, während Habakuk einige Male seine Flügel spreizte, um sie gleich danach wieder an seinen Körper anzulegen. Dann sagte er missmutig:
„Ich merke nichts, ich hebe nicht ab." - „Aber Habakuk!", quiekte das Schweinchen „Du sollst das Getränk eine halbe Stunde vor einer geistigen oder körperlichen Belastung einnehmen, dann wirkt es am

besten, nicht gleich, warte nur ein wenig." Schnüfferl machte noch eine Dose auf, und Habakuk brabbelte ungläubig: „Aber das mit dem Taurin, ich glaube nicht, dass das so gesund ist, das haben doch, so viel ich weiß, zwei deutsche Chemiker aus der Stiergalle isoliert, das waren Gmelin und Tiedemann. Sie haben die 2-Aminoethansulfonsäure[42] deshalb Taurin benannt, weil im Lateinischen taurus Stier heißt." - „Aber Habakuk, Taurin wird industriell aus Ethan, Ammoniak und Natriumsulfit synthetisiert." - „Das weiß ich auch, und dann fällt dieses weiße Pulver auch noch bei der Herstellung von Waschmittel an." - „Weißt du auch, dass Schweinderl und selbst der menschliche Körper Taurin herstellen können und zwar aus den Stoffen Cystein und Vitamin B6, dem Pyridoxin? Hunde können das auch, nur Katzen schaffen das nicht."

Habakuk zuckte bei dem Wort ‚Katzen' kurz zusammen, aber Schnüfferl erzählte ungeniert weiter: „Na, und wenn es gefährlich wäre, glaubst du, dass es dann im Getränk zugelassen wäre? Red Bull gibt es mittlerweile in rund hundert Ländern. Taurin soll nämlich vielen Stoffen den Übergang in die Blutbahn erleichtern, wahrscheinlich wirkt das Koffein durch Zugabe von Taurin rascher, wäre doch möglich, oder?" Während Schnüfferl sein Red Bull verbal verteidigte, nützte der listige Habakuk die Zeit, um einen weiteren, kräftigen Schluck aus der Dose zu nehmen. Vielleicht könnte er sich dann schneller in die Lüfte erheben, bevor Schnüfferl es bemerkte, wer weiß?
Es gelang Habakuk nochmals, unbemerkt an die Dose zu gelangen und daraus zu trinken. Heimlich stellte er sie wieder zurück und sagte: „Ja, und dann ist da auch noch *Glucuronolacton*[43] dem Saft beigemengt. Das klingt ja noch gefährlicher als Taurin." - „Ist es aber nicht. *Glucuronolacton* ist auch in den meisten Energy Drinks drinnen und höchstwahrscheinlich ist dieser Stoff sogar nützlich." - „Und wieso soll dieser nützlich sein, wenn er schon so chemisch klingt?" - „Sobald er nämlich im Körper abgebaut wird, soll er auch schwer lösliche Abbauprodukte binden und damit deren Ausscheidung ermöglichen. Weiters sind in dem ‚Gummibärensaft' noch Vitamine der B-Gruppe beigefügt, welche die Nerven stärken."
Na, und gerade das brauchte nun Schnüfferl, denn das kleine Schweinchen kam nun Habakuk auf die Schliche, ja es ertappte ihn sogar in flagranti, wie er schon wieder verstohlen aus der Dose trank. Nur ob von den Vitaminen oder von den restlichen Stoffen noch etwas übrig blieb, davon wollen wir jetzt aber nicht reden. Für allen Fälle, Flügel wird der Rabe hoffentlich doch noch gehabt haben, oder?

Anmerkung: Nach dem Werbespruch: „Red Bull verleiht Flüüügel" gibt es auch das so genannte „Flügerl". Das ist ein alkoholisches Mischgetränk, das für Kinder und Jugendliche absolut n i c h t geeignet ist. Diese trendigen „Alko-Pops" sehen aus wie Fruchtsäfte und schmecken auch nach Limonade. Sogar manche Elfjährige trinken sie, und nicht selten landen die Kinder nach dem Genuss dieser „Promille-Säfte" mit Alkoholvergiftung im Krankenhaus.

Flügerl: 2 cl Roter Wodka und 2-4 cl Red Bull
Weißes Flügerl: 2 cl Weißer Wodka und 2-4 cl Red Bull
Schwarzes Flügerl: 2 cl Schwarzer Wodka (Puschkin Black Sun) und 2-4 cl Red Bull
Flying Hirsch: Jägermeister mit Red Bull.

„POWER HORSE" ist ein ähnlicher, rein chemisch erzeugter „Energy Drink". Er beinhaltet Kalzium Pantothenat (= Vitamin B5), Glucuronolacton (das im Menschen zur Entgiftung von im Körper befindlichen Substanzen dient), Inositol (ein Kohlehydrat und Botenstoff sowie Bestandteil der Zellmembran), Koffein (ein Psychostimulans, das auf Kreislauf und Nervensystem wirkt), Niacin (an vielen Stoffwechselreaktionen im Körper beteiligt) und Taurin (eine Aminosäure, welche auch im menschlichen Körper vorkommt).

ALKOHOLISCHE GETRÄNKE

HOPFENBLÜTENSAFT

Schnüfferl war ausnahmsweise (glaubt ihr das?) einmal neugierig und als es Habakuk sah, wie er gerade einen großen Steinkrug nahm und herzhaft daraus trank, zersprang es fast vor Neugier und platzte heraus: „Was trinkst du denn da?" Habakuk setzte für einen Augenblick den Krug ab und antwortete: „Ach, das ist bloß ein Hopfenblütentee."
- „Hopfenblütentee? Von so einem Getränk habe ich aber noch nie etwas gehört", antwortete das kleine Schweinchen darauf und setzte gleich fort: „Lass mich auch mal versuchen."
Habakuk verdeckte daraufhin den Krug mit seinem Flügel und sagte rasch darauf: „Das ist aber nichts für kleine Schweindln." - „Und warum nicht?" - „Weil es für dich noch zu früh ist, deshalb." - „Ach so!", sagte das Schweinchen ein wenig enttäuscht: „Dann frage ich dich eben in einer Stunde nochmals." - „Nein, Schweinchen, ich meine, du bist dafür noch zu klein, das ist nämlich Bier, weißt du." - „Bier? Und das dürfen nur die Großen trinken?" Schnüfferl reckte sich, um größer zu scheinen, dann fragte es: „Und was ist Bier, ist das so selten und kostbar?" - „Es ist kostbar, oder sagen wir lieber, es ist köstlich."

Habakuk lächelte, nahm noch einen großen Schluck aus dem Krug, und die Augen Schnüfferls schienen den Weg der Flüssigkeit genau zu verfolgen „Wirklich, es schmeckt mir vorzüglich, aber selten, nein selten ist es nicht", sprach Habakuk mit einem merkwürdigen Lächeln und dann: „Jedes Jahr werden mehr als sechshundert Millionen Hektoliter von diesem braunen Gebräu hergestellt." - „Und wie viele sind das, sechshundert Millionen Hektoliter?", fragte das Schweinchen, den Blick noch immer auf den Krug geheftet. „Das sind sechzig Milliarden Liter Bier, damit könnte man einen Teich von über sechzig Quadratkilometer Oberfläche und einem Meter Tiefe füllen.

Das wären 10 x 6 Kilometer Grundfläche. Du könnest einen ein Meter tiefen Biersee von zwei Kilometer Breite, z.B. von Salzburg nach Golling, volllaufen lassen. Das ist etwa so viel Bier, wie der Salzach-Fluss zwischen Golling und Salzburg an Wasser führt. " - „Und das trinken die Menschen alles? Die müssen aber einen Durst haben. Und wir kleinen Schweinchen dürfen von der riesigen Menge nichts abbekommen? Nicht einmal einen Tropfen?" - „Nichts!", war die barsche Antwort von Habakuk, und noch bevor das kleine Schweinchen seine Ohren hängen lassen wollte, begann er zu erzählen:
„Schon in der Zeit zwischen 8000 und 6000 Jahren vor Christus wurde in Mesopotamien Bier gebraut. Man grub zu diesem Zweck Tongefäße in die Erde ein, die mit feuchter Gerste gefüllt waren.

Zwei Männer, die mit Halmen Bier gemeinsam aus einem Gefäß trinken. Sigel aus Dilmun (aus Geoffrey Bibby, 1969: Dilmun).

Pro Bier's

Dort ließ man das Getreide keimen, um es anschließend in der Sonne zu trocknen. Die Stärke im Getreidekorn wurde in Zucker umgewandelt. Anschließend setzte man dem Korn Wasser zu, und die Hefepilze verwandelten den Zucker in Alkohol." - „Pfui, da ist also Alkohol drin-

nen? Im Bier ist Alkohol? Ich hab es gewusst, daß da etwas faul dabei ist." - „Was heißt hier faul, es ist doch nur ganz wenig Alkohol, nur vier Prozent, nicht einmal ein Zehntel davon, was im Schnaps enthalten ist, und wenn man nicht viel davon trinkt, ist es ein ausgezeichnetes Getränk", versuchte sich Habakuk zu verteidigen. „Und warum soll es nur dann gut sein, wenn man wenig davon trinkt? Nein, Habakuk, das ist es nicht! Du machst mir etwas vor, das ist sicherlich kein gutes Getränk, das ist etwas Scheußliches!" Dabei lugte es unentwegt und ganz begehrlich auf den Bierkrug, an dem einige Tropfen wie Tränen herunterrannen.
„Ich habe dir ja noch nicht alles erzählt." - „Nicht alles, und warum denn nicht?" Habakuk merkte gar nicht, dass das kleine Schweinchen schon sabberte und gierig auf den Bierkrug blickte. „Ich will dir doch gar nichts verheimlichen. Schon bei den Alten Ägyptern war Bier eine Art Nationalgetränk. Sie nannten das ‚flüssige Brot' *henket* und brauten es aus Gerste oder auch aus Weizen. Datteln nahmen sie zur Zuckerung. Lange haltbar war das Bier allerdings nicht. Schau, in Westeuropa setzte man dem Bier, seit dem 8. Jahrhundert, die Fruchtzapfen des Hopfens zu." - „Ist Hopfen nicht eine Kletterpflanze?", fragte das Schweinchen, ohne einen Blick vom Bierkrug zu wenden. Schnüfferl fixierte ihn förmlich und wischte sich den Speichel von seinem Mäulchen. „Ja, das ist richtig, und sie hat auch viel Harz, die dem Bier den etwas bitteren Geschmack verleiht." - „Bitter?" - „Da koste mal, Schweinchen, ‚pro Bier's'."

> Hopfen und Malz, Gott erhalt's!
> *Brauer- und Wirtshausspruch*

Jetzt endlich erreichte Schnüfferl, was es wollte. Habakuk schob den Bierkrug in Richtung Schnüfferl. Köstlich frisch sah das Bier aus, es bildete am Rand des Kruges eine schöne, weiße Borte. Schnüfferl, das vor Neugierde ohnedies bald geplatzt wäre, wenn es nicht hätte kosten dürfen, steckte seinen Rüssel in den Krug, der sich durch den Schaum durchwühlte, und süffelte etwas vom Bier. Sein Schnäuzchen war rundherum von einer Schaumkrone bedeckt. Sah das spaßig aus! „Haaaah, das schmeckt aber guuut!", sagte es voll Begeisterung und leckte sich das Schnauzerl mit seiner Zunge ab und dann: „Kann ich noch einmal kosten?" - „Ich glaube, es ist schon genug." - „Meinst du?", sagte das Schweinchen. Es bekam aber dennoch nichts mehr zu trinken, jedenfalls kein Bier mehr. Dafür konnte Schnüfferl erfahren, dass die Brauerei Kaltenhausen schon seit 1475 und die Stiegelbrauerei seit 1492 bestehen.
Der Blick des kleinen Schweinchens war ganz verklärt auf den Schaum gerichtet: „Und woher kommt der Schaum? Was ist Schaum über-

haupt?", wollte Schnüfferl noch wissen. „Der Schaum? Das ist viel Nichts um ein Etwas. Ja, der Schaum, das ist auch Bier mit recht viel Kohlendioxid-Blasen. Das Gas entsteht nämlich bei der Gärung." - „Kohlendioxid? Ist das denn nicht gefährlich?" - „Nein, Kohlendioxid ist ja auch im Kracherl, im Apfelsaft und im Coca Cola, wie auch in vielen anderen Getränken enthalten. Weißt du, wie das schäumende Flaschenbier erfunden wurde?" - „Noch nicht ganz." Ohne weiter auf seine kleine Freundin einzugehen, erklärte Habakuk gleich in einem fort, es schien so, als ob er jetzt erst richtig in Fahrt gekommen wäre. Ob das mit dem feuchten Beschleuniger, dem Bier zu tun hatte? Wer weiß, jedenfalls nach einem weiteren, kräftigen Schluck aus dem Krügerl, dozierte Habakuk:

„Als der Dekan von St. Paul in London, Alexander Nowell beim Angeln war, bemerkte er, dass seine Bierflasche, die er in der Sonne stehen ließ, Schaum bildete. Die Blasen entstanden durch die Nachreife des Biers, bei der Kohlendioxid (CO_2) entstand, welches den Schaum verursachte, und so gibt es seit 1563 das schäumende Flaschenbier."
Jetzt erst bemerkte der alte Rabe, dass Schnüfferl seine Augen schon geschlossen hatte und leise vor sich hinbrabbelte: „Flaschenbier, Flaschenbier, Bierflaschenbier, Bibibier, Bier, Bier...". Die Stimme des Schweinchens wurde immer leiser und leiser, und schließlich schlief es beseelt ein. Wovon es wohl träumte? Wir werden es nie erraten.

Wieso Hinterteil?

Fortsetzung von Seite 41 und
weitere Fortsetzung auf Seite 76

> When we drink, we get drunk. When we get drunk, we fall asleep. When we fall asleep, we commit no sin. When we commit no sin, we go to heaven. So, let's all get drunk and go to heaven!
> *George Bernard Shaw (1856-1950)*

Anmerkung: Bierhefe ist die gehaltreichste Quelle für B-Vitamine. So sind auch im Bier erhebliche Mengen davon vorhanden. Während das Vitamin B1, auch Aneurin genannt, sich nur in bescheidenen Mengen findet (ca. 0,04 Milligramm pro Liter), sind im gewöhnlichen Bier 0,3 bis 0,4 Milligramm Lactoflavin (= Vitamin B2) enthalten. Dieser Stoff ist von universeller Bedeutung. Ihm kommt z. B. eine besondere

Aufgabe bei der Bildung des roten Blutfarbstoffes zu. Der Tagesbedarf liegt bei erwachsenen Männern bei 1,6 bis 2,6 mg, bei Frauen zwischen 1,5 und 2 mg.
Im Bier ist in geringen Mengen auch das weibliche Geschlechtshormon Östrogen nachweisbar, das vom Hopfen stammt. Je stärker das Bier gehopft ist, desto höher ist demnach auch sein Gehalt an Östrogenen. Daher kann Bier auch als Medizin verwendet werden wie bei bestimmten Frauenkrankheiten und Stoffwechselstörungen. Bier hat auch einen bedeutenden Fluorgehalt und dient auch zur Versorgung des lebensnotwendigen Spurenelements Molybdän, die im Bier in ansehnlichen Mengen gelöst vorliegt. Auch der Magnesiumgehalt im Bier ist hoch. Auf dem hohen Milchsäuregehalt des obergärigen Biers von 0,3 % liegt auch die Abführwirkung. Kohlensäure, Alkohol und Bitterstoffe bewirken eine Steigerung der Magensekretion, wodurch die Verdauung günstig beeinflusst und der Appetit angeregt wird.

> Tag des Bieres: 23. April

DER BOCK IM BIER

Habakuk hatte eine große braune Flasche vor sich, steckte seinen Schnabel in die Öffnung, hob seinen Kopf und ließ die Flüssigkeit, offensichtlich mit Genuss seine Kehle hinunterrinnen. Dieses Schauspiel wiederholte sich immer wieder. Schnüfferl wurde mit jedem Schluck, den der alte Rabe nahm, neugieriger und neugieriger. So pirschte sich Schnüfferl an Habakuk heran, um die Sache mit dem köstlichen Saft sich von der Nähe anzusehen. „Habakuk!" Aber Habakuk machte keine Anstalt, seine Tätigkeit zu unterbrechen. „Haaabakuk!" Jetzt erst hielt der alte Rabe inne, drehte seinen Kopf in Richtung Schweinchen und sagte mit einer völlig ungewohnten Stimme: „Waaas ist los mit euch beiden?" - „Wieso beiden? Habakuk, ich bin es doch, ich ganz allein." - „Schwiwindelt nicht, hicks, schwiwindelt nicht!" - „Aber ich bin es doch, ich, das Schnüfferl." - „Und wawas macht deine Zwiwillingsschwester bei dir?" Was war das wohl für ein Zaubertrank? Dachte sich Schnüfferl. Dann fasste es sich doch den Mut und fragte: „Und was ist das, was du da trinkst?" - „Hicks, das ist lawas ganz bs'underes", meinte der Rabe mit beängstniserregender Stimme. „Und was ist ganz was b'sunderes?", meinte das kleine Schweinchen. „Das ist ein Bockbier, das siehst du schon auf der Etikette." Tatsächlich war da ein Ziegenbock abgebildet, und was für einer, mit richtigen, großen Hörnern.
„Dann ist das Bier doch für Böcke und nicht für Raben." - „Ah, Papalapapp, das ist doch Bockmist, Bierbockmist. Bockbier hat doch mit Böcken nichts zu tun." - „Und warum ist dann ein Bock auf der Flasche abgebildet, wenn er nichts damit zu tun hat?", bohrte Schnüfferl weiter, ohne Erbarmen. „Weil man diese Art des Starkbiers in Ainpöck erfunden hat. Dieses ‚Ainpöckhisch Bier' brachte der Braumeister Elias Pichler 1614 nach München, wo es alsbald

'Oabockbiar' hieß. Die Herkunft des Namens ging bei den normalen Biertipplern bald in Vergessenheit." - „Und du bist also kein normaler Biertippler?" Habakuk rang sich ein Lächeln ab und sagte: „Siiiehst du, früher, da habe ich heimlich getrunken, jetzt trinke ich uuunheimlich!" – „Hast du vielleicht Probleme mit Alkohol?", fragte Schnüfferl besorgt. – „Nein, nur ohne", erwiderte Habakuk und lachte. Natürlich machte Habakuk nur einen Scherz, ein bisschen Bier schadet auch einem alten Raben nicht, ein bisschen, verstanden?

Eine nicht allzu ernst zu nehmende Theorie:
Eine Büffelherde kann sich nur so schnell fortbewegen wie der langsamste Büffel sich bewegt. Wenn die Herde angegriffen wird, trifft es den langsamsten und schwächsten. Die letzten trifft es am ersten. Das ist die natürliche Selektion. Für die Herde ist es gut, denn die Durchschnittsgeschwindigkeit und die Gesundheit der Gruppe verbessern sich dadurch, dass die Schwächsten ausgeschieden werden.
So ist es auch mit den Hirnzellen. Das menschliche Gehirn arbeitet nur so schnell wie die langsamsten Gehirnzellen. Alkohol, wie wir wissen, tötet Hirnzellen, die schwächsten und langsamsten natürlich zuerst. Wenn regelmäßiger Konsum von Bier also die schwächsten und langsamsten Zellen entfernt, macht Bier das Gehirn schneller und effektiver. Deshalb fühlt man sich nach einem Bierchen besser als vorher.

EIN VIERTEL WEIN
IM WEINVIERTEL

Der Rabe und das Schweinchen machten einen Ausflug ins Weinviertel, nördlich von Wien. Der Bummel durch die alten Kellergassen[44] war reizvoll, aber mit der Dauer anstrengend. Als beide endlich das Dorf erreichten, war Schnüfferl schon müde. Da erblickte das kleine Schweinchen etwas, was seine Aufmerksamkeit erregte, etwas Grünes:
„Schau, Habakuk, da feiert man schon Weihnachten." - „Weihnachten? Wieso Weihnachten, jetzt im Herbst?" - „Na, weil dort ein Tannenbaum herunterbaumelt." Nun sah Habakuk es auch: „Ach, sooo, das ist ein Buschen. Das bedeutet nichts anderes, als dass man hier einen Heurigen bekommt." - „Heuriger? Ist so etwas ansteckend?" - „Ausgesteckt meinst du? Man sagt *ausgesteckt*, wenn es frischen, also

‚grünen' Wein gibt, schließlich sind wir hier ja im Weinviertel." - „Aha, und das macht man schon seit der Römerzeit?" - „Wieso meinst du, seit der Römerzeit?" - „Weil wir in der Schule gelernt haben, dass die Römer den Weinbau nach Österreich brachten."

> Der Wein ist unter den Getränken das nützlichste,
> unter den Arzneien das schmackhafteste,
> unter den Nahrungsmitteln das angenehmste.
> *Plutarchos (Plutarch): um 50 – um125 n. Chr.*

Habakuk wiegte seinen Kopf hin und her, als er sagte: „So, habt ihr das. Ganz richtig ist das nicht. Denn lange, bevor die Römer in unser Land kamen, lange vor zweitausend Jahren, gab es hier bereits Wein. Die ältesten Kulturreben stammen schon aus der späten Bronzezeit. In Stillfried, in Niederösterreich, kannte man Wein 900 Jahre vor Christus, und aus Zagersdorf bei Klingenbach im Burgenland ist Wein mindestens seit der Hallstattzeit, das heißt, seit 700 vor Christus, nachgewiesen. Aber die südländischen Weinkenner waren wesentlich an der Kultivierung des Weines beteiligt, da haben deine Lehrer Recht." - „Da könnte sich die EU in Brüssel eine Scheibe davon abschneiden, oder soll ich lieber sagen, ein Gläschen voll nehmen? Gelt!" - „Wieso denn das?" - „Weil man in Brüssel doch für die Stilllegung der Weinanbauflächen ist." - „Ach so, das haben die Römer ja auch schon versucht. Schon Cicero erließ ein Gesetz zur Einschränkung des Weinbaues und unter Kaiser Domitian[45], 92 nach Christus, mussten sogar die Hälfte der außeritalienischen Weingärten gerodet werden." - „Oho, da hat die EU ja schlechte Vorbilder!" - „Gelt ja, in der Geschichte wiederholt sich vieles."

Habakuk blieb kurz stehen, machte einen Blick in Richtung Buschenschenke, fasste mit seinem Flügel die Pfote des kleinen Schweinchens und erzählte weiter: „Es dauerte nicht lange, bis hier wieder fleißig Wein angebaut wurde. Aus der 2. Hälfte des ersten Jahrhunderts konnte bei Carnuntum[46] ein Weingarten nachgewiesen werden. Schließlich wurde den Kriegsveteranen, die vorzüglich in Pannonien angesiedelt wurden, das Recht auf drei Maß Wein am Tag zugestanden." - „Waaas? Das ist ja allerhand!" - „Gelt, da staunst du. Das Weinviertel hat schon eine lange Tradition. Der römische Kaiser Probus[47] förderte den Weinbau in Pannonien. In der Zeit der Völkerwanderung, die durch die Hunneneinfälle im Jahr 375 ausgelöst wurde, kam es im 4. bis zum 6. Jahrhundert zum Niedergang des Weinbaus. Germanische Völkerschaften und Sippen wanderten quer durch Europa, ja sogar nach Asien und Nordafrika. Aber schon unter Kaiser Karl dem Großen[48] kamen nach dem Sieg gegen die Awaren burgundische Rebsorten nach Ostösterreich. Er war es auch, der die

,Strauß'-Wirtschaft' einführte, deren Kennzeichen ein Strauß war. Bei uns sagt man Buschen dazu. Jetzt weißt du, wieso man Buschenschank sagt."

Schnüfferl nickte. In der Zwischenzeit waren beide beim ‚Buschen' angelangt und hatten sich in den Innenhof, einen schönen Gastgarten, begeben. Schnüfferl konnte sich nun endlich ein wenig ausrasten, denn seine kleinen Beinchen taten ihm schon weh. Und eine Kleinigkeit zum Essen und zum Trinken bekam es auch, während Habakuk sich ein Gläschen gespritzten Wein vergönnte. Man spricht ja bedeutend lebendiger, wenn man von der Praxis kommt als nur von der reinen Theorie, so dachte sich Habakuk und plauderte über den Weinbau weiter:

„Mit den Gründungen der Klöster kam es auch rasch zu einem Ausbau der Rebflächen. Im Vergleich zu damals sind heute nur mehr ein Zehntel der Anbauflächen Weinriede." - „Waren damals so viele Christen in Österreich?" - „Wieso?" - „Weil die doch bei der Heiligen Messe Wein bekommen." Habakuk schmunzelte: „Nein, Schnüfferl, das hat andere Gründe. Einer davon war, dass das Klima im Mittelalter wärmer war als heute. Bis zum Ende des 16. Jahrhundert erreichte der Weinanbau in Österreich seine größte Ausdehnung." - „Und was hat man mit den vielen Trauben gemacht?" - „Man hat sie gegessen oder vielmehr daraus Wein gemacht. Der Weinkonsum dürfte damals sehr hoch gewesen sein." - „Und jetzt ist der Wein viel zu teuer, dass man so viel trinken kann." - „Kann schon sein, aber mit der Auflassung der Klöster in der Zeit der Reformation und im Dreißigjährigen Krieg, zusammen mit der Klimaveränderung im 17. und 18. Jahrhundert, ging der Weinbau und damit auch die Nachfrage nach Wein, stark zurück."

Dabei nahm Habakuk einen kräftigen Schluck aus seinem Glas, dann setzte er es ab, schaute ein wenig gedankenverloren hinein, wie es schien, und sprach: „Unter Kaiser Josef II. kam es 1784 zu einer Verordnung, die es den Bauern gestattete, ihre eigenen Erzeugnisse wie Wein, Fleisch und Brot auch im eigenen Haus zu verkaufen. Das war eine Wiederbelebung des Buschenschankpatents, das schließlich 1845 durch ein Hofkanzleidekret erneuert wurde." - „Dann hat also der Weinbau wieder zugenommen, gelt ja?" - „Nicht ganz. Ab der Mitte des 19. Jahrhunderts kam es sogar zu einer drastischen Reduktion des Weinanbaus, und verantwortlich dafür war Amerika." - „Was, die Amerikaner?" - „Zumindest die ‚eingeschleppten' Amis." - „Eingeschleppten? Was soll denn das wieder heißen? Haben die mit ihrem Coca Cola so starke Konkurrenz ausgeübt?" Habakuk überhörte die letzten Worte Schnüfferls und plauderte munter weiter: „Aus Amerika wurde nämlich der *Echte Mehltau*, *Oidium*, und wenig später der *Falsche Mehltau*, *Peronospora*, eingeführt."

Während Habakuk sich noch ein Achterl gönnte, sagte Schnüfferl: „Ich kenne nur den Morgenthau[49], was ist denn Mehltau, bitte? Wer braucht denn das?" Jetzt hätte sich Habakuk beinahe verschluckt. Er gönnte sich noch einmal einen Zug und antwortete: „Ja, das ist ein Pilz, der die Oberflächen der Blätter spinnwebenartig überzieht und die Pflanzen schädigt. Und damit noch nicht genug. Als man 1860, zwecks Ertragssteigerung Rebsorten aus Nordamerika importierte, die meisten der weltweit 20.000 Sorten, kommen immerhin in Nordamerika vor, schleppte man auch die Reblaus[50] ein." - „Die Reblaus?" - „Ja, das ist nicht ein ‚Weinpippler', wie man die Weintrinker bei uns gerne bezeichnet, sondern ein gefährlicher Wurzelparasit, der in seiner Heimat durchaus nicht so gefährlich ist wie hier. Immerhin war in der Monarchie die Hälfte der Weinanbauflächen verschwunden. In Frankreich schrumpften sie sogar auf ein Viertel zusammen. Derzeit verfügt Österreich über etwa ein Prozent an der gesamten europäischen Weinanbaufläche."

„Aber Habakuk, sag, ist Wein nicht gefährlich?" Habakuk wackelte mit seinem Kopf, sodass es nicht wusste, ob dies ja oder nein bedeuten sollte. Nun war Habakuk zu müde, um auf solche Fragen ausführlich einzugehen, denn mit einem zweifelsfreien Ja oder Nein konnte man sein Kopfwackeln nicht deuten. Dann murmelte der alte Rabe langsam und leise vor sich hin: „Morgen, Schnüfferl, morgen werde ich dir über den Wein weiter erzählen." Habakuk gähnte und gleich darauf suchten die beiden ihr Quartier auf. Was sie wohl träumten, möchtest du gerne wissen? Vielleicht vom Wein? Wer weiß?

Umwerfend

Essen ist ein Bedürfnis des Magens,
Trinken ein Bedürfnis des Geistes.
Claude Tillier (1801-1844): Mein Onkel Benjamin: 3.- Kapitel

IN VINO VERITAS

gewidmet dem exzellenten Kenner des Weines, Josef Adrian, Apetlon, Burgenland

Am folgenden Tag, schon in aller Früh, saßen Schnüfferl und Habakuk beim Frühstück. Der Wein vom Vortag hatte sie offensichtlich hungrig gemacht. Während der Rabe mit der Einnahme seines Frühstücks ganz beschäftigt war, fragte Schnüfferl, das an der Wand der Gaststube

einen Spruch gelesen hatte, den es nicht verstand: „Du Habakuk, was bedeutet das ‚in vino veritas'?"
Habakuk schreckte für einen Moment auf, dann sagte er so nebenbei: „Das bedeutet, dass im Wein die Wahrheit ist" - „Und kommt die auch heraus?" Habakuk lächelte verschmitzt, dann antwortete er vergnügt: „Wenn man zuviel vom Wein erwischt, dann schon. Dann sagt man die Wahrheit, weil Alkohol enthemmt. *Der Wein erfindet nichts, er schwatzt's nur aus*[51], das heißt, dass der Betrunkene sagt, was der Nüchterne denkt. Jetzt fällt mir wieder ein, ich habe dir doch gestern versprochen, noch etwas über den Wein zu erzählen." Schnüfferl schluckte gierig den letzten Bissen seiner Semmel hinunter und war schon ganz Ohr.
„Wo auch immer menschliche Kulturen entstanden, gab es auch Wein." - „Ui! Dann hast du den Wein den Menschen zu verdanken?" - „Pah!", rief Habakuk aus. „Wir Vögel und auch viele andere Tiere kennen und schätzen den Wert vergorener Früchte schon sehr lange! Noch bevor die Erde Menschen gesehen hat, lernten wir die vergorenen Früchte zu schätzen. Auch Elefanten können manches Mal über den Durst trinken, das heißt, zuviel an den überreifen, vergorenen Früchten naschen und einen Schwips bekommen. Sie wackeln dann schrecklich in der Landschaft herum. So mancher Affe hat „einen sitzen", wie man sagt, oder auch einen Affen, wenn sie zuviel von solchen Früchten essen."
„Aha, und seit wann haben die Menschen den Rebensaft, den vergorenen meine ich, verwendet?" - „Das weiß ich nicht so genau. Schon die alten Sumerer, die im Zweistromland lebten, nannten den Weinstock ‚Kraut des Lebens'. Im Gilgamesch-Epos, der sumerische König Gilgamesch lebte um 2600 v. Christus, gibt es ein Loblied auf den Weinstock. Der älteste Nachweis, dass Menschen Wein erzeugten, ist eine achttausend Jahre alte Weinpresse mit erhalten gebliebenen Traubenkernen. Man fand sie als Grabbeigabe in einer prähistorischen Fundstätte südlich von Damaskus[52]." - „Aber was soll denn der Tote mit einer Weinpresse anfangen?" - „Tja, dies war ein alter Brauch der Menschen, den Toten Verpflegung für die Reise ins Totenreich mitzugeben, und auch die Schmankerl, die sie zu Lebzeiten gerne hatten. Diese Sitte erreichte unter den ägyptischen Pharaonen ihre Blüte. In vielen Grabkammern zeugen Amphoren[53] und Malereien[54] davon, dass Wein, den sie *irep* nannten, eine häufig verwendete Grabbeigabe war. Wein war nicht nur eine heilige Opfergabe für die Götter, besonders für Gott Osiris, den Gott des Lebens und der Lebenskraft."

Weinreben, Deckenmalerei in der Grabkammer des Sen-nufer, Bürgermeister von Theben und Aufseher der Gärten des Ammun; XVIII. Dynastie unter Amenhotep (Amenophis) II. (regierte von 1450 bis 1425 v. Chr.)

„Da schau her, diese Schlingel! Sie haben den Wein selbst getrunken." - „Richtig. Wein wurde bei den alten Ägyptern auch als Lebenselixier gesehen. Ein Trinkspruch ist noch auf einem Papyrus erhalten, worauf steht: ‚Heilmittel für Magen und Glieder.' "

„Ein Heilmittel soll der Wein also sein? Bedeutet das nicht, dass man damit vorsichtig umgehen soll, dass man nur wenig und mit Maß und Ziel trinken darf?" Während Schnüfferl derartige Gedanken durch den Kopf gingen, sagte Habakuk: „Ganz sicher ist Wein auch ein Heilmittel, aber wie es eben bei jedem Heilmittel so ist, ist die Dosis entscheidend." - „Willst du damit sagen, dass manche gar nicht erst gesund werden wollten?" - „Genau! Der Pharao Amasis[55] hatte vor etwa zweieinhalbtausend Jahren der Wein-Medizin sehr zugesprochen. Nach so mancher durchzechten Nacht war er am nächsten Tag unfähig, sich um seine Staatsgeschäfte zu kümmern." - „War der Wein sauer, weißt du das?" - „Saure Weine wird es sicherlich auch gegeben haben. Die Ägypter waren nicht nur Weinkenner, sondern auch große Weinliebhaber. Sie behandelten Wein nach verschiedensten Methoden. Man klärte ihn, versetzte ihn mit Honig oder Gewürzen und stellte Mischungen her. Obwohl sie selbst genug in ihrem eigenen Land anbauten und über eine erstaunliche Vielzahl an Weinsorten verfügten, führten sie sogar Wein aus Palästina, Syrien und später auch aus Griechenland ein." - „Und woher weiß man das alles so genau?"

Habakuk seufzte tief, nahm einen kleinen Schluck und sagte: „Erstens gibt es Aufzeichnungen und dann hatten die alten Ägypter bereits die erste Wein-Ettiketierung vorgenommen." - „Wein-Ettiketierung?", sagte Schnüfferl baff erstaunt, indem es die letzten Worte Habakuks wiederholte, der gleich darauf antwortete: „Der Wein wurde in Tonkrügen, die unten spitz zuliefen, aufbewahrt und mit Etiketten versehen, die mit Tinte, in hieratischer Schrift[56], beschriftet wurden.

Darauf wurden nicht nur das Jahr und der Name des regierenden Herrschers vermerkt, sondern auch die Qualität des Weines, die Bezeichnung des Rebstocks und die Angabe des Weinanbaugebietes, der Besitzer des Weingutes und sogar der Name des Oberwinzers, unter dem die Trauben geerntet wurden, waren vermerkt." - „Allerhand, allerhand! Das ist ja moderner als bei uns!" Habakuk nickte, dann sagte er: „Ein weiterer Hinweis auf die frühe Verwendung von Wein stammt aus einer persischen Amphore, etwa 3500 Jahre vor Christus. Man konnte darin Tannine und Weinsäuren nachweisen. Also hatte man bereits in der Bronzezeit Wein gekannt. Selbst im Gilgamesch-Epos, dem literarischen Vorbild der Bibel, ist vom Wein die Rede, den man beim Bau der Arche trank, als ob's Flusswasser wäre." - „Ist deshalb die Sintflut gekommen?" Habakuk lächelte.

> Der Wein erfreut des Menschen Herz.
> *Psalm 104,15*

Es vergingen einige Minuten, bis Habakuk eine Antwort gab: „Ich glaube nicht, dass deshalb die Sintflut ausgebrochen ist, denn Wein spielt im religiösen Ritus vieler Religionen eine große Rolle. Schon im Zweistromland war das Schriftzeichen für Leben und Wein dasselbe, was sich vielleicht auch im lateinischen Wort für Weinrebe oder Weinstock, *vitis*, widerspiegelt." - „Spielt im Christentum der Wein nicht auch ein große Rolle?" - „Ja, und nicht nur im Christentum, Schnüfferl, auch im Judentum[57]. In der Bibel allein gibt es an die zweihundert oder gar mehr Erwähnungen über Wein. Dort wird beschrieben, wie der alte Noah einen Weinberg anpflanzte, nach der Sintflut Getreide und Wein anbaute[58]. Dabei muss Noah tief ins Glas oder in den Becher geschaut haben." - „Wieso geschaut?" - „Na ja, getrunken meine ich, ganz tüchtig gebechert hat er, denn er war ganz schön blau, stockbetrunken auf Deutsch." Da staunte Schnüfferl mächtig und sagte scherzend: „Wahrscheinlich hatte er auch als Kapitän einiges getrunken", dabei sah es Habakuk treuherzig an. „Wieso glaubst du das?" - „Na, sonst wäre die Arche nicht am Ararat gestrandet."
Jetzt hatte Habakuk begriffen, dass Schnüfferl ihn nur aufzog. Dann begann er seine Geschichte weiter zu erzählen: „Auch in der Antike hatte man Wein geschätzt. Besonders beim Dionysos-Kult, oder Bacchus-Kult, ging es hoch her. Da galt der Rausch als Schauer des Göttlichen. Die Vereinigung des Menschen mit den Göttern in der Ekstase eines Rausches. Schon in der frühminoischen Kultur Kretas, vor fünftausend Jahren, waren gepresste Trauben bekannt." - „Und die Griechen, Habakuk, haben die auch Wein getrunken?" - „Natürlich! Die Griechen haben den Weinbau wohl durch die Phönizier Mitte des zweiten Jahrtausends vor Christus kennengelernt. Griechische

Phokäer[59] hatten um 600 vor Christus Massilia, den heutigen großen französischen Hafen Marseille, gegründet und von dort aus den Weinbau nach Norden und Westen verbreitet." - „Haben die Griechen denn Heurigenlokale gekannt?" - „Heurigenlokale vielleicht nicht, aber zur Zeit Platons entstanden die ersten Wein-Bruderschaften, eine davon war das ‚Symposion'[60]." - „Was? Ein Symposium ist nichts als ein Saufgelage? Und ich habe mir gedacht, da kommen die besten Köpfe eines bestimmten Fachgebietes zusammen", sagte Schnüfferl errötend. Habakuk wurde niemals rot, das ging gar nicht, denn sein pechschwarzes, oder besser gesagt, sein rabenschwarzes Gefieder ließ keinen Schimmer durch. So sagte der alte Rabe ruhig: „Du hast Recht, übersetzt bedeutet das nichts anderes als zusammen trinken und auch die heutigen wissenschaftlichen Symposien laufen nicht alle ganz trocken ab." - „Ja, woher hatten denn die Griechen die Reben herbekommen?" - „Woher? Kennst du nicht die Geschichte über die ersten Reben, wie sie uns in der griechischen Mythologie überliefert ist?" - „Nein, bitte erzähl doch", bettelte das Schweinchen.

„Nun gut. Nach der Mythologie der alten Griechen entspross die erste Rebe dem Leichnam des bei der Jagd getöteten Ampelos[61]. Sein Gefährte Dionysos pflanzte sie in einen Vogelknochen, um sie vor dem Austrocknen zu schützen. Das Pflänzchen wuchs so schnell, dass er es in einen größeren Löwenknochen und noch später in einen noch größeren Eselsknochen steckte." - „Aha, und das war alles?", murmelte Schnüfferl ein wenig enttäuscht. „Nicht alles, so erklärt man sich nämlich die Tatsache, dass man sich nach dem Genuss des Weines zuerst beschwingt wie ein Vogel, dann sich stark wie ein Löwe fühlt und zu guter Letzt sich wie ein Esel benimmt." Das freilich gefiel dem Schweinchen, und es grunzte vor Vergnügen und wiederholte ständig die Worte: „Wie ein Esel, man benimmt sich wie ein Esel! Das ist ja zum Wiehern."

Symposium

Habakuk freute sich, dass das Gleichnis so gut bei Schnüfferl ankam. Er räusperte sich kurz, dann sprach er gleich weiter: „Die Römer haben den Weinbau von den Griechen kennen gelernt. Mit der Besetzung Galliens und Burgunds kam auch der Weinanbau etwa im zweiten nachchristlichen Jahrhundert bis an den Rhein und an die Mosel. Und noch etwas ist auffallend, das Rebmesser des deutschen Winzers zeigt nicht die italische, sondern die südgallische, also die griechische Form." Schnüfferl war momentan still geworden, man sah ihm direkt an, dass es krampfhaft sein Köpfchen anstrengte, es dachte und dachte, dann sprudelte es heraus: „Und das alles hat man wegen der Gesundheit gemacht? Nämlich Wein getrunken und so?"

„Na ja, Wein hat auch eine zentrale Bedeutung in verschiedenen Religionsgemeinschaften. Im Neuen Testament enthält er durch das Letzte Abendmahl eine besondere Bedeutung. Die Gleichsetzung von Wein mit Blut, und dieses wiederum bedeutet Leben, findet in der Person Jesu seinen Mittelpunkt. ‚Ich bin der Weinstock und ihr seid die Reben', heißt es da, aber über die Bedeutung als Medizin, als Lebenselixier werde ich dir ein anderes Mal erzählen, wir sind ja noch ein paar Tage im Weinviertel." Schnüfferl genügte das Gehörte vorerst und freute sich schon, die Fortsetzung zu erfahren, du doch auch?

Im Wein liegt die Wahrheit - und mit der stößt man überall an.

IN VINO SANITAS
Gewidmet Claudio und Valdina Cucina, Udine
(traduzione in italiano vedi pagina 72)

„Habakuk, was heißt denn das wieder, *in vino sanitas*?" - „Im Wein ist Gesundheit." - „Das kann ich mir nicht vorstellen. Es gibt doch so viele Trinker, die total krank sind, deren Leber kaputt ist, ihr Hirn ist geschädigt..." Habakuk sah Schnüfferl mit seinen schwarzen

Kulleraugen scharf an, dann sagte er: „Ja, ja, was die Leber nicht umbringt, macht sie härter, du hast Recht. Wein aber ist nicht bloß ein berauschendes Genussmittel, das seit Urzeiten getrunken wurde, Wein kann auch als Heilmittel gelten."
„Als Heilmittel?" - „Es hängt natürlich ganz von der Dosis ab, das habe ich dir aber schon erzählt. Der alte Hippokrates[62]…" - „Meinst du den griechischen Arzt, der vor fast zweieinhalbtausend Jahren gelebt hat?", unterbrach Schnüfferl den Redefluss seines Freundes „Genau den, Schnüfferl. Dieser Arzt hat gesagt, dass 'der Wein ein Ding ist, in wunderbarer Weise für den Menschen geeignet, vorausgesetzt, dass er bei guter und schlechter Gesundheit sinnvoll und im rechten Maß angewandt wird…" und was für Menschen gilt, das gilt schon lange auch für alte Raben. - „Bist du denn krank, Habakuk?" - „Wiesoooo?" - „Na, weil du schon an deinem zweiten Glas Rotwein süffelst. Darauf antwortete Habakuk verlegen: „Schau, schon der alte Philosoph Plutarch[63] hat vor fast zweitausend Jahren gemeint, dass ‚der Wein unter den Getränken das nützlichste, unter den Arzneimitteln das süßeste, unter den Speisen das angenehmste ist'. So weiß ich manchmal selbst nicht, ob ich gerade vorbeuge oder heile, aber alles muss man mit Maß und Ziel betreiben." - „So, so", sagte das Schweinchen und wackelte belustigt sein Köpfchen. Der alte Rabe kannte sich aus. „Schau, Schnüfferl, Willhelm Busch[64] sagte schon: ‚Rotwein ist für alte Knaben eine von den besten Gaben.' Und es ist auch etwas Wahres daran."

Habakuk holte tief Luft und sprudelte heraus: „Wein regt die Verdauung an, fördert die Durchblutung und wirkt positiv auf die Zusammensetzung der Blutfette, die bei der Entstehung eines Herzinfarktes oder eines Schlaganfalles eine bedeutende Rolle spielen. Das heißt, dass Wein den Cholesterinstoffwechsel günstig beeinflusst. Das ‚gute' HDL-Cholesterin wird angehoben, das ‚böse' LDL-Cholesterin[65] wird etwas gesenkt. Im Vergleich zu den Nordeuropäern sterben die Südeuropäer weniger an Herzinfarkten, obwohl beispielsweise die Franzosen ebensoviel Fett verzehren wie beispielsweise die Engländer oder die Finnen." - „Brrr! Und wieso ist das so?" - „Ja, das hat man sogar als das ‚französische Paradoxon' bezeichnet, aber der Grund liegt im höheren Rotweinverbrauch der Südeuropäer. Weil der Wein die Verklumpung der Blutkörperchen hemmt und somit die Thromboseneigung mindert. Zusätzlich fördert er die Gerinnselauflösung, die sogenannte Fibrinolyse. Daneben wirkt der Wein gefäßerweiternd und gefäßentspannend, kann somit den Blutdruck senken und Gefäßverkrampfungen unter Stress vorbeugen."

Trink nicht nur Wasser, sondern nimm auch etwas Wein, mit Rücksicht auf deinen Magen und deine häufigen Krankheiten.
Timotheus; 5,23

„Aha!", sagte Schnüfferl und sah belustig seinen Freund an. Dieser sprach jedoch ungeniert weiter: „Hunderte verschiedene Pflanzenstoffe befinden sich im Wein, die man mit dem Überbegriff Polyphenole zusammenfasst." - „Und die sind nicht schädlich?" - „Ganz im Gegenteil. Diese Polyphenole wirken als sehr wirksame Anti-Oxidantien." - „Und was ist das wieder, wird man da nicht so leicht rostig, wenn man diese schluckt?" - „Ha, ha, ha", lachte der Rabe, „Anti-Oxidantien können Zellschäden verhindern, welche durch Sauerstoffradikale entstehen könnten. Diese Polyphenole gehen bei der Weinbereitung aus der Beerenhaut, dem Fruchtfleisch sowie auch aus den Kernen und Stängeln in die Flüssigkeit über." - „Was für Stoffe sind denn diese Polyphenole?" - „Dazu zählen Phenolsäuren, Tannine, Proanthocyanide und Anthocyane. Ihr Gehalt im Wein hängt natürlich sehr von der Sorte ab, aber nicht zuletzt von den Boden- und Kulturbedingungen wie auch von der Herstellungstechnik des Weines. Schau, das Resveratrol zum Beispiel, das in der Traubenschale enthalten ist, hat die Aufgabe, die Pflanze vor Keimen zu schützen und lange frisch zu halten." - „Heißt das, dass du dich frisch halten möchtest?" Dabei schmunzelte Schnüfferl schelmisch. „Nein, nein!", stammelte Habakuk. „Ich meine, dass diese Substanz bei den Menschen, und bei uns Raben dürfte das sicherlich nicht anders sein, gegen Entzündungen und Arteriosklerose, gegen Arthritis und verschiedene Autoimmunerkrankungen wirkt. Und da die Traubenschale bei der Herstellung von Rotwein mindestens eine Woche im Most gelagert wird, viel länger als beim Weißwein, besitzt der Rotwein auch eine bis zwanzig Mal höhere Konzentration an Resveratrol als Weißwein."

Hinterrücks

Das war aber eine schreckliche Menge an Chemikalien, die Habakuk aufzählte, aber eines wollte Schnüfferl doch noch wissen: „Wie viel ist denn im Wein enthalten, von diesen Gut-Stoffen?" - „Im Rotwein sind rund 4000 bis 7000 Milligramm pro Liter enthalten, etwa sechs bis sieben Mal mehr als im Weißwein." Daraufhin nahm Habakuk einen weiteren kräftigen Schluck aus seinem Glas und sagte: „Und dann ist da noch die bakterienhemmende Wirkung durch die organischen Säuren von Weißweinen beziehungsweise durch die Gerbstoffe in den Rotweinen zu erwähnen. Gegen Schlaflosigkeit und selbst gegen Depressionen soll Wein gut sein. Na, und der Kreislauf wird auch angeregt. Der berühmte Chirurg Ferdinand Sauerbruch[66] verordnete seinen frisch operierten Patienten ein Gläschen Sekt zur besseren Genesung, weil die Kohlensäure die Durchblutung der Gefäße fördert."

> Gebt berauschenden Trank dem, der zusammenbricht;
> und Wein denen, die im Herzen verbittert sind.
> Ein solcher möge trinken und seine Armut vergessen und nicht mehr an seine Mühsal denken.
> *Sprichwörter 31,6-7*

Abermals nahm der alte Rabe einen Schluck aus seinem Glas und wiederholte dieselbe Prozedur wie vorhin. Er ließ zuerst den Wein im Schnabel hin- und herrollen, dann erst schluckte er den edlen Tropfen, indem er mit der Zunge schnalzte. Schnüfferl beobachtete Habakuk aufmerksam, dann fragte es: „Warum machst du das, Habakuk?" - „Was soll ich machen? Wein trinken?" - „Nein, mit der Zunge schnalzen." - „Ach so, das gehört zum Wein beißen, um den Geschmack des Weines voll auszukosten. Man schluckt ihn nicht einfach so hinunter wie Wasser." - „Beißen?" - „Ja, so nennt man das." - „Und warum bekomme ich keinen Wein?" - „Weil Wein die Milch der Alten ist, wie bereits ein altes italienischen Sprichwort sagt, und dafür bist du noch zu jung, viel zu jung, basta!"
Ganz so gesund dürfte der Wein denn doch nicht sein, wie Habakuk schwärmerisch davon erzählt hat. Aber ist nun Wein ein Getränk, ein Genussmittel oder doch eine Medizin? Oder gar etwas Heiliges? Wahrscheinlich von jedem etwas, vor allem für alte, leidende Raben.

> Lust, Liebe und Trinkgelage sind Sache der Jugend.
> Verdorben haben die Wasser der Sintflut die Welt
> Lasst uns sehen, ob es gelingen kann,
> durch Wein die Welt zu verbessern.
> *Omar-i-Chayyam (1048-1131)*

> Wer meint, alle Früchte würden gleichzeitig
> mit den Erdbeeren reif, versteht nichts von den Trauben.
> *Paracelsus*

IN VINO SANITAS
Dedicato al profondo conoscitore di vini friulani Claudio Cucina
e alla sua dolce moglie Valdina, Udine

„Abacuc, ancora una volta, cosa vuol dire, dunque, in vino sanitas?" – "Il vino è salute." - „Non riesco a immaginarmelo. Ci sono veramente così tanti bevitori, che sono gravemente malati, il cui fegato è a pezzi, il cui cervello è danneggiato…..", Abacuc osservò attentamente Curiosotto con i suoi occhioni tondi e neri, poi disse: "Si, si. ciò che non ammazza il fegato, lo rende più duro (in tedesco "hart" significa sia malato sia duro), hai ragione. Ma, il vino non è solamente un genere voluttuario che viene bevuto da un'infinità di tempo, il vino può essere considerato anche come farmaco. "Come farmaco?" – "Naturalmente dipende tutto dalla dose, ma te l'ho già raccontato. Il vecchio Ippocrate …" – "Intendi il medico greco che è vissuto quasi duemilacinquecento anni fa ?" Curiosotto interruppe il fiume di parole del suo amico " Proprio lui, Curiosotto. Questo medico ha detto che: 'il vino è una cosa meravigliosamente adatta per gli uomini, premesso che venga impiegato sensatamente e in giusta misura nella buona e cattiva salute…" e ciò che vale per gli uomini, vale già da tempo anche per i vecchi corvi. – "Allora sei malato, Abacuc ?" – "Percheeeé ?" – "Beh, perché stai già sorbendo di gusto il tuo secondo bicchiere di vino rosso." A questa osservazione Abacuc rispose imbarazzato. "Guarda, il vecchio filosofo Plutarco , già duemila anni fa, ha detto che 'Il vino è la più utile tra le bevande, il più dolce tra i farmaci, il più piacevole tra i cibi.' Così, talvolta, non so se sto facendo prevenzione oppure sto curando, ma tutto deve essere praticato con moderazione." – "Ma, guarda un po' ", disse il maialino e tentennò divertito la testolina. Il vecchio corvo se ne intende: "Guarda, Curiosotto, Willhelm Busch già diceva: 'Il vino rosso è uno dei doni migliori per i nostri vecchi.' E c'è qualcosa di vero anche in questo."
Abacuc inspirò profondamente e proruppe: „Il vino stimola la digestione, favorisce la circolazione e ha un effetto positivo sulla composizione dei grassi del sangue, la quale gioca un ruolo significativo nell'insorgere di un infarto o di un colpo apoplettico. Vale a dire che il vino influisce positivamente sul metabolismo del colesterolo. Il colesterolo 'buono' HDL viene un po' aumentato, il colesterolo 'cattivo' LDL viene un po' ridotto. Paragonati agli europei del nord, gli europei del sud muoiono di infarto cardiaco in misura inferiore, sebbene, ad esempio, i francesi consumino altrettanto grasso quanto, ad esempio, gli inglesi o i finlandesi." – "Brrr! E perché succede questo?" – "Si, questo è definito perfino come 'paradosso francese', ma il motivo sta nell'alto consumo di vino rosso degli europei del sud. Perché il vino rallenta la coagulazione dei globuli e quindi riduce la tendenza alla trombosi. Inoltre,

stimola il dissolvimento dei coaguli, la cosiddetta fibrinolisi. Inoltre, il vino ha un effetto vasodilatatore e vasorilassante, in tal modo può abbassare la pressione del sangue e prevenire gli angiospasmi sotto stress."
„Aha!", disse Curiosotto e osservò divertito il suo amico. Tuttavia, quest'ultimo continuò a parlare in modo disinvolto: "Centinaia di diverse sostanze vegetali si trovano nel vino e si riassumono con il concetto di polifenoli." – "E queste non sono dannose?" – "Esattamente il contrario. Questi polifenoli sono molto efficaci come antiossidanti." – "E che cosa è questo ancora, non ci si arrugginisce facilmente quando li si ingerisce?" - "Ha, ha, ha", rise il corvo, "gli antiossidanti possono prevenire i danni cellulari, che potrebbero insorgere dai radicali dell'ossigeno". Nella preparazione del vino, questi polifenoli si trasformano in liquido dalla buccia degli acini, dalla polpa dei frutti oltre che dai semi e dai raspi." – "Che tipo di sostanze sono questi polifenoli?" – "Tra di essi si annoverano acidi fenici, tannini, proantocianidi e antociani. La loro percentuale dipende naturalmente molto dal tipo di vitigno, ma non ultimo dal terreno e dalle condizioni di coltivazione oltre che dalla tecnica di produzione del vino. Guarda, il resveratrolo, ad esempio, che è contenuto nella buccia dell'uva, ha il compito di proteggere le piante dai germi e mantenerla fresco a lungo." – "Questo significa che desideri mantenerti fresco?" Domandò Curiosotto sorridendo furbescamente. "No, no!", balbettò Abacuc, „Intendo che questa sostanza, negli uomini, ha effetto contro le infiammazioni e l'arteriosclerosi, contro l'artrite e diverse malattie auto-immunizzanti, e in noi corvi non potrebbe sicuramente essere diverso. E poiché nella produzione del vino rosso le bucce dell'uva vengono lasciate riposare nel mosto almeno una settimana, molto più a lungo che nel vino bianco, il vino rosso possiede anche una concentrazione di resveratrolo maggiore fino a venti volte rispetto al vino bianco."
Ma questa quantità di prodotti chimici che Abacuc enumerava era spaventosa, tuttavia una cosa Curiosotto voleva ancora saperla: "Quale quantità di sostanze buone è dunque contenuta nel vino?" – "Nel vino rosso sono contenuti da circa 4000 a 7000 milligrammi per litro, pressappoco da sei fino a sette volte rispetto al vino bianco." Quindi Abacuc bevve un ulteriore sostanzioso sorso dal suo bicchiere e disse: "E poi c'è ancora da ricordare l'effetto inibitore dei batteri mediante gli acidi organici del vino bianco e/o attraverso i tannini nel vino rosso. Contro la mancanza di sonno e perfino contro la depressione il vino dovrebbe essere efficace. Beh, ed è anche stimolata la circolazione. Il famoso chirurgo Ferdinand Sauerbruch prescriveva ai suoi pazienti appena operati un bicchierino di spumante per una migliore guarigione, perché l'anidride carbonica favorisce l'irrorazione dei vasi sanguigni." Di nuovo, il vecchio corvo bevve un sorso dal suo bicchiere e ripeté la

stessa procedura di prima. Prima fece girare il vino su e giù nel becco, poi inghiottì le nobili gocce, schioccando la lingua. Curiosotto osservò Abacuc attentamente, poi gli domandò: "Perché fai così, Abacuc?" – "Che cosa intendi ? Bere vino?" – "No, schioccare la lingua." – "Ah sì, questo fa parte della degustazione del vino, per assaporare appieno il gusto del vino. Non si deve mandarlo giù così facilmente come acqua." – "Degustare?" – "Si, si dice così." – "E perché a me non si da del vino?" "Perché il vino è il latte dei vecchi, come già dice un vecchio proverbio italiano e per questo sei ancora troppo giovane, troppo giovane, basta!" Tuttavia, il vino potrebbe non essere del tutto salutare come Abacuc ha raccontato con entusiasmo. Ma, il vino è dunque una bevanda, un genere voluttuario oppure veramente una medicina? Oppure proprio qualcosa di sacro ? Probabilmente di ciascuno un po', soprattutto per i vecchi corvi sofferenti.

Übersetzung/Traduzione: Elisabetta De Martin

DAS RÄTSEL VOM WEISSEN SCHNAPS

„Sag mal Habakuk, warum wird der Anisschnaps weiß, wenn man Wasser zusetzt?" - „Vielleicht wird er deswegen trübe, weil es betrüblich ist, ihn zu wässern." - „Aber, sei g'scheit!", quiekte Schnüfferl ärgerlich, das sich mit dieser Antwort nicht zufriedengab. „Na ja, die Franzosen verdünnen ihren Pernod[67] oder Pastice[68], die Italiener ihren Sambuca[69] und die Türken ihren Raki[70] mit Wasser, dann erst trinken sie die weiße Milch." - „Ja, ja!", quengelte das Schweinchen ungeduldig: „Das weiß ich auch, aber sag, warum wird der Schnaps trübe?" - „Ach soooo!", sagte Habakuk gedehnt. „Das ist ganz einfach, das ist wie mit der Milch." - „Ja, aber wie ist es denn mit der Milch?", und nach einer kurzen Pause sagte das Schweinchen gleich: „Sag aber nicht, es ist so wie mit dem Pernod." - „So ist es aber, Fett ist bekanntlich in Wasser nicht löslich, es würde oben auf dem Wasser schwimmen. Da in der Milch aber ein Emulgator enthalten ist, bleiben die winzigen Fetttröpfchen in Schwebe, in Suspension, sagt man, und beim Anisschnaps sind es die Terpene, das sind die aromatischen Verbindungen, die zwar in Alkohol löslich sind, nicht aber im Wasser. Bei etwa vierzig Prozent Alkohol im Getränk sind die Terpene noch gelöst, wenn man aber Wasser zufügt, werden die Terpene ausgefällt, und es ergibt eine trübe, milchige Aufschwemmung. Beim Absinth beispielsweise, ein Wermutgetränk, wird das Getränk mit dem Zusetzen von Wasser grün. Aber nun trink schön deine Milch, junge Schweinderl brauchen das, damit sie groß und stark werden." Schnüfferl trank einen Schluck, setzte den Becher ab und sah, dass auch Habakuk ebenfalls eine weiße Flüssigkeit zu sich nahm, was das wohl wieder war?

> Es ist ein Brauch von alters her:
> Wer Sorgen hat, hat auch Likör
> *Wilhelm Busch (1832-1908)*

Anmerkung: Alkohol vermindert die allgemeine Aufnahme von Vitaminen und beeinflusst den Vitaminstoffwechsel negativ, speziell die Vitamine der B-Gruppe. Bei übermäßigem Alkoholgenuss kommt es auch zur erhöhten Ausscheidung an Magnesium und Zink.

DER GROG UND DER ALTE SEEBÄR

Es war ein eiskalter Tag, so kalt wie schon lange nicht. Habakuk, sonst immer sehr gesprächig, zog es vor, einmal nichts zu sagen.
„Was trinkst du da, Habakuk?" Habakuk kümmerte sich vorerst nicht, er schlürfte mit Begeisterung das offensichtlich heiße Getränk. - „Was trinkst du da Habakuk?", fragte Schnüfferl, nur dieses Mal noch eindringlicher. Habakuk blickte kurz seitwärts zu Schnüfferl und sagte: „Grog." Das war es, aber Schnüfferls Erwartungen erfüllten sich nicht. Es wollte genau wissen, was sich hinter dem fremden Wort Grog verbarg. „Wird man davon nicht groggy?" Abermals wendete Habakuk seinen Kopf zu Schnüfferl, nahm noch einen Schluck und sagte darauf: „Rrrichtig! Schnüfferl, richtig!" - „Und was ist das, Grog?" - „Etwas Gutes für verkühlte Raben."
„Ist das nur etwas für alte, verkühlte Raben?" - „Ja, ja, und auch für Seebären. Schließlich haben auch die Matrosen das Getränk ‚Grog' getauft." - „Das musst du mir aber genauer erzählen", bettelte Schnüfferl hartnäckig. „Nun gut! Das miserable Essen an Bord, das madige Pökelfleisch, der steinharte Zwieback, der ranzige Speck usw. waren nur genießbar mit ein paar Schluck Rum. Auch das faulige Wasser schmeckte ekelig, und selbst der Tee war wenig genussvoll. Daher gab man der Schiffsbesatzung, laut Dienstvorschrift, zweimal täglich einen Viertelliter Rum pro Mann. Der britische Admiral Edward Vernon[71], der sich über die vielen betrunkenen Matrosen ärgerte, befahl an einem heißen Augusttag des Jahres 1740, sie lagen damals vor Jamaika, dass dem Rum ab sofort heißes Wasser mit einem Klümpchen Hutzucker beigefügt werden müsse, damit die ‚Schurken' nicht gleich besoffen werden. Etliche seiner Matrosen waren nämlich im betrunkenen Zustand verunglückt und viele fielen einfach vom Mast." - „Und warum musste es heißes Wasser sein? Musste man es erst vorher abkochen?" - „Siehst du, daran habe ich noch gar nicht gedacht. Mag schon sein. Aber der andere Grund war der, dass man

das heiße Getränk nur schluckweise trinken konnte und die Matrosen den Rum nicht gleich hinunterkippten. Zudem hat Vernon die tägliche Rumration in zwei Teilen ausschenken lassen, die erste Hälfte am Vormittag, die zweite am Nachmittag." - „Und das haben die Matrosen gemocht?" - „Nein, anfangs murrten sie schon, man hat dem Getränk nämlich auch noch Zitronensaft beigefügt, das war gut gegen Skorbut. Schließlich kamen sie doch auf den Geschmack, und sie tauften das neue Gesöff ‚Grog'." - „Wieso ausgerechnet Grog?" - „Weil ‚Old Groggram' oder auch ‚Old Grog', der Spitzname des Admirals war." - „Und wieso nannten sie ihn so?" - „Weil der alte Seebär immer Jackett und Hosen aus grobem Stoff, sogenanntem *‚gros grain'* oder *‚grogram'* trug. Grogram bedeutet nämlich im Englischen *‚Grobkorn'*, es ist eine Mischung aus Seide, Wolle und Mohair, musst du wissen. Aus der Bezeichnung für seine Uniform entstand dann die Kurzform ‚Grog' und gleichzeitig der Spitzname für den Admiral und auch für sein Heißgetränk, das in Norddeutschland zum Nationalgetränk wurde."
Habakuk nahm den letzten Schluck aus seinem Glas. Seine Augen glänzten schon ein wenig. Ob er Fieber hatte? Nein, kein Fieber, aber auch kein Grund zur Beunruhigung! Bevor wir das noch restlos klären hätten können, platzte Schnüfferl schon mit einer neuen Frage heraus: „Dann ist Grog so etwas Ähnliches wie Punsch, nicht wahr?" - „Könnte man sagen! Das Wort Punsch stammt aus dem Indischen, du weißt ja, was ein „Pinsch" in der Schule bedeutet." - „Ein Pinsch? Das ist doch ein Fünfer, ein ‚Nicht Genügend', oder?" - „Pinsch, wie Punsch, bedeutet fünf und auch der Punsch besteht aus den fünf klassischen Zutaten: Rum, Cognac oder Arrak, Zucker, Zitrone und Tee." Gedankenverloren blickte nun Habakuk in sein leeres Glas. Der Grog dürfte aber seine Wirkung nicht verfehlt haben. Habakuk war es angenehm warm, na, und von der Verkühlung war von nun an nichts zu merken.

Fortsetzung von Seite 58,
weitere Fortsetzung auf Seite 82

Achtung: Alkohol gilt in Österreich als „Volksdroge Nummer eins." Der Missbrauch von Alkohol führt zum Alkoholismus. Es gibt allein in Österreich 330.000 Alkoholiker, Tendenz steigend. 96 % der Österreicher haben schon einmal Alkohol getrunken. Viele Unfälle gehen auf Trunkenheit zurück. Alkoholismus führt meist auch zum Verlust des Arbeitsplatzes und zu zerrütteter Familien. Es gibt ein starkes Interesse der Alkoholindustrie, um Jugendlichen Alkohol schmackhaft zu machen. 19 Mill. Euro gibt die Alkoholindustrie pro Jahr für die Werbung aus. Die Werbemanager sind sehr schlau. Sie verkaufen oft nicht das Produkt, sondern Illusionen, Wünsche sowie Träume und machen sich die Selbstunsicherheit Jugendlicher, Kontaktstörungen und Geltungsdrang, Problemverdrängung und Langeweile, Spaß am Verbotenen und Risiko, zu Nutze. Alkohol ist keine Hilfe und Lösung bei Problemen. Aber Schnüfferl-Leser sind schlauer, Hand darauf!

Am Rausch ist nicht der Wein Schuld, sondern der Trinker.
Konfuzius

DROGEN UND GENUSSMITTEL

In der Pubertät verändert sich das Gehirn fast so stark wie in der frühen Kindheit. Stirnlappen und Kleinhirn sind die letzten Areale, die umstrukturiert werden. Da das Kleinhirn unter anderem an der Erkennung zwischenmenschlicher Signale beteiligt ist, haben die Heranwachsenden in der Pubertät oft einen Mangel an Einfühlungsvermögen. In dieser Phase des Lebens ist das Gehirn besonders beeinflussbar und damit auch äußerst anfällig für Alkohol und Drogen.

DROGEN I

„Habakuk, sind denn Drogen nicht verboten?" - „Verboten? Wie meinst du das?" - „Weil es in der Stadt Drogerien gibt, werden denn dort nicht Drogen verkauft?" - „Ach so! Natürlich, aber unter Drogen versteht man nicht nur das, was du dir vorstellst, sondern auch pflanzliche und tierische Produkte..." - „Dann ist Milch auch eine Droge?", unterbrach Schnüfferl seinen Freund. „Milch? Nein, Milch ist keine Droge, Drogen sind all jene Erzeugnisse, die auch eine arzneiliche oder technische Verwendung finden." - „Aha! Aber sag, wird man denn auf die Drogen nicht rauschig und süchtig?" - „Auf manche schon, wie auf Alkohol, wo man auch rauschig werden kann, wenn man zu viel

bekommt oder den Alkohol nicht verträgt...und das Rauchen von Tabak macht auch süchtig, wenn auch nicht berauscht. Aber diese sogenannten ‚legalen Drogen', bekommt man in anderen Geschäften." - „Nein, nein Habakuk, ich meine da ganz andere Drogen, du weißt schon, die, bei denen man so wilde Träume bekommen soll." - „Ach sooo? Du meinst die Rauschgifte, gelt ja?" - „Genau die." - „Weißt du, die Menschen haben schon sehr früh Rauschmittel zu sich genommen..." - „Mit wie vielen Jahren denn?" Habakuk aber überhörte die Frage und sprach gleich weiter: „Da sie meinten, neue Welten erschließen zu können, Gott oder auch den Ahnen näher zu sein."
Eigentlich hörte sich das ganz gut an, mit Drogen neue Welten zu erschließen, eine andere Art von Wirklichkeit zu erleben. So viele probieren deswegen das doch auch. Auch in unserer Schule, dachte sich Schnüfferl und stellte daher gleich eine weitere Frage: „Und können sie es mit dem Rauschgift nicht?" - „Nein. Sie bekommen lediglich Halluzinationen." - „Halusionen, was ist das?" - „Halluzinationen sind Traumbilder zwischen der realen und irrealen Welt vermitteln, es gibt aber keine Bewusstseinserweiterung, so wie sich das die Menschen vorstellen oder manche behaupten." - „Und wann haben sie nun die Drogen genommen?" - „Du meinst, ab welchem Jahr Menschen Drogen nehmen? Manchmal sogar im zarten Teenageralter, oft schon mit zehn oder elf Jahren[72]. Dabei richten sie sich systematisch zugrunde." - „Zugrunde? Ja, wissen sie denn nicht, dass Rauschgift gefährlich ist?" - „Wissen tun sie es vielleicht schon, aber manche wollen mit Hilfe von Drogen ihrer Einsamkeit oder Konflikten mit ihrer Umwelt aus dem Weg gehen und dabei geraten sie immer mehr in die Abhängigkeit der Drogen. Es ist ein Teufelskreis, aus dem man alleine, ohne fremde Hilfe, schwer wieder herauskommt." Schnüfferl war entsetzt: „Kann man denn dagegen nichts unternehmen?"
Habakuks Stimme zeigte schon, dass es um eine ernste Sache ging. Auch seine beiden widerspenstigen Federn auf seinem Kopf stellten sich auf, ein untrügliches Zeichen für die Wichtigkeit des Themas, und so begann er zu dozieren: „In einigen Ländern wird sogar die Todesstrafe auf den Besitz von Rauschgift verhängt, aber das sind nicht die richtigen Maßnahmen. Der beste Schutz vor Drogenmissbrauch ist ein gesundes Selbstwertgefühl, die Fähigkeit, Krisen und Konflikte zu bewältigen und sie nicht mit Drogen zu unterdrücken, nicht auszuweichen." - „Ist das denn nicht leichter gesagt als getan?", brabbelte Schnüfferl. „Da hast du Recht, Schnüfferl. Um vor den Drogen geschützt zu sein, bedarf es auch einer gut funktionierenden zwischenmenschlichen Beziehung. Genauso spielen auch die Wohnqualität, das Klima am Arbeitsplatz und vieles andere mehr eine bedeutende Rolle..." - „Aber seit wann verwenden die Menschen derartige Drogen?"

Habakuk kratzte sich einmal kurz am Kopf. Es schien fast so, als ob die Menschen mit Drogen noch keine oder nicht genug Erfahrungen gehabt hätten, zumindest keine ausreichend schlechten um vernünftiger zu handeln. Und so musste der alte Rabe das kleine Schweinchen enttäuschen: „Wahrscheinlich schon so lange es sie gibt. Die Verwendung von Drogen reicht weit in die Geschichte der Menschheit zurück. So haben bereits die Schamanen der Naturvölker, das waren die damaligen Priester, Drogen zu sich genommen, um im Drogenrausch über die Zukunft und über die Verstorbenen Aussagen zu machen. Das Gift, das zum Beispiel die sibirischen Schamanen verwenden, ist im Fliegenpilz enthalten." - „Aber der ist doch sehr giftig!" - „Ist er auch, da hast du völlig Recht. Daher hat man den Pilz vorher speziell behandeln müssen, um nicht gleich am Gift zu sterben." - „Puh!", stieß Schnüfferl hervor und Habakuk berichtete weiter: „Auch die Indianer Südamerikas, die Mayas, Inkas und Azteken kannten derartige Rauschpilze[73], die sie Teonanacatl nannten, was soviel wie ‚Fleisch der Götter' bedeutet. Sie aßen sie, um übernatürliche Traum- und Trugbilder zu sehen.
Selbst in den ägyptischen Mumien hat man Rauschgift nachweisen können." - „Puh! Haben denn die Mumien auch Rauschgift geraucht."

Habakuk unterdrückte das Lachen, dann sagte er geduldig: „Nicht die Mumien haben geraucht, aber die alten Ägypter dürften auch schon Rauschgifte zu sich genommen haben." - „Allerhand, ist ja allerhand. Und wie hat man das nach so vielen Jahren nachweisen können? Der Rauch vergeht doch."
Man sieht, dass das Schweinchen noch sehr jung ist. Worte vergehen auch, aber nicht alles ist gleichsam in den Wind gesprochen. Auch Worte hinterlassen Spuren und so meinte Habakuk: „Der Rauch schon, Schnüfferl, aber Rauschgift wird zum Beispiel in den Haaren gespeichert. Ein menschliches Kopfhaar wächst durchschnittlich 1,2 Zentimeter pro Monat, wobei der älteste Teil die Haarspitze ist. Auch in der Gerichtsmedizin kann man aus den Haaren den Nachweis erbringen, ob eine bestimmte Person zur Zeit der Bildung des Haares Rauschgift zu sich genommen hat oder nicht. Aber auch andere Stoffe wie zum Beispiel Gifte, wie Arsen, welches auch in den Haaren gespeichert wird, kann man nachweisen"
„Ich habe etliche Jugendliche gesehen, die so komische Stickereien von grünen Blättern auf ihren Schulranzen haben, was soll denn das bedeuten?" - „Das sind auch so Dummheiten, die gar nicht einmal neu sind." - „Was für Dummheiten denn?" - „Das soll die Forderung nach

Man kann auch anders abheben

Freigabe des Rauschgiftes Haschisch, das THC, wie es in der Fachsprache bezeichnet wird, bedeuten. THC steht übrigens für den Wirkstoff Tetrahydrocannabinol, der im Haschisch enthalten ist." - „Haschisch? Macht man denn das nicht aus Hanf?" - „Ja, was du gesehen hast, das waren die Blätter des indischen Hanfs, der Cannabispflanze. Die Bezeichnung Cannabis stammt aus dem Assyrischen, wo das Wort *konnabis* soviel wie Lärm bedeutet, weil die Leute, wenn sie ‚high' waren, also in ihrem Drogenrausch, oft Lachanfälle haben. Schon der griechische Geschichtsschreiber Herodot[74] berichtete, wie die skythischen Reiter vor etwa 2500 Jahren im Haschischrausch euphorisch und völlig durchgeknallt waren und in Kampfesstimmung gerieten. In den Gräbern der Reiter fand man noch kleine Ledertäschchen, in denen sie Hanfsamen hatten. Berühmt geworden ist auch der Geheimbund der Assassinen. Was im Arabischen so viel wie „Haschischgenießer" bedeutet." - „Sind sie dadurch berühmt geworden?" - „Indirekt ja, weil sie durch Morde die Politik des 11.-13. Jahrhunderts beeinflussten, daher stammt auch das französische, wie auch das englische Wort *assassin*" - „Aber auch unsere Junkies bekommen einen Kick, wenn sie kiffen." - „Was war das jetzt?", sagte Schweinchen, das so ganz und gar nichts verstand, was Habakuk meinte. „Na, ich meine, die Rauschgiftsüchtigen werden euphorisch, wenn sie Gras, das heißt, Haschisch rauchen. Das ist die Sprache der Kiffer, ich meine der Hasch-Raucher." - „Aha!", sagte Schnüfferl, und Habakuk berichtete weiter: „Die Skythen warfen das Haschisch in speziellen Saunazelten auf glühende Steine und wurden durch das Einatmen der Dämpfe ‚high', so wie man den Rauschzustand nennt." - „Und einige Schüler wollen auch solche Erfahrungen machen?"

Habakuk nickte heftig und sprach: „Offensichtlich. Aber es wäre für sie besser, keine zu machen. Sie nehmen die Drogen nur, um der Wirklichkeit zu entfliehen, aber die Wirklichkeit holt sie immer wieder ein und wird für sie immer unerträglicher. Sie greifen dann zu härteren Drogen." - „Was heißt das, härtere Drogen?" - „Na, daß man noch rascher abhängig wird. Dabei wird die Persönlichkeit des Konsumenten zerstört." - „Puh! Dann sind diese Menschen aber dumm, wenn sie das nehmen." - „Na, und billig ist das Zeugs auch nicht. Viele können sich die Suchtmittel nicht mehr leisten und kommen auf die schiefe Bahn. Manche spritzen sich das Rauschgift und können dadurch, weil sie die Spritze untereinander austauschen, sich dadurch auch mit Hepatitis, der Gelbsucht, oder mit HIV, also mit Aids anstecken. Das trifft vor allem die Fixer, das heißt, jene, die sich das Zeugs mittels Injektionsnadel, die bei den Süchtlern ‚Gun' oder ‚Pumpe' heißt, sich einen ‚Schuss', oder wie sie noch sagen, einen ‚Hacker' in die Venen spritzen oder ‚drücken', wie man in der Szene

dazu sagt." - „Das ist ja schrecklich!", entrüstete sich Schnüfferl. „Die Inder haben Haschisch nicht nur inhaliert, indem sie sich einen Joint, eine Haschischzigarette, mit oder ohne Tabak, gedreht haben, sondern auch im Tee getrunken, den sie ‚Bhang' nannten. Dies geht aus den dreitausend Jahre alten altindischen religiösen Schriften der Veda hervor. Dieser Tee war eine Mischung von Cannabis, Tee, Gewürzen, Milch und Zucker." - „Aber die alten Chinesen haben Haschisch nicht gekannt, oder?" - „Die alten Chinesen kannten eine Reihe von Rauschmitteln, Schnüfferl. Auch Haschisch war ihnen nicht unbekannt."
Jetzt schüttelte Schweinchen seinen Kopf, das über die Menschen ungläubig all das erfuhr, welche es für klüger gehalten hatte. Dann fragte es: „Sonst hat das Rauschgift keinen Nutzen gehabt?" - „Doch, um 200 vor Christus haben ihre Chirurgen Haschisch als Schmerzmittel vor Operationen verabreicht. Auch heute noch kann man Haschisch für medizinische Zwecke verwenden." -„Und wofür?" - „THC-hältige Medikamente finden zur Appetitsteigerung und gegen Übelkeit bei AIDS-Patienten Verwendung. Haschischprodukte können die Lebensqualität schwerkranker Menschen bessern, vor allem von Krebspatienten. Generell lindern THC-Präparate Schmerzen, senken die Blutviskosität und auch den Augeninnendruck und steigern den Appetit." – „Dann ist Haschisch also nützlich?" – „Wie man es nimmt, als Medikament ja, aber meist verwendete man Rauschgifte, um übersinnliche Erfahrungen zu machen, wie man glaubte. Aus den taoistischen Schriften des ersten Jahrhunderts vor Christus geht hervor, dass man sich durch diese Dämpfe in der Lage wähnte, Dämonen zu sehen und mit Geistern im Kontakt treten zu können." - „Puh! Und das konnten sie wirklich?" - „Wie ich dir schon gesagt habe, nicht wirklich, das haben sie sich alle nur eingebildet, all diese Alpträume und Erscheinungen." - „Die Haluzien?" - „Ja, die Halluzinationen sind aber alle nicht echt erlebt. Die Menschen glauben das nur."

„Mir genügt das, was ich sehe", sagte das Schweinchen und dann gleich darauf: „Ich brauch' keinen Hasch oder so was oder gar Opium und schon gar keine Haluzinen, aaaaber, sag Habakuk, was ist das eigentlich Opium?" - „Oh wie dumm, das habe ich ganz und gar vergessen dir zu erzählen, aber heute ist es schon viel zu spät, Opium ist der Schlaaaafmohn." Dabei gähnte Habakuk und riss den Schnabel sperrangelweit auf. Es schien fast so, als ob er zuviel vom Schlafmohn erwischt hätte, aber das täuschte natürlich, Habakuk war einfach nur müde, schrecklich müde sogar.

WAU! WAU! WAU!

Was ist das für ein Spektakel?

Daraufhin gingen beide zu Bett, denn auch Schnüfferl war von der Müdigkeit Habakuks angesteckt worden.

> Es wird nur eine Sorte Menschen süchtig, das sind die, die zu kurz gekommen sind.

Uppps! Ich wusste nicht, dass zwei Schweinchen dahinter stecken

Fortsetzung von Seite 76, weitere
Fortsetzung auf Seite 186

UND NOCHMALS DROGEN II

Kaum war Schnüfferl aus den Federn - Habakuk schlief noch fest - quiekte es heraus: „Und das Opium, wie war das damit?" - „Opium? Ja, Opium macht man aus dem milchigen Saft des Schlafmohnes. Ich will aber noch ein wenig schlafen." - „Das sollte man aber verbieten." - „Dass ich noch ein wenig schlafe?" - „Aber nein, Habakuk, du bist doch schon wach, ich meine, die Verwendung von Opium." - „Wie kannst du wissen, dass ich schon wach bin?" - „Weil du bereits sprichst." - „Das sagt bei mir aber gar nichts, Schnüfferl, ich schlafe noch." Und schon wendete sich Habakuk um, zog die Decke über seinen Kopf und schnarchte. „Habakuk, du bist doch schon wach." - „Bin ich noch nicht." - „Habakuk, das ist ja alles so schrecklich." Der alte Rabe wurde plötzlich wieder aus dem Schlaf gerissen, und so stammelte er: „Was denn um Gottes Willen?" - „Dass sich die Menschen mit Opium vergiften."

Jetzt erst war Habakuk hellwach, endlich. Er richtete sich auf und antwortete: „Zwischen China und England ist sogar ein Krieg ausgebrochen, der so genannte Opiumkrieg, der von 1839 bis 1842 dauerte." -

Wieso Speckdackel? So dick bin ich doch gar nicht!

„Haben sich denn die Engländer gegen das Opium der Chinesen gewehrt?" - „Nein, Schnüfferl, ganz im Gegenteil. Die Chinesen haben nicht im Schlaf daran gedacht, Opium zu nehmen. Sie haben die Einfuhr von Opium sogar verboten und zerstörten die Opiumladungen der Engländer, die damit gutes Geschäft machen wollten. Daraufhin wurde China von ihnen gedemütigt und gezwungen, fünf Häfen für den englischen Handel zu öffnen und nebenbei fiel Hongkong an England, das bis zum 1. Juli 1997 im Verband der englischen Krone verblieb."

Habakuk gähnte noch einmal herzhaft, dann setzte er fort: „Gestern habe ich dir erzählt, dass Rauschgifte auch als Arzneien verwendet werden. Na und Opium ist auch ein wichtiges Medikament, musst du wissen, ein Medikament, das bereits die alten Ägypter als Schmerzmittel verordneten. Aus einer Schrift, die um 1400 vor Christus verfasst wurde, geht genau hervor, wie man die unreife Mohnkapsel ritzen muss, um zum Saft zu kommen." - „Aber Opium ist doch ein sehr gefährliches Rauschgift, oder?" - „Natürlich. Aber, ob etwas ein Medikament ist oder ein Gift, entscheidet bekanntlich die Dosis, das hat schon der alte Arzt Paracelsus[75] gewusst. Und bereits tausend Jahre vor Paracelsus, in Homers ‚*Odyssee*'[76], ist von einem Trank des Vergessens die Rede. Der Schlafmohn dürfte ja ursprünglich von der Kleinasiatischen Küste des Schwarzen Meeres stammen. Den Zaubertrank ‚*Nepenthes*', was soviel wie ‚*ohne Schmerz*' bedeutet, bekamen die verwundeten trojanischen Krieger vor der ärztlichen Versorgung verabreicht. Der Mohnsaft wurde einfach dem Wein beigemengt." - „Wird man davon nicht süchtig?" - „Ist schon möglich, vor allem wenn man die Droge des Öfteren zu sich nimmt. Bereits der griechische Arzt Diagoras aus Melos[77] hat schon im 5. Jahrhundert vor Christus vor Opium gewarnt, da diese Droge abhängig macht."

Schnüfferl dachte angestrengt nach. Wieso haben die Religionen den Genuss von Rauschgift nicht verboten, wenn es so schädlich ist, oder haben sie es doch? Habakuk wußte es vielleicht. Also fragte Schnüfferl noch einmal nach: „Haben denn die antiken Götter den missbräuchlichen Genuss von Opium nicht verboten?" - „Verboten? Ach wo! Auf Kreta verehrte man sogar eine Mohngöttin, die in ihrem Haar angeschnittene Mohnkapseln trug und einen verklärten, oder sagen wir lieber, tranceartigen Gesichtsausdruck zeigt, und auch dem griechischen Gott des Schlafes, Hypnos[78] war als Attribut die Mohnkapsel zugeordnet. Selbst die Göttin Demeter[79] trank Mohnsaft, um den Raub ihrer Tochter Persephone zu vergessen." - „Dann waren die alten Griechen auch nicht besser als die derzeitige Generation von Menschen?" - „Das weiß ich nicht, aber zur Zeit der Antike war Zypern das Zentrum des Mohnanbaus, so wie heute Afghanistan. In Tongefäßen, welche die Form einer Mohnkapsel hatten, wurde Opium in die gesamte antike

Welt exportiert. Denn auch die römischen Ärzte verordneten Mohnsaft bei Schmerzen und Entzündungen." - „Und gab es auch Süchtige im alten Rom?" - „Natürlich. Kaiser Marc Aurel[80] war nach der Meinung seines Leibarztes Galen[81] am Ende seines Lebens opiumsüchtig, na und der römische Kaiser Hadrian[82] soll gar an einer Überdosis Opium gestorben sein. Nicht zu vergessen war auch ein Großteil der Nazi-Prominenz drogenabhängig." - „Puh, das ist ja gefährlich."

Nach einer kurzen Pause fragte das Schweinchen: „Ich habe gehört, dass manche ein weißes Pulver aufschnupfen und dann so richtig weggetreten sind." - „Ach so, du meinst wahrscheinlich Koks" - „Aber Koks ist doch schwarz", meinte Schnüfferl treuherzig. „Koks-Kohle wird man wohl doch nicht aufschnupfen, wohl aber Kokain[83] und im Übrigen bezeichnen die ‚Kokser', das sind die kokainsüchtigen Schnupfer, Kokain auch als ‚Schnee' oder ‚Weißes', eben weil es weiß ist. Auch die Bezeichnung ‚Cola' wird dafür verwendet." - „Und woher kommt das Kokain?" - Aus den Blättern der Kokapflanze[84], die in Mittel- und Südamerika wächst." - „Ist das etwa auch im Coca Cola darinnen?", fragte Schnüfferl ängstlich. Es wäre ein schwerer Schlag für das kleine Schweinchen gewesen, wenn es sein Lieblingsgetränk nicht mehr hätte trinken dürfen. Oder war es vielleicht gar schon süchtig? „Nein, Schnüfferl, davon ist keine Spur im Cola enthalten." Schnüfferl atmete auf und stellte gleich eine weitere Frage, dieses Mal viel unbeschwerter: „Haben die alten Indianer diese Droge auch schon gekannt?" - „Aber natürlich. In Peru ist der Anbau von Kokain schon vor 4500 Jahren belegt. Bei den Inkas waren die Kokablätter ein Geschenk der Sonne und daher göttlich. Die Priester kauten sie so lange, bis sie in einen rauschähnlichen Zustand verfielen, um sich den Göttern zu nähern." - „Haben sie geglaubt", sagte Schnüfferl altersklug. „Ja, wahrscheinlich. Darstellungen von Koka kauenden Menschern stammen schon aus der Zeit 2000 vor Christus."

Eine andere Form des Abhebens

Schnüfferl dachte wieder nach, ob man mit Kokain nicht auch etwas Gutes hätte machen können, aber was bloß? „Kann man Koks nicht auch für etwas Praktisches, ich meine für etwas Sinnvolles einsetzen?" Habakuk grinste, denn er hatte schon diese Frage erwartet, dann sagte er: „Übrigens haben die Patienten vor der Operation Kokainblätter zum Kauen bekommen, und die Chirurgen sammelten sogar den Speichel der kauenden Patienten und verstrichen ihn zur Schmerzbehandlung auf die Wunde." - „Pfui, wie ekelig!", rief das Schweinchen. „Aber sehr effizient, sehr wirkungsvoll, sage ich dir!" - „Und macht man das heute auch noch so?" - „Ich denke nicht, aber die Indios kauen noch immer Kokablätter, die sie mit etwas Kalk vermischen." - „Wenn sie Schmerzen haben, oder?" - „Nein, nur um ihre Müdigkeit und auch den Hunger zu verdrängen und schließlich um die Stimmung ein wenig zu heben. Das wird auch der Grund sein, warum die Menschen der sogenannten zivilisierten Welt, seit dem Ersten Weltkrieg, Kokain nehmen. Kokain ist sozusagen zu einer Modedroge geworden, zu einer mörderischen."

Das klang ja wie ein Krimi. Schnüfferl zuckte vorerst zusammen, dann stellte es gleich seine Frage: „Mörderischen? Bringen denn die Kokainkauer oder Schnüffler andere Menschen um." - „Mag sein, mag sein." Schnüfferl erschauerte, nur Habakuk erzählte ungerührt weiter: „Aber in erster Linie bringen sie sich selbst um."

Da Schnüfferl im Moment nichts fragte, redete Habakuk gleich weiter: „Da gibt es noch ein anderes Geschenk der Götter, einen Kaktus." - „Was? Einen Kaktus? Das ist aber schon eine stachelige Angelegenheit." - „Ja, aber die Azteken haben aus dem Peyotl-Kaktus[85] eine Droge gewonnen, das Meskalin, das sie zu kultischen Zwecken verwendeten." - „Das werde ich mir merken, zu kultischen Zwecken." - „Nichts wirst du dir!", zischte der alte Rabe und sagte weiter: „Nach Einnahme der Droge haben die Menschen verschiedene Farbvisionen bei einem gleichzeitigen Verlust des Raumeindruckes." - „Da hat ja jeder Indianerstamm seine eigenen Drogen gehabt, nicht wahr?" - „Mehrere, Schnüfferl, mehrere."

Schnüfferl konnte erst gar nicht fassen, was es da alles auf dem Drogenmarkt gab und was Menschen alles tun, um der Realität zu entkommen. Da erzählte Habakuk auch schon wieder weiter: „Die Azteken haben auch von einer Stechapfelart, von einer Pflanze, die Datura[86] heißt, einen Tee zubereitet. Sie gaben den Menschen zu trinken, bevor man sie zu Ehren der Götter opferte." - „Was? Sie haben Menschen geopfert? Ihre eigenen Verwandten?" - „So ist es! Meist waren es Gefangene, die man zu Hunderten opferte. Durch einen solchen, der genügend Atropin, Hyoscyamin und Scopolamin enthält, wurden die Todeskandidaten ruhig gestellt. Man konnte dann mit ihnen alles machen, was die Priester wollten. Sie schnitten mit einem Steinmesser den Opfern die Brust auf und rissen ihnen ihre Herzen heraus."

Schweinchen wurde kreidebleich und sagte momentan nichts. So baff hatte man es schon lange nicht gesehen. Schweinchen war geschockt. Man konnte nur beobachten, wie sich sein Rüssel bewegte, der Rüssel, der schneeweiß geworden war, blutleer. Er zitterte förmlich und die Unterlippe bebte, als ob es etwas sagen wollte, aber es kam nichts heraus, bis es endlich doch etwas hervorbrachte: „Aber wieso hatte man die vielen Menschen geopfert? Das ist doch herzlos!" - „Wirklich herzlos waren letztendlich die Opfer. Die andern herzlosen Schlächter machten das, um die Götter gnädig zu stimmen, damit der Himmel nach wie vor die Sonne aufgehen lässt, es regen lässt und um die Fruchtbarkeit der Felder und damit das Leben der Menschen zu gewährleisten." - „Aber jetzt, wo keiner mehr Menschen opfert, jetzt funktioniert es doch auch." - „Ja, ja, aber es wollte niemand erproben und womöglich einen Weltuntergang damit hervorrufen. Die Menschen forderten nach Blutopfern, um die Götter gnädig zu stimmen."

Daraufhin wurde das Schweinchen sehr nachdenklich, denn es hatte eine bessere Meinung von den Menschen. Das kommt davon, wenn man bei anderen denselben Maßstab anlegt, wie bei sich selbst. Die Menschen müssen eben noch viel, sehr viel lernen. Jedenfalls noch einiges, um die Intelligenz der Tiere zu erreichen, meinte Schnüfferl.

> Erfolg hat nur, wer fest daran glaubt, dass er die Fähigkeit hat, erfolgreich zu sein.

ECSTASY-EXTASE

Das Kapitel Drogen hatte Schnüfferl ganz aufgewühlt. Ist es denn nicht unverständlich für ein logisch und vernünftig denkendes Wesen, wie es Schnüfferl ist, dass man sich mit Drogen ruiniert, und das wissentlich, also absichtlich ins Unheil schlittert. So musste es Genaueres erfahren, warum Menschen so etwas tun:

„Habakuk, warum nehmen Menschen Drogen?" - „Warum? Vielleicht, weil es gerade chic ist, Partydrogen zu nehmen, oder auch nur, um der Wirklichkeit wenigstens zeitweise zu entkommen." - „Kann man denn der Wirklichkeit entkommen?" - „Nein, aber für die Zeit, solange eben die Droge wirkt, ist man ‚high', wie man sagt." - „Dann ist es doch nicht so schlimm, wenn man solche Drogen nimmt, oder?" - „Wenn man es als Medikament verschrieben bekommt, um Schmerzen zu stillen oder als Antidepressivum, na ja, aber zur Heilung dient es trotzdem nicht, es wird nur für eine kurze Zeit die Befindlichkeit des Menschen etwas verbessert. Der normale Gebrauch von Drogen,

besonders wenn man sie über einen längeren Zeitraum einnimmt, ist schädlich, ja sogar lebensgefährlich." - „Wirklich? Lebensgefährlich sagst du? Aber sicher nicht für Ecstasy, gelt, für Ecstasy gilt das nicht." Bei Habakuk schrillten die Alarmglocken. Schnüfferl wird doch nicht so unvorsichtig gewesen sein, sich von irgendwelchen Mitschülern oder Dealern, wie man die Händler mit Rauschgift nennt, sich so ein Zeugs andrehen zu lassen. „Wieso kommst du auf Ecstasy?", fragte Habakuk deshalb ein wenig scharf und streng und betrachtete Schnüfferl aufmerksam von allen Seiten. „Weil einige in meiner Klasse solche Tabletten schlucken, sie fühlen sich dann so richtig wohl, haben sie mir gesagt, dann sind sie wirklich fit." - „Aha, von da weht also der Wind. Nein Schnüfferl, Ecstasy, das sogenannte MDMA, ist gefährlich und die Einnahme ist auch verboten. Früher, das heißt schon im Jahr 1914, wurde von der Firma Merck das 3,4-Methylen-dioxymethamphetamin zur Behandlung von Fettleibigkeit entwickelt." - „Na, Servus, das klingt aber ganz schön gefährlich 3,4 und-noch-was, pfui!" - „Ja, genau, das ist besser bekannt unter Ecstasy oder auch nur ‚XTC' oder ‚E'. Dieses Mittel, diese Designerdroge, bewirkt eine verstärkte Ausschüttung von Dopamin und Noradrenalin." - „Das sind doch Botenstoffe im Gehirn, nicht wahr?", warf Schnüfferl g'schaftig ein. - „Bravo, Schnüfferl, bravo. Das ist richtig. Beide Stoffe vermitteln uns ein Wohlgefühl, beide putschen auf und wirken dem Serotonin, das den Schlafrhythmus steuert, entgegen." - „Jetzt wird mir klar, warum meine Schulkollegen dieses Teufelszeugs nehmen." - „Deshalb können sie auch die ganze Nacht durchfeiern, sie sind hellwach." - „Und dann werden sie süchtig", sagte das Schweinchen. „Nein, süchtig gerade nicht, Ecstasy kann höchstens leichte Halluzinationen auslösen. Das Schlimme daran aber ist, dass bei einer längeren Einnahme Axone geschädigt werden, das heißt, dass die Nervenendigungen absterben und somit das Gehirn dauerhaft geschädigt wird. Manche Tabletten, besonders jene aus dem ehemaligen Ostblock, enthalten das Rattengift Strychnin und sind deshalb sehr gefährlich."
„Pfui!", sagte Schnüfferl, senkte sein Köpfchen und schüttelte es leicht. Wahrscheinlich schämte es sich ein wenig, weil es beinahe auch so eine Pille geschluckt hätte. Warum denn nicht, hatte es sich gedacht, wenn es mich fit macht. Wer will denn nicht fit sein, mehr Leistung erbringen, einfach gut drauf sein, ist doch schön. Aber um welchen Preis? Selbst wenn die Klassenkameraden, die dieses Zeugs schlucken sagen, dass ich ein Feigling sei, werde ich es nicht nehmen, nein, ich ganz bestimmt nicht. Schnüfferl hob sein Köpfchen wieder und sagte streng: „Das ist die Sache aber nicht wert." - „Das glaube ich auch, Finger weg von dem Zeugs, Schnüfferl! Einige Menschen sterben jedes Jahr durch den Missbrauch von Ecstasy, die Opfer sterben an Hitzschlag, weil die Droge die Körpertemperatur um etwa vier Grad ansteigen lässt. Bei

der Hitze der Party kann die kritische fünf Grad Übertemperatur durchaus erreicht werden, welche irreversible Schäden verursacht. Es kommt zu einem Organversagen, welches schließlich zum Tode führt."

Nach kurzer Pause versicherte das kleine Schweinchen Habakuk: „Nein, ich werde nicht so dumm sein, diese Partydroge zu nehmen, ich bin ja nicht verrückt." - „Aber das ist nicht die einzige Partydroge, Schnüfferl, ein chemisch dem Ecstasy ähnliches Mittel ist das Methamphetamin, das besser als ‚*Speed*' oder auch als ‚*Ice*' bekannt ist. Dieser Stoff wurde erstmals bereits 1897 synthetisiert, seine anregende Wirkung aber erst 1928 erkannt und unter der Handelsbezeichnung ‚*Benzedrine*' zur Abschwellung der Nasenschleimhäute eingesetzt." - „Da werden manche häufiger Schnupfen gehabt haben, um Speed oder ein sonstiges Mampfamin, oder wie das heißt, zu bekommen, gelt ja?" - „Das weiß ich nicht, jedenfalls hatte man im Zweiten Weltkrieg den Kampfpiloten dieses Mittel gegeben, sie bekamen eine ‚Fliegerschokolade', damit sie bei ihren langen Flügen wach blieben, und dann hatte man dieses Mittel auch noch gegen die Kriegsneurose eingesetzt." - „Und Speed ist auch so gefährlich wie Ecstasy?" - „Auch. Es steigert sogar noch mehr Blutdruck und Herzfrequenz als Ecstasy und stimuliert ebenfalls das Zentralnervensystem."

Schnüfferl, welches aufmerksam zugehört hatte, war hellwach, auch ohne Ecstasy, dann sagte es: „Das werde ich aber meinen Klassenkameraden erzählen, dass die Sache mit dem Ecstasy und den anderen Aufputschmitteln nicht so ohne ist." - „Ja, sag es ihnen, sag ihnen auch, dass Rauschgift kein Mittel ist, um aus dem Stress auszusteigen, dass dies nur eine Flucht ist, eine, die im Nichts endet."

Wenn Schnüfferl das versprochen hat, hat es das auch gehalten, aber ich weiß nicht, ob ihre Klassenkameraden ihr geglaubt haben, sie sollten es aber, wenn sie vernünftig sind, schon ihnen selbst zuliebe, nicht wahr?

NICHTS ALS BLAUER DUNST
RAUCHZEICHEN

Schweinchen kam ganz aufgeregt zu Habakuk gelaufen und war noch außer Atem, als es einige Worte telegrammartig herausbrachte: „Habakuk, Habakuk!", dann musste es noch einmal tief Luft holen: „Habakuk, schnell, dort brennt ein Mensch."

Habakuk sah kurz dorthin, wo auch Schweinchen aufgeregt hinstarrte. Er sah einen Herrn von der Rückseite, auf einer Bank sitzend. Tatsächlich, wie Schweinchen sagte, es stieg Rauch über seinem Kopf auf. „Aber Schnüfferl, der raucht doch nur." - „Eben, eben, ich sage es ja, dort wo Rauch ist, dort ist auch Feuer, nicht wahr?" - „Das alte Sprichwort hat zwar Recht, aber der Mann dort raucht Tabak, nicht der Mensch brennt, es brennt bloß seine Zigarre." - „Eine Zigarre? Was ist denn das?" - „Mehrere getrocknete Blätter einer Tabakpflanze werden zusammengerollt und zum Zweck des Rauchens angezündet und der Rauch entweder eingeatmet, das macht man meist nur mit Zigarettenrauch, oder nur in die Mundhöhle gesogen und wieder ausgeblasen." - „Und wieso machen die Menschen das, das ist doch grausig, pfui Teufel! Das ist doch grauslich, nicht?" - „Na, ja, manche mögen es eben, es ist so eine Art 'trockene Trunkenheit' es beruhigt die Menschen, wenn sie aber zu viel davon rauchen, werden sie abhängig und später krank und sterben auch früher[87]. Ich sage ja immer, wer raucht denkt nicht und wer denkt, raucht nicht." Schweinchen überlegte einen Augenblick, dann stellte es bloß lapidar fest: „Dann ist das dort ein Selbstmörder?" - „Wenn du willst, ja." - „Wie aber kamen die Menschen darauf zu rauchen, das macht doch kein normales Tier?"

Auch Nichtraucher müssen sterben.
Friedrich Torberg (1908-1979)

„Da hast du völlig Recht. Manche sagen eben, Alkohol und Nikotin rafft die halbe Menschheit hin, ohne Alkohol und Rauch, stirbt die andre Hälfte auch. Aber die Frage bleibt, wann und wie. Unsere Geschichte mit dem Rauchen beginnt kurz nach der Menschwerdung, wahrscheinlich schon vor einigen Millionen Jahren…." - „Waaas, so lange betreiben sie schon diesen Unfug? So lange und sind dabei noch nicht ausgestorben?" - „So lange, denn in Urzeiten beteten die Menschen alles an, was für sie unerklärlich war. Sonne, Mond und Sterne waren für sie heilig und verehrenswürdig, und wenn es blitzte und der Blitz ein Feuer entfachte, so kam dies von Gott." - „Hatten die Menschen denn keine Angst vor dem Feuer, ich fürchte mich schrecklich davor." - „Ich auch, Schnüfferl, aber die Menschen lernten das 'heilige Feuer', wie sie es nannten, zu hüten, und es gelang ihnen auch, Feuer selbst zu erzeugen. Feuer ist auch heute noch in vielen Religionen etwas Heiliges. Gott sprach zu Moses aus einem brennenden Dornbusch. In den Kirchen der Christen brennt das ewige Feuer oder Licht, wie sie sagen, andere Religionsgemeinschaften beten das Feuer an, weil es eine reinigende Kraft hat." - „Das ist doch nicht zu fassen, oder?" - „Na ja, das Feuer ermöglichte es den Menschen, Licht in die Finsternis zu tragen, Wärme zu erhalten, wilde Tiere abzuschrekken und, was für sie ganz wichtig ist, ihre Nahrung zuzubereiten, die dadurch leichter bekömmlich wird. Ohne Feuer wären sie wahrscheinlich keine modernen Menschen geworden."

Ohne Feuer gäbe es keine Menschen, das war Schnüfferl neu. Aber warum in aller Welt rauchen sie, warum wohl? Und so stellte Schnüfferl gleich die nächste Frage: „Und deshalb bedanken sie sich und opfern mit Rauchröllchen?" - „Nein, das machen sie aus Genuss…und auch nicht alle." - „Pfui, das kann doch kein Genuss sein." - „Aber du hast Recht, ursprünglich hat das Rauchen etwas mit Religion zu tun." - „Vielleicht ist der Mann ein Priester?" - „Möglich. Schau, Schweinchen, in den ältesten Kulturen im Zweistromland, in Mesopotamien, und auch im alten Ägypten hatte man schon vor fünftausend Jahren, getrocknete Kräuter und Harze verbrannt, um sie den Göttern zu opfern. Dabei haben die Priester auch den Rauch eingeatmet und festgestellt, dass manche Pflanzen und Harze, welche sie verbrannten, einen Rauch freilassen der eine narkotische, eine berauschende Wirkung hat. Sie glaubten daher, dass darin Gott sei." - „Das ist ja ungeheuerlich, was du da sagst." - „Selbst die gescheiten, alten Griechen haben nachweislich seit dem 7. Jahrhundert Weihrauchopfer dargebracht. Na, und dieser Brauch, wird nach wie vor bei allen christlichen Gottesdiensten gepflegt. Dabei verbrennt man das Harz des Weihrauchstrauches. Weihrauch enthält eine dem Haschisch nahe verwandte Substanz."

Da haben wir es, die Gläubigen werden süchtig gemacht. Welch eine

Religion, dachte sich Schnüfferl, welches gleich eine Frage stellte: „Sind denn die Christen rauschgiftsüchtig?" - „Nein, soviel Räucherwerk verwenden sie ja nicht. Ein wenig ist sogar gesund, weil der Rauch auch antiseptisch wirkt, also keimtötend." - „Dann verwendet man den Rauch auch als Medikament? Ist dann der Herr dort drüben vielleicht krank?" - „Möglich, aber auch wir Raben desinfizieren unser Gefieder mit Rauch, wenn Gelegenheit dazu besteht, aber deswegen raucht der Mensch dort drüben sicherlich nicht." - „Niiicht, und warum dann?" - „Ich sehe, Schnüfferl, du bist schon sehr neugierig geworden, und hoffe, dass du nicht auch so einen Glimmstängel probieren wirst." - „Iiich? Ich bin doch kein blödes Schwein." - „Gott sei Dank, das bist du nicht, aber was ich dir noch sagen wollte ist, dass auch der berühmte römische Arzt Plinius vor fast zweitausend Jahren in seinem Buch über Heilpflanzen schreibt, dass zum Beispiel Huflattich, der, wenn er verbrannt und der Rauch eingeatmet wird, den Husten lindert. In der Gelehrtensprache heißt der Huflattich deswegen auch Tussilago, was sich von dem lateinischen Wort *tussire*, als von *husten*, ableitet." - „Dann ist der Mann doch krank." - „Wieso Schnüfferl?" - „Weil er gehustet hat." - „Mag sein", antwortete der Rabe ohne sich sehr davon beeindrucken zu lassen oder gar Mitleid zu zeigen.

Schnüfferl starrte noch zu dem Mann hinüber, der unentwegt rauchte, oder sagen wir lieber qualmte. Da ergriff Habakuk das Wort: „Es gab bei den Römern damals schon so etwas Ähnliches wie eine Pfeife, der Rauch wurde durch ein Rohr eingesogen, das sie *harudo* nannten." - „Und seit wann haben die Menschen daran Spaß gehabt, den beißenden Rauch einzuatmen?" - „Wahrscheinlich, als sie die berauschende Wirkung entdeckten, sodass Religion und Trance auch gleich Genus wurde. Die alten Skythen, ein Volksstamm der vor 2500 Jahren im heutigen Bulgarien und im nördlichen Griechenland lebte, warfen Hanfkörner auf heiße Steine und atmeten die aufsteigenden Dämpfe ein, bis sie trunken waren und herumhüpften." - „Und wann sind die Menschen draufgekommen, Tabak zu rauchen?" - „Tabak? Ja, den gab es in der Alten Welt nicht, es gab zwar Opium..." - „Den gewinnt man doch aus Mohn, gelt ja." - „Ja, aus Mohn, aber Tabak, der hat seine Heimat in Amerika. Von den wildlebenden Tabakarten sind allein sechsunddreißig in Mittel- und Südamerika und neun in Nordamerika bekannt, und neunzehn Arten sind in Australien heimisch. In Mittelamerika hatten die Mayas, ein mächtiger Indianerstamm, getrockneten und zerriebenen Tabak in Palmblätter eingewickelt und geraucht. Im Norden haben die Indianer Geweihe, Holz und Tonrohre dazu benützt, um für rituelle Zwecke Tabak zu rauchen. Die Sitte des Rauchens war weit verbreitet."

Wenn schon die Indianer dieses Kraut geraucht haben, na gut, aber jetzt rauchen schon so viele bei uns auch. Wie war das nur möglich, wie? So stellte das kleine Schweinderl doch noch eine Frage, eine kleine, wie es meinte: „Und wie kam dann der Tabak hierher, nach Europa?" - „Es beginnt die Geschichte mit der Entdeckung Amerikas durch Kolumbus." - „Das war doch 1492, nicht wahr?" - „Bravo, Schweinchen, das hast du dir aber gut gemerkt, am 3. August 1492 segelte Kolumbus mit drei armseligen kleinen Holzschiffchen und hundertzwanzig Mann los..." Schweinchen hatte den Redefluss seines alten Freundes kurz unterbrochen, sonst wäre es sicherlich geplatzt: „Das war auch nicht schwer, zur gleichen Zeit war doch die Gründung der Stiegelbrauerei in Salzburg. Schnüfferl wusste ja, dass sein Freund den Hopfenblütentee, wie er das Bier nannte, sehr schätzte." - „Ach so, na ja dann." Habakuk schmunzelte und redete gleich weiter: „Als Kolumbus Indien über die Westroute erreichen wollte, er war voll überzeugt, dass die Erde eine Kugel sei, war ihm Amerika dazwischen gekommen, ein Kontinent, den er für Indien hielt. Der Zufall wollte es, dass er gerade auf den Antillen, den Westindischen Inseln ankam, dem Zentrum des Tabakanbaues. Die Eingeborenen gaben ihm zahlreiche Geschenke, unter anderem auch einen Ballen getrockneter Tabakblätter, denen sie große Bedeutung beimaßen." - „Und die hat Kolumbus gleich geraucht?" - „Nein, er aß die Früchte, und den Tabak warf er über Bord." - „Das war aber sehr vernünftig." - „Er wusste ja noch nicht, was er damit anfangen sollte, es war fast so wie mit den grünen Kaffeebohnen, die sich ein österreichischer Spion aus Wien[88], ein gewisser Kolschitzky[89] erbat, als die Türken vor Wien im Jahr 1683 besiegt wurden." - „Was war mit dem?" - „Er röstete die Bohnen, mit denen niemand etwas anzufangen wusste und machte das erste Kaffeehaus in Wien auf, so heißt es zumindest. Aber diese Geschichte dürfte nicht ganz korrekt sein. Der erste, der in Wien 1685 das Recht erhielt, ein Kaffeehaus zu eröffnen, war der Armenier Johann Diodato[90]." - „Das ist aber sehr geschäftstüchtig." - „Aber sag, woher hatten die Türken den Kaffee?" - „Ich habe dir ja schon erzählt, dass ein Hirtenbub im Jemen die Wirkung des Kaffees zunächst an seinen Ziegen beobachtet hatte. Und schon im 15. Jahrhundert, also vom Jemen ausgehend, war er zuerst auf der arabische Halbinsel, dann in Ägypten und in der Türkei verbreitet.
Die jährlichen muslimischen Pilgerfahrten nach Mekka trugen dazu bei, dass der, in kleinen Tassen genossene, bittere Kaffee, in der gesamten muslimischen Welt bekannt wurde und später auch im christlichen Abendland seinen Einzug feierte." - „Und mit dem Tabak hatte man nichts anfangen können?", fragte Schnüfferl, das noch einmal auf seine Frage zurückkam. „Ja, ja. Kolumbus konnte mit dem Tabak nichts anfangen. Auch als er einen Indianer als Lotsen benötigte und dieser

ihm ganz ehrerbietig wiederum Tabakblätter überreichte, wusste er nichts damit zu tun."

Das Schicksal meinte es offensichtlich anders, sonst gäbe es doch nicht so viele Raucher. Also wollte Schnüfferl gerne wissen, wie man in Europa darauf gekommen war, dieses Giftkraut zu rauchen: „Wer hat denn entdeckt, dass man das grausige Zeugs auch rauchen kann?" - „Als Kolumbus zwei seiner Leute aussandte, um nach Gold zu suchen - Kolumbus war ganz wild und gierig nach Gold - fanden diese heraus, dass man die getrockneten Blätter rauchen kann und sie einen berauschenden Zustand herbeiführen. Es waren Rodrigo de Jerez und der spaniolische Jude Luis de Torres. Sie waren die beiden ersten Europäer, die das Rauchen probierten und dann auch beibehielten." - „Und wie ist Rodrigo zu seinem Tabak gekommen?" - „Papst Alexander IV. Borgia, gab den Befehl, dass Kolumbus, kaum dass er am 15 März 1493 nach Spanien zurückkam, schon bei seiner zweiten Amerikareise, die noch im selben Jahr stattfand, einen Mönch mitnehmen müsse, der die Indianer zum Christentum bekehren sollte. Dieser Mönch, Ramon Pane schrieb auch ein Buch über Sitten und Gebräuche der Antillenbewohner, vornehmlich jener, die auf San Domingo (Haiti) lebten. Wahrscheinlich haben sie auch Tabak mitgenommen. Eine viel genauere Schilderung über das Tabakrauchen stammt dann aus der Feder von Gonzalo Fernandez de Oviedo y Valdés, der 1514 als Aufseher der Goldschmelzer nach Westindien gelangte und dort vierunddreißig Jahre seines Lebens verbrachte. Er schreibt bereits von der Schädlichkeit des 'Tobacco'-Krautes, dessen Rauch die Indianer solange durch die Nase einziehen, bis sie bewusstlos werden und in einen tiefen Schlaf fallen. Auch von vielen 'christianos' wusste er zu berichten, die dem Laster bereits verfallen waren."

Man sieht, dass Warnungen, und seien sie noch so eindringlich, oft nicht viel bewirken. Die Vernunft bleibt auf der Strecke. Das ist wie mit einem Virus in der Festplatte. Dennoch wollte Schnüfferl wissen, ob die Europäer nicht auf die mahnenden Worte gehört haben: „Haben die Europäer nicht auf die Worte des Gonzalo gehört?" - „Nein, im Gegenteil, diese Sitte verbreitete sich unter den Weißen sehr rasch." - „Dann raucht der Mann dort drüben aus Vergnügen, bis er ohnmächtig wird?" - „Möglich, aber ohnmächtig dürfte er wahrscheinlich nicht werden." - „Und wie kamen nun die Massen an Tabak nach Europa?" - „Die Spanier haben schon sehr bald Plantagen auf Kuba und andern Inseln errichtet." - „Und das Rauchen war in Europa erlaubt?" - „Erlaubt? Man wusste noch viel zu wenig darüber. Als Rodrigo de Jerez in seine Vaterstadt Ayamonte heimkehrte und seine Verwandten und Freunde ihn plötzlich aus Nase und Mund rauchen sahen, erschraken sie und meinten, dass der Teufel in ihn gefahren sei. Sie eilten zum Pfarrer und dieser wandte sich gleich an die Inquisition. Jerez wanderte in den Kerker und wurde erst nach Jahren wieder freigelassen, da viele seiner Landsleute bereits diese Unsitte des Rauchens angenommen hatten[91]. Mitte des 16. Jahrhunderts kamen auf mehreren Wegen Samen der Tabakpflanze nach Spanien, Portugal und Frankreich."

Das kleine Schweinchen schluckte ein paar Mal. Das Wort Nikotin klingt eigentlich schön und harmonisch, und Schnüfferl hörte im Geiste direkt die Indianertrommeln, wenn es an das Wort Nikotin dachte: „Woher stammt eigentlich der Name Nikotin, des Giftes, das schon in der Pflanze enthalten ist, ist das auch ein Indianerwort?" - „Nein, das ist ähnlich wie Amerika seinen Namen von einem italienischen Seefahrer, Amerigo Vespucci[92] aus Florenz, bekommen hat, der zwar Reisebeschreibungen über Amerika herausbrachte, selbst aber nie in Nord-Amerika war. So hat der Inhaltsstoff des Tabaks, das Nikotin, seinen Namen nach einem Franzosen bekommen, welcher die eigentliche Heimat des Tabaks nie gesehen hat. Es war der französische Gesandte Jean Nicot aus Nîmes, der 1559 an den portugiesischen Hof entsandt wurde um dort die Heirat des fünfjährigen Königs Sebastian mit der damals sechsjährigen Margarete von Valois, der Tochter Heinrich II zu betreiben, was nicht gelang." - „War die Braut ihm schon zu alt?" Habakuk lachte laut, dann sagte er spitzbübisch: „Wer weiß? Die Tabakpflanze wurde zuerst in den Gärten von Lissabon als Zier- und Heilpflanze angesetzt. Er, Nicot, pflanzte sie selbst in seinem Garten an und empfahl sie in Frankreich ausschließlich als Heilpflanze. Dass man sie auch rauchen oder schnupfen könne, wie das damals in Amerika üblich war, davon ließ er kein Wort verlauten. Der wissenschaftliche Name der Pflanze *Nicotiana tabacum* wurde nach ihm benannt. Im Jahr 1560 gelangte die Pflanze bereits in großem Maße in Holland zum Anbau, und *Nicotiana* trat seinen Siegeszug über Deutschland, die Schweiz (um 1670) und Italien an. Dort, in Mailand, war es Giorlamo Benzoni, der die Kunde von dem Kraut nach Italien brachte." - „Und die Engländer als alte Seefahrer, haben die dem Tabak entsagt?" - „Ganz und gar nicht. Bereits 1570 hat man das Kraut in englischen Gärten gezogen.
Erst als Sir Walter Raleigh[93] nach seiner Entdeckung von Virginia, seinen Vetter Sir Richard Greenville beauftragte, die neue Kolonie mit sei-

nen Mannen zu besetzen, erfuhr man Genaueres über das Rauchen. Unter den Mitgliedern der Expedition war auch der Freund Raleighs, der Mathematiker Thomas Hariot. Dieser berichtete ausführlich über den Vorgang und die Auswirkungen des Rauchens. Der Name Virginia stammt von Raleigh, und auch die älteste Zigarrensorte Österreichs trägt den gleichen Namen. Als die Kolonisten von Virginia 1586 wieder in ihre Heimat zurückkehrten und mit brennender Pfeife erschienen, den übel riechenden Dampf begierig einsaugten, waren alle verwundert. Hariot führte auch Raleigh in die Mysterien des Rauchens ein, und letztendlich wurde er selbst ein starker Raucher. Als sein Gärtner ihn einmal rauchend im Wohnzimmer sitzend antraf und sah, wie aus seinem Mund und seiner Nase Rauchwolken aufstiegen, lief er vor Schreck davon. Mit einem Kübel voll Wasser kehrte er wieder zurück und schüttete diesen auf seinen vermeintlich brennenden Herren, um ihn zu retten. Die Sitten der 'Wilden' wurden in London bald Mode. Neben Bier- und Weinhäusern gab es alsbald eigene 'Tabagien', dort wo eine Pfeife von Hand zu Hand umging."
Schweinchen saß da und staunte, es konnte das alles nicht so recht glauben, dass Menschen an so einem stinkenden Kraut Gefallen finden konnten, auch nicht, dass in Österreich derzeit jährlich 12.000 Menschen an den Spätfolgen des Rauchens sterben. Mittlerweile war der Mann auf der Bank auch schon verschwunden. Nur die Duftmarken, die er setzte, das heißt, der Geruch nach kaltem Rauch, blieb noch eine Weile hängen. „Einen merkwürdigen Geschmack haben die Menschen schon", sagte Schweinchen nach einer kurzen Pause. „Ja, ja, antwortete Habakuk, nickte mit dem Kopf mehrere Male, indem er hinzufügte: „Jedem eben das Seine."

SUUM CUIQUE![94]
Jedem (gefällt) das Seine!

Marihuana (= ‚Lady Mary Jane', ‚Gras' oder für eine bestimmte Marihuanasorte ‚Skunk' beziehungsweise für eine Marihuanazigarette: ‚Gates') ist ein Rauschgift, das aus einer speziellen Hanfart (Cannabis sativa) gewonnen wird. Der rauscherzeugende Wirkstoff ist das Cannabinol. Die Pflanze wird besonders in Mittelamerika und den südlichen Staaten der USA angepflanzt. Die getrockneten, harzhaltigen Hanfstiele werden zusammen mit Tabak zu Marihuanazigaretten verarbeitet. Die Wirkung entspricht der des Haschischs.

Haschisch (= ‚Hasch', ‚Gras', ‚Habble', ‚Kiff'): Ein Rauschgift, das aus dem Harz der indischen Hanfart (Cannabis indica) erzeugt wird. Es wird geraucht, getrunken und gegessen. Der Genuss bewirkt Verzückungszustände, Auflösung von Raum- und Zeitbegriff und nachfolgende Bewusstlosigkeit. Der Genuss ist ursprünglich im Orient weit verbreitet gewesen und hat sich auch in die westlichen Industrienationen ausgebreitet. Haschisch ist ein fragwürdiges Mittel zum Ausstieg aus der Leistungsgesellschaft geworden. Bei den Jugendlichen erzeugt der Konsum die Illusion der Gemeinschaft, was die verlorenen Familienbindungen ersetzen soll. Haschischkonsum führt in die psychische Abhängigkeit und hat zur Folge, dass der Jugendliche aus der Gesellschaft ausschert, „ausflippt". Außerdem erweist sich Haschisch oft als ‚Einstiegsdroge' für stärkere Rauschmittel wie Heroin (‚Zeug') und andere Opiate. Dies geschieht auch deshalb, weil die Haschischhändler, die Dealer, insgeheim dem Haschisch die stärkeren Rauschmittel beimengen. An die 20 % der Österreicher haben schon einmal Haschisch konsumiert (2005).

Morphium (= ‚M' oder ‚MO') 1804 von Sertürner aus Opium gewonnenes Alkaloid. Ein lähmendes Gift, das die Schmerzempfindung herabsetzt, die Atmung vertieft und ein Wohlgefühl der Euphorie verursacht. Bei höheren Gaben treten Kollaps, tiefer Schlaf, zentrale Atemlähmung und starke Blausucht des Gesichtes auf. Vor Eintreten der Bewusstlosigkeit erfolgt Erbrechen. Morphium bringt große Gefahren mit sich, da es Gewöhnung und Abhängigkeit (Sucht) hervorruft (Morphinismus). Benannt wurde das Rauschgift nach dem griechischen Gott des Traumes, Morpheus, Sohn der Hypnos und Bruder des Traumbilder schickenden Phantasus.

Rauch ist all irdisch Wesen,
Wie des Dampfes Säule weht,
Schwinden alle Erdengrößen,
Nur die Götter bleiben stet.
Schiller: Gedichte: Das Siegesfest

Es soll gar nicht schwer sein, das Rauchen aufzugeben.
Ich kenne einige, die haben das schon mehrfach gemacht.

Tag der Nichtraucher: 31. Mai

PFLANZENKOST

GETREIDE

UND UNS UNSER TÄGLICHES BROT GIB UNS HEUTE

„Was heißt das, Habakuk, ‚Der Mensch lebt nicht vom Brot allein[95].' - „Das soll bedeuten, dass der Mensch auch ein denkendes Wesen ist, also sich mit geistigen Dingen beschäftigen soll, wie Religion, Kunst, Wissenschaft." - „Ich habe mir gedacht, dass der Mensch auch andere Dinge essen muss, Früchte, Käse und so weiter, sich nicht einseitig ernähren soll." - „Das ist natürlich auch richtig, Schnüfferl, aber in diesem Zusammenhang sicherlich nicht so gemeint, da Brot, eines der ältesten Nahrungsmittel, auch für Ernährung, Lohn und Ertrag steht." - „Jetzt verstehe ich, warum man beim Beten sagt: ‚Und unser tägliches Brot gib uns heute', und auch weiter: ‚Ich muss mir meine Brötchen verdienen.' "- „Ganz richtig. Zur Beschäftigung sagt man auch „Broterwerb", und wenn man einem etwas neidig ist, spricht man von „Brotneid", und wenn man nur wenig bekommt von „Brosamen"[96], was so viel wie Brotkrumen bedeutet, oder auf Neudeutsch *pea nuts*."
Schnüfferl war nachdenklich geworden, dann sagte es: „Du hast gesagt, dass Brot zu den ältesten Lebensmitteln gehört, seit wann verwenden denn die Menschen Brot?" - „Seit der Mensch sesshaft wurde und Ackerbau betrieb, also vor rund 10.000 Jahren. Die Menschen nutzten das Getreide zur Ernährung, so wurde Brot Sinnbild des Lebensunteralts, ja für das Leben schlechthin. Schon viel früher, als die Menschen noch Jäger und Sammler waren, haben sie sich von den Samen der Gräser ernährt. Sie haben diese roh verspeist. Später rösteten sie die Körner am Feuer oder haben auch eine Suppe daraus gemacht." - „Eine Suppe?" - „Genau. Wenn man die Suppe stark eindickt, so entsteht ein Brei, der stark sättigend ist. Bis zum Zeitalter der Industrialisierung war Brei in Mitteleuropa noch die Hauptnahrung der armen Menschen. Du kennst doch die vielen Märchen vom Breitopf, vom Milchbrei und so weiter." - „Ja, ja, die kenne ich."
„Siehst du, und wenn man den dickflüssigen Brei auf einen erhitzten Stein gießt, verdunstet das darin enthaltene Wasser, und daraus entsteht dann ein Fladen. Dieses Fladenbrot ist auch längere Zeit haltbar." - „Und wann haben die Menschen ein Brot gegessen, ich meine ein solches, wie ich es gerne habe?" - „Du meinst das Sauerbrot?" - „Die Menschen haben bald entdeckt, dass ein roher Brotteig nach einiger Zeit zu gären beginnt." - „Zu gären, so wie Alkohol entsteht?" -

„Genau so. Die Gärung wird durch Milchsäurebakterien und Hefen ausgelöst. Bei der Milchsäuregärung entstehen Milch- und Essigsäure, die für den Geschmack verantwortlich sind. Die alkoholische Gärung durch die Hefen bewirkt dann die Lockerung des Teiges, da dabei Kohlendioxid entweicht und die Gasblasen den Teig auflockern."
„Da es eine ganze Reihe von Bakterienstämmen und Hefen gibt und nicht alle gleich gut zum Teigmachen geeignet sind, haben die Menschen bald herausgefunden, welche sich besonders gut zum Teigmachen eignen. Daher wurde jeweils ein Stück des Teigs zurückbehalten, somit war der Sauerteig erfunden. Für die lange Haltbarkeit des Brotes ist das Säureverhältnis Milchsäure zu Essigsäure ausschlaggebend. Im fertigen Sauerteig soll es etwa drei zu eins betragen." - „Wer war denn so schlau und hat den Sauerteig erfunden, weiß man das?" - „Das kann ich dir nicht sagen, aber wahrscheinlich waren es die alten Ägypter, welche zuerst Sauerteigbrote herstellten, die sie mit dem Wort *ta* bezeichneten. Als alle anderen Völker noch Brei und Fladenbrot aßen, hatte man im Land des Nils bereits Brot gebacken. Brot wurde zum Hauptnahrungsmittel." - „Und wann war das?" - Nach archäologischen Funden ist das schon an die sechstausend Jahre her. Die Ägypter, die Brotesser, wie man sie auch nannte, kultivierten bereits Hefe und verwendeten somit als erste Backhefe. Bereits zwischen 2860 und 1500 vor Christus waren vierzig verschiedene Brotsorten bekannt[97]. Zur Zeit Herodots bekamen die Soldaten das sogenannte ‚asiatische Brot' zu essen, das die Ägypter *keleschti nannten*."
„Donnerwetter, gleich vierzig verschiedene Brotsorten!" Das beeindruckte Schnüfferl sehr. „Und dann haben die Ägypter Brot exportiert, gelt ja?", meinte Schnüfferl, und Habakuk schmunzelte, als er sagte: „Nur die Art der Zubereitung, Schnüfferl! Die Griechen waren die ersten, welche die Brotherstellung von den Ägyptern lernten. Die Römer übernahmen dann die Technik von den Griechen und mit den Römern gelangte die Kunst der Brotherstellung in alle Provinzen, so auch nach Mitteleuropa. Eine römische Großbäckerei war schon vor zweitausend Jahren bereits in der Lage, 36.000 Kilogramm Brot pro Tag herzustellen!"

> Panem et circenses - Brot und (Zirkus)spiele
> *Decimus Junius Juvenalis (Juvenal) 58-140 v. Chr.*

„Wusch! Das ist ja eine riesige Menge." - „Gelt ja! Später, in den Klöstern des frühen Mittelalters, wurden seit dem 7. und 8. Jahrhundert auch bei uns Brot und Kuchen gebacken."
Und was braucht man alles, um Brot zu machen?" - „Da ist zuerst einmal ein Teig, den man meist aus gemahlenem Getreide, dem Mehl, herstellt, indem man dem Mehl Wasser und ein Treibmittel beimengt. Man

kann auch verschiedene andere Zutaten dazu geben, wie Salz, Gewürze, Früchte, Nüsse und so weiter." - „Wieso hast du ‚meist' gesagt, meist aus Getreide?" - „Na, weil man Brot auch aus Bohnemehl, Sojabohnenmehl, Buchweizen, das ist ein Knöterichgewächs oder auch aus Kartoffelmehl machen kann." - „Und was ist dann das Treibmittel" - „Ach so, ein Treibmittel wäre der Sauerteig, von dem ich dir schon erzählt habe oder auch Hefe. Damit bekommt das Brot, ich meine das Sauerbrot, seine lockere Beschaffenheit. Das ungesäuerte Fladenbrot wird ja bereits gebacken, bevor die Sauerteiggärung einsetzt." - „Und wie wird das Brot dann hart, durch die Gärung?" - „Ach, das Wichtigste habe ich ganz vergessen. Zuerst lässt man den hergestellten Teig „gehen", das heißt, man lässt ihn etwa eine Stunde stehen, dann wird das Brot in seine Form gebracht und bei annähernd zweihundert Grad gebacken." - „Was passiert denn beim Backen?" - „Beim Backen gerinnen die Eiweißstoffe, und die Stärke verkleistert. Durch die Blasen wird der Teig gleichzeitig gelockert und Poren entstehen. Außen herum formt sich eine Kruste." - „Au, ja, die mag ich ja am allerliebsten." - „Ich auch, Schnüfferl! Eine ausgeprägte Brotkruste sorgt nicht nur für einen guten Geschmack, sondern hält das Brot längere Zeit frisch und saftig."

„Da habe ich noch eine Frage, gibt es denn nicht mehr Getreidearten, die man zum Brotbacken verwendet?" - „Doch, doch. Das ganze Mittelalter hindurch aber blieb der Roggen die Basis der Brotherstellung. Weizen hatte sich nur zögernd durchgesetzt. Erst um die Wende zum 20. Jahrhundert lagen Weizen und Roggen an gleicher Stelle, von da an begann der Weizen den Roggen auf den zweiten Platz zu verdrängen. Gleichzeitig nahm der Brotverzehr mit steigendem Wohlstand ab. Mitte der 70er Jahre des zwanzigsten Jahrhunderts war der Tiefstand, was den Brotverzehr anlangt, erreicht. Aber seit 1975 ist eine Umkehr, zumindest in Mitteleuropa, zu verzeichnen. In Deutschland werden derzeit etwa 80 kg Brot pro Kopf und Jahr verzehrt. Das entspricht etwa vier Scheiben Brot, also 220 g pro Tag. Etwa 96 % aller Deutschen essen täglich Brot.

Das Brot versorgt die Menschen mit einem erheblichen Anteil an lebenswichtigen Stoffen, wie Eiweiß und B-Vitaminen. Der Mehlkörper enthält überwiegend Stärke, aber auch 20 bis 25% des gesamten Eiweißes des Korns. Der Keimling beinhaltet neben den B-Vitaminen, dem B1, oder dem Thiamin und B2, dem Riboflavin, auch die Vitamine A und E. Das Vitamin E ist in größeren Mengen nur im Weizenkeim vorhanden. Die Aleuronschicht ist ebenfalls reich an Fetten und Mineralstoffen sowie Vitaminen der B-Gruppe. Die Spurenelemente, wie Magnesium, Kalzium, Phosphor, Kupfer, Mangan, Eisen und Zink, neben einem hohen Fettgehalt, machen das Brot zu einem gesunden Lebensmittel. Und schließlich liefert die Frucht- und Samenschale

Ballaststoffe, die für eine geregelte Verdauung notwendig sind. Der Anteil der Ballaststoffe beträgt im Durchschnitt 6 %, und beim Weißbrot, das heißt, bei den Semmerln zum Beispiel, sind es nur mehr an die 3,5 %." - „Das ist aber schon wenig, nicht?" - „Wenig, das stimmt. Aber gegenüber Obst und Gemüse, die im Schnitt nur an die 2 % aufweisen, immer noch viel." Der Mensch soll pro Tag dreißig Gramm an Ballaststoffen aufnehmen, derzeit sind es in Europa nur an die zwanzig Gramm."

> Knödel sind eine Entartung der Mehlspeise zum Briefbeschwerer.
> *Friedrich Nietzsche (1844-1900)*

„Brot hat aber auch eine große symbolisch-spirituelle Bedeutung", sagte Habakuk und ohne auf eine Frage von Schnüfferl zu warten, sprudelte er gleich weiter: „Beim jüdischen Pessach-Fest dürfen die Juden nur ungesäuertes Brot, das ohne Hefe und ohne Sauerteig hergestellt wurde, essen. Das sogenannte *Mazzot* soll an den Auszug aus Ägypten und an die Volkswerdung Israels erinnern[98]. Brot wurde auch am Altar des Herrn als Opfer, wie schon im alten Ägypten, dargebracht, als Ausdruck des Dankes für die von Gott geschenkte Ernte." - „Machen das denn die Christen nicht ähnlich?" - „So ist es. Im Abendmahl der christlichen Liturgie gedenkt man damit der Kreuzigung Christi. Zu Ostern werden bei den Christen Brote geweiht. Osterfladen sind schon seit sechshundert Jahren als Brauch nachgewiesen. Dieses Osterbrot soll besondere Kräfte besitzen, es vertreibt die bösen Mächte und wirkt gegen Hexen und bösen Zauber."
Es mag ja ganz interessant sein, was Habakuk da alles über das Brot erzählt hat, aber was ist all die Theorie gegenüber der Praxis. So schnitt sich Schnüfferl vom Brotlaib ein Scherzerl[99] ab, bestrich es mit Butter, streute fein geschnittenen Schnittlauch darüber, salzte alles ein wenig, und schon begann es mit Genuss zu mampfen. Denn die Genussfähigkeit ist eine der wesentlichen Voraussetzungen für ein erfülltes Leben.

> Im Schweiße deines Angesichtes sollst du dein Brot essen,
> bis dass du wieder zur Erde kehrest, von der du genommen bist, denn du bist Staub und kehrst wieder zum Staub zurück.
> *1 Mose 3,19*

Anmerkung: Museum für Brotkultur in Ulm (seit 1955) D-89073 Ulm, Salzstadelstraße 10 (Tel.: +49-731-69955; E-Mail: info@museum-brotkultur.de

DIE RACHE DES MAIS

Es war wieder die Zeit, in der es Maiskolben gab, in Salzwasser gekochte Maiskolben. Das war natürlich etwas für Schnüfferl. Allein das Wort ‚Maiskolben' brachte es so richtig ins Schwärmen, während Habakuk es eher gelassen sah. Auch Poppkorn, den zerplatzten Maiskörndln, konnte er wenig abgewinnen. Während Schnüfferl mit Appetit und Begeisterung an seinem Maiskolben knabberte, sagte Habakuk:
„Weißt du, dass der Mais[100] neben Weizen und Reis heute weltweit zum drittwichtigsten Getreide gehört?" Schnüfferl reagierte nicht, das heißt, es knabberte unbeirrt an seinem Kolben, während Habakuk weiter redete: „Der Mais stammt aus Mexiko und Zentralamerika, wo er schon seit dem 6. Jahrtausend vor Christus in Kultur ist." Schnüfferl knabberte ungeniert weiter, sollte es denn wichtig sein zu wissen, woher etwas kommt, wenn es einem so gut schmeckt, wie es Schnüfferl schmeckte? Doch Habakuk dozierte weiter: „Die Wildform dürfte ausgestorben sein. Durch Hybridisierung mit Wildgräsern der Gattung *Tripsacum* hat sich der Mais in seiner heutigen Form entwickelt. Gegenüber der Wildform unterscheiden sich die Kulturgetreidearten durch die Vermehrung und Vergrößerung der *Karyopsen*."
Jetzt erst schreckte Schnüfferl auf und fragte: „Der was?" - „Der Karyopsen, das ist, wenn die Samenschale mit der Fruchtwand verwächst und eine Schließfrucht bildet." - „Aha!", sagte Schnüfferl und Habakuk redete und redete: „Das gilt auch für die Getreidearten der Alten Welt. Für den Menschen hat erst der Getreideanbau und damit die Produktion haltbarer Nahrungsmittel seit etwa 9000 bis 7000 Jahren die Entstehung städtischer Hochkulturen ermöglicht." Jetzt hörte Schnüfferl auf am Kolben zu knabbern, sah Habakuk an, und fragte: „Und seit wann gibt es bei uns den Mais?" Jetzt war der alte Rabe wieder gefordert: „Kolumbus lernte die Pflanze anlässlich seiner ersten Reise auf der karibischen Insel Hispaniola kennen und registrierte sie auch in seinen Aufzeichnungen am 16. Dezember 1492. Im Jahr 1493 wurde sie aus Mittelamerika nach Europa eingeführt, von wo sie sich deren Anbau über die ganze Erde verbreitet hat. Schon 1533 statteten die Portugiesen das Schiff „Santa Maria da Luz" mit 22 Säcken ‚Milho das antillas', aus, das heißt mit Mais, der zur Verpflegung der 240 Sklaven diente, die nach Amerika verschifft wurden.

Schnüfferl schwieg. Der Sklavenhandel war doch eines der dunklen Kapitel in der Entwicklung des Menschen. Keinem Schweinchen würde so etwas einfallen. Nach einer Pause aber fragte es: „Wenn der Mais schon aus Amerika kommt, warum sagt man dann *Türken*?" - „Weil der Mais damals von den Maisplantagen aus Kleinasien kam, von wo er sich schließlich im 17. Jahrhundert auch nach Zentraleuropa verlagerte. In Österreich sagt man zum Mais auch *Kukuruz*, ein Begriff der aus dem Serbischen entlehnt wurde, was schon darauf hinweist, dass der Mais aus dem Südosten zu uns kam. Serbien war damals Teil des Osmanischen Reiches, also unter türkischer Herrschaft, daher auch das Wort ,*Türkisch Korn*' für Mais. Auch das italienische Wort für Mais, *grano turco*, bedeutet dasselbe." - „Wieso hat man denn überhaupt Mais angebaut, hatte man denn nicht genug andere Getreidearten in Europa?"
„Das ist eine gute Frage. Im Vergleich mit europäischen Getreidearten ist der Mais außerordentlich ertragreich, er ist leicht zu lagern, kann gut transportiert werden, und was wichtig ist, bei ihm gibt es viel weniger Ernteverluste als bei anderen Getreidearten." - „Weniger Ernteverluste? Wieso denn das?" - „Der Mais nimmt gegenüber allen anderen Kulturpflanzen eine Sonderstellung ein, weil die Körner fest von Lieschblättern umhüllt bleiben. Die Körner fallen also nicht aus, und auch wir Vögel können nicht so leicht zu den schmackhaften Körnern gelangen." - „Das ist aber gemein!" - „Finde ich auch." - „Wie aber kann sich die Art vermehren, wenn die Samen nicht zu Boden fallen können?" - „In freier Natur könnte sich der Mais auch nicht vermehren, wenn da nicht der Mensch wäre. Der Mensch sorgt für die Aussaat." - „Und die armen Vogerl kommen zu kurz", sagte Schnüfferl ein wenig mitleidig. Es wollte Habakuk schon den Maiskolben hinreichen, da stellte es im letzten Augenblick noch fest, dass es den Kolben schon ganz abgefieselt[101] hatte.
Also kaufte der Rabe noch einen für Schnüfferl. Wie gesagt, er machte sich weniger daraus. Und somit kam es zu dem typischen ,*Biathlon*': Schnüfferl aß und Habakuk sprach: „Das ,*amerikanische Korn*' fand im 16. Jahrhundert vorerst nur in den Hausgärten im Süden Spaniens und im nördlichen Italien seine Verbreitung. Dieser `grano turco', also Türkisches Korn[102], wie ihn die Italiener nennen, verdrängte bald die lokalen Getreidesorten. Statt des knappen Weizens aß die ärmere Bevölkerung Mais. Mais wurde zum ,Brot der Armen', besonders in den dicht besiedelten Gebieten Zentral- und Norditaliens.[103] Die *Polenta*[104], die bei uns auch Türkensterz heißt, entwickelte sich zur fast ausschließlichen Speise der verarmten Bauern, was aber nicht ohne Folgen blieb." Schnüfferl schreckte auf: Was sollte nicht ohne Folgen bleiben? So stellte es rasch eine Frage: „Gab es denn Aufstände, um besseres Essen zu bekommen?" - „Nein, etwas ganz anderes suchte die

armen, landwirtschaftlichen Gebiete heim." - „Etwas anders, ja was denn?" fragte Schnüfferl ebenso ängstlich wie neugierig. „Während die Hochkulturen in Mittelamerika dem Grundnahrungsmittel Mais verdanken, dass..." - „Dem Mais?" Schnüfferl kam aus dem Staunen nicht heraus und vergaß ganz, wieder herzhaft in den Maiskolben zu beißen. „Ja, dem Mais, weil seine Kultivierung nur fünfzig Arbeitstage pro Jahr benötigt, war genügend Zeit übrig, die Bauern in Monsterprojekte zu zwingen um die riesigen Pyramiden zu bauen. So rächten sich die Maiskulturen in Europa."
Mehr brauchte der alte Rabe nicht zu sagen, Schnüfferl war ganz Ohr: „Der Mais hat sich gerächt?", sagte es, genau so ungläubig wie aufgeregt. „So ist es. Mit dem 17. Jahrhundert traten bei der armen Bevölkerung Europas, die sich überwiegend vom Mais ernährte, Hautausschläge auf und, was noch schlimmer ist, Debilität, also Verblödung und schließlich der Tod." - „Ja wieso denn das?" rief Schnüfferl entsetzt aus. „Das ist eine ganz delikate Geschichte. Man nannte diese Krankheit *Pellagra*[105]. Es ist eine Mangelerkrankung." - „Das verstehe ich nicht, haben denn die Indianer durch den Mais nicht auch Pellagra bekommen?" - „Die Indianer nicht!" - „Ja wieso denn nicht?" - „Obwohl auch heute noch bis zu 70 bis 75 Prozent des gesamten Kalorienbedarfs der mexikanischen Bevölkerung durch Tortillas aus Mais gedeckt wird, bekommen sie keine Pellagra." - „Dann sind sie immun dagegen?" - „Man kann gegen eine Mangelerkrankung nicht immun sein, Schnüfferl. Das Geheimnis liegt ganz woanders, nämlich in der Zubereitung des Mais." - „Haben denn die Indianer nicht auch so zu Mehl gemahlen wie die Europäer?" - „Eben nicht. Die Indianer haben das Maiskorn nicht trocken zu Mehl verrieben, sondern die Körner zuerst in einer Kalklösung eingeweicht, auf etwa 80 Grad erhitzt und zwischen 20 und 45 Minuten köcheln lassen. Danach ließen sie den gekochten Mais ungefähr zwölf Stunden lang rasten. Anschließend wurden die Maiskörner mehrmals mit frischem Wasser gewaschen und auf Mahlsteinen zu metate zerrieben. Dabei lösten sich die harten Schalen von den Maiskörnern, die schließlich entfernt wurden." - „Das war alles?" - „Ja, das Wesentliche dabei war die Kalkbeigabe, denn bei der so genannten nixtamalización, dem Alkanisationsprozess, wurde die darin enthaltene Nikotinsäure[106] aufgeschlossen. Die Nikotinsäure gehört zur Vitamin B-Gruppe, das beim Mahlen des Maiskorns in trockenem Zustand nicht aktiv werden kann."
Oh je, und das sagte Habakuk erst jetzt. Ob es nicht schon zu spät ist? Schließlich hatte Schnüfferl schon fast zwei Maiskolben abgeknabbert: „Wird sich der Mais bei mir nun auch rächen?" Da Schnüfferl so verdutzt dasaß, musste Habakuk unwillkürlich lachen: „Aber nein, Schnüfferl. Davon droht dir keine Gefahr. Wir essen ja genug andere

Nahrungsmittel, wo die Vitamine, die im falsch behandelten Mais zwar vorhanden aber nicht wirksam werden, sehr wohl wirken. Aber es kann auch von einer anderen Stelle im Mais Gefahr drohen, eine sehr große sogar, die gerne übersehen wird."
Schnüfferl ließ beinahe den Maiskolben fallen und Habakuk dozierte gleich weiter: „Das ist der gentechnisch veränderte Mais. Stell dir vor, in der EU sind die Sorten T-25, MON-810 und BT-176 zugelassen und das, obwohl die Folgen für die Umwelt und die Gesundheit der Menschen und Tiere bis heute nicht geklärt sind." - „Nicht geklärt? Ja, wie ist denn das möglich?" - „Ganz einfach, die europäische Behörde für Lebensmittelsicherheit (EBLS) hat zum Beispiel MON-810 für unbedenklich erklärt, er soll so wie herkömmlicher, ungeänderter Mais sein." - „Aber dann ist doch die EU nichts als ein Handlanger der Genkonzerne." - „Da hast du völlig Recht. Stell dir vor, ein Bauer in Hessen[107] hatte 1997 mit dem Anbau von Genmais begonnen und ab 2000 seine Kühe ausschließlich mit Mais BT-176 gefüttert, dann musste er bald Soja beimengen, weil seine Kühe erkrankten und fünf davon schließlich starben. Die Weiden sind jetzt noch so stark verseucht, sodass eine Kuh, die dort grast, einen schwarzen klebrigen Auswurf bekommt und danach ebenfalls verendet!" Schnüfferl schluckte einige Male und würgte dann doch noch einen Satz heraus: „Das gehört aber verboten." - „Gelt ja, da stimme ich dir völlig zu, denn das hat mit der Freiheit des Marktes nichts mehr zu tun. In den Vereinigten Staaten kommt Gentechnahrung seit 1995 ungekennzeichnet auf den Markt. Ob der Krebsanstieg um 47 Prozent davon abhängt, ist nicht nachgewiesen, aber sehr wahrscheinlich."

Da Schnüfferl offensichtlich der Appetit auf den Maiskolben vergangen war, sagte der alte Rabe: „Du kannst den Maiskolben ruhig essen, bei uns besteht keine Gefahr, denn in Österreich und auch in andern EU-Ländern bestehen Importverbote für gentechnisch veränderten Mais." Und um Schnüfferl die Angst zu nehmen, hatte auch Habakuk einige der gelben Körnderln herausgepickt. „Was glaubst du, was es heute Abend zur Nachspeise gibt?", fragte Habakuk triumphierend und Schnüfferl antwortete zögerlich und leise: „Mais?" und sah Habakuk dabei fragend an. „Wenn du die veredelte Form meinst, ja, es gibt…", und dann sagte er laut und triumphierend: „Pudding! Denn auch im Pudding ist Mais als Lebensmittel-Zusatz enthalten." - „Pudding? Au, fein!", wiederholte

Gentechnologie

das kleine Schweinchen die Worte des Raben und leckte sich dabei sein Schnäuzchen. Vorfreuden sind bekanntlich ja die schönsten Freuden.

FRÜCHTE, OBST UND GEMÜSE

BEERENHUNGER
Für Angelika und Alexander zur Erinnerung
an den 15. Juli 2006

Schweinchen war mit dem Raben im Wald. Ui, wie fein alles duftete. Der Boden dampfte noch nach dem kurzen Regenguss, und die Blätter der Baumkronen ließen die Strahlen der Sonne nur bündelförmig durchdringen. Wie angenehm es war, über die samtenen Moospolster zu schreiten! Schweinchen genoss es solange, bis es hungrig wurde: „Ich bin hungrig, Habakuk." - „Was soll ich tun? Ich habe nichts bei mir und auch ich habe einen Bärenhunger", krächzte der Rabe. „Das sagt man nicht, sonst kommt er." erwiderte das Schweinchen kleinlaut. „Was darf man nicht sagen, dass ich Hunger habe?" - „Nein, das Wort, du weißt schon, darf man nicht aussprechen, sonst kommt er." Habakuk stellte sich dumm, drehte seinen Kopf ein wenig und fragte: „Welches Wort denn? Wenn du den Hunger meinst, der braucht nicht erst zu kommen, der ist schon da, zumindest bei mir." - „Na ja, der da, der besonders gerne Schweinchen frisst, solche wie ich eines bin. Vielleicht hat er auch Hunger?" - „Mahlzeit!", sagte der Rabe. Ganz erschrocken quiekte Schnüfferl: „Was soll das, du bist mir ein schöner Freund, du kannst ja wegfliegen, wenn der, ja wenn der Honigfresser kommt." - „Welcher Honigfresser?", sagte Habakuk erstaunt und stellte sich unwissend. „Na ja, du weißt schon, der *medwjed*[108], wie die Russen sagen, der *Bär*."

Aber, Tschapperl!
Ich bis doch, der Bruno.

Jetzt war das Wort draußen, das Tabuwort, auch wenn das Schweinchen es nur ganz, ganz leise ausgesprochen hatte, war es voller Angst, er könnte es gehört haben. Vor dem Bären scheinen ja selbst Menschen großen Respekt zu haben.

Dann stellte Schnüfferl ängstlich ein Frage: „Gibt es hier Bären?" Das letzte Wort war nun noch leiser und kaum mehr zu hören, gerade, dass der alte Rabe es noch vernehmen konnte. „Beeren?", sagte er laut, dass es nur so durch den Wald schallte. „Beeren gibt es hier mehr als genug." - „Ui!", sagte Schnüfferl kleinlaut und duckte sich ganz auf den Boden. „Es ist gut, dass du mich darauf aufmerksam gemacht hast, ich liebe Beeren, ich habe sie zum Fressen gerne." Schnüfferl, das Schweinchen, saß immer noch geduckt und regungslos in seinem Moospolster. Es wusste ja, dass sein Freund ein Nachkomme der mächtigen Dinosaurier ist, aber ob dies auch die Bären wussten? Da zeigte Habakuk unvermittelt mit seinem rechten Flügel auf eine Lichtung und rief aus: „Schau, dort drüben gibt es einige." Schnüfferl schloss die Augen und duckte sich noch tiefer in das Moospolster, aus dem seine immer heller werdende Haut hervorlugte. Vielleicht konnte es der Bär nicht sehen, wenn es die Augen geschlossen hielt. Selbst das Blut hatte sich vor Angst aus der Haut zurückgezogen. Habakuk aber hüpfte voll Freude von einem Bein auf das andere. In wenigen Sprüngen erreichte er den Platz, wo herrlich blaue, kleine Kugeln unter den winzigen, runden Blättern hervor leuchteten. Und schon begann er eine nach der anderen mit seinem Schnabel vorsichtig abzupicken. Dann hielt er inne.
Schweinchen lag noch regungslos im Moospolster, ja fast völlig hineingekrochen, mit herabhängenden Ohren und geschlossenen Augen. „Komm, Schnüfferl, komm, Beeren essen." Zum Glück hatte Schnüfferl das Wort Beeren nicht gehört, nur das magische Wort ‚E S S E N' blieb in seinem Kopf hängen. So wagte es zuerst ein Auge, dann das zweite, ganz vorsichtig zu öffnen. Schnüfferl sah nichts Beunruhigendes. Habakuk war wenige Meter von ihm entfernt und pickte an den niedrigen Sträuchern. „Oh, köstlich, einfach köstlich!", sagte Habakuk schmatzend und pickte weiter und, ohne sich umzudrehen, wanderte eine Köstlichkeit nach der anderen durch seine Kehle. Schnüfferl hob den Kopf, um genauer zu sehen, was da vor sich ging, schließlich stand

es auf und trabte eilends zu seinem Freund, der von den saftigen Beeren gar nicht genug bekam. Jetzt erst begriff Schnüfferl, was Habakuk meinte, oder meinte er vielleicht doch etwas anders? Sei's drum, Hunger ist Hunger, und so machte sich das kleine Ferkerl dran, ebenfalls die saftigen Beeren zu verspeisen.

„Eigentlich schmeckt das Zeugs gar nicht so schlecht", dachte sich das Schweinchen und stopfte in sein Schnäuzchen hinein, was nur ging. Es achtete auf nichts mehr, nicht einmal die Vögel nahm es wahr, die lieblich zwitscherten und mit ihrer Tafelmusik dem Picknick die richtige musikalische Note verliehen. Es merkte vorerst auch gar nicht, dass sich Habakuk schon eine geraume Strecke von ihm entfernt hatte. „Da sind viele Beeren", schallte es plötzlich durch den Wald. Abermals erstarrte Schnüfferl, als es vermeinte, das Wort Bären zu hören. Vielleicht wollte er ihm nur „einen Bären aufbinden", wie man so sagt, denn als es seinen Freund vergnügt auf der Waldlichtung sah, war es wieder beruhigt und trabte eilends zu ihm hin. Tatsächlich, dort war alles üppig voll von Beeren, dieses Mal aber waren es die so fein säuerlich schmeckenden, feuerroten Preiselbeeren und auch die etwas alten, holzig schmeckenden, schwarzen Beeren." - „Schmecken dir die schwarzen Beeren, Habakuk?", wollte das Schweinchen wissen. „Nicht besonders, sie sind so hart und schwer verdaulich, diese Krähenbeeren." - „Krähenbeeren?" - „Ja, so nennen es die Menschen, wahrscheinlich, weil sie so schön schwarz sind wie wir, aber damit hat es sich auch, mir schmecken die saftigeren Beeren besser." - „Mir aber auch", erwiderte Schnüfferl.

„Habakuk hüpfte in kurzen Schritten beidbeinig zu Schnüfferl, blieb immer wieder stehen, senkte dabei ein wenig den Kopf und wandte die Augen nach oben, um Schweinchen genau ins Visier zu nehmen. Als er knapp vor dem Schweinchen stand, lachte er lauthals. „Was ist los?", fragte Schnüfferl verunsichert. „Nein, wie du aussiehst!" - „Wie soll ich denn aussehen?", quiekte das Schweinchen verwirrt. „Dein Rüssel ist ganz blau." - „Mein Rüüüsssel?" Dabei drehte sich das Schweinchen einige Male um die eigene Achse, um seinen Rüssel zu sehen, aber es gelang ihm nicht. „Mein Rüssel ist blau, oh je, warum ist mein Rüssel blau, bin ich jetzt krank?" Der alte Rabe lachte: „Das ist doch ganz natürlich, wenn man so viele Heidelbeeren isst, nicht umsonst heißen die Heidelbeeren auch Blaubeeren. Na, und die darin enthaltenen *Athocyane*, die blauen Farbstoffe wollte ich sagen, färben eben ein wenig ab." - „Und nun muss ich mein ganzes Leben mit einem blauen Rüssel als Blaurüsselschweinchen herumlaufen?" - „Nein, nein, solange dauert das nicht, das ist ja keine Tätowierung, das geht bald wieder herunter, denn wenn...", plötzlich hielt der alte Rabe inne, hob den Kopf, indem er seinen Hals lang noch oben streckte, um besser hören zu können. Auch Schweinchen war nun ganz still. Da, nun hörten es beide ganz deutlich, ein Knistern und Krachen im Unterholz des Waldes.

„Ein Bär?", flüsterte Schnüfferl. Habakuk war still und lauschte noch. Dann war es für beide gewiss, ganz klar und deutlich konnten sie es sehen, es bestand nicht der geringste Zweifel, es war etwas Großes, sehr Großes sogar, und braun war es auch. Etwas Braunes, das sich auf vier Beinen bewegte und durch das Laub schimmerte. „Jetzt ist er da, der Bär, mit seinem Bärenhunger", dachte sich das kleine Schweinchen und zitterte vor Angst. Den Kopf ganz ins Moospolster geduckt, die Ohren heruntergeklappt, in der Hoffnung, dass es nicht gesehen wird. Plötzlich trat dieses Riesen-Wesen auf die Lichtung - es war ein prachtvoller Rehbock. Auch ihm schmeckten die Beeren, nur er aß sie gleich samt den Blättern, wer wird denn auch den guten Natursalat stehen lassen? Als der Rehbock die beiden auf der Waldschneise erblickte, äugte er sie zuerst erstaunt an, dann schien es so, als ob er ihnen für einen Augenblick zublinzelte. Dann war sein Interesse an den beiden vorüber und er stillte seinen Beerenhunger.

„Schau, Schnüfferl, schnell komm!" Schnüfferl war auch schon bei Habakuk, als dieser auf eine braune Kappe eines Pilzes peckte. „Schau, da gibt es viele Pilze, die magst du doch, nicht wahr?" Antwortete Schnüfferl etwas, oder sagte es nichts darauf? Das war nun schwer zu sagen, es grunzte vor Vergnügen, denn Pilze gehören zu den Lieblingsgerichten eines jeden Schweinderls. Schnüfferl war glücklich, endlich etwas Delikates zum Essen gefunden zu haben, es hatte darob alle möglichen Gefahren vergessen, die im Walde lauern könnten. Vielleicht sagt man auch deshalb: „Ich könnte sterben für diese Speise", wenn einem etwas besonders gut schmeckt. Aber zum Glück gibt es in unseren Wäldern nur wenige Gefahren, das heißt aber nicht, dass man nicht doch aufpassen muss und schon gar nicht, dass es nicht auch giftige Pilze, sehr giftige sogar, gibt. So wurde für die beiden ihr Abenteuer ‚Waldausflug' doch noch ein außergewöhnliches Erlebnis.

DRACHENBLUT
Ein ‚beeriges' Getränk: 1 l Blutorangensaft, 1/2 l Frucht-Eistee (Kiwi-Erdbeere), 1/2 l schwarzer Johannisbeersaft und 1/4 l Mineral- oder Sodawasser. Alles zusammenmixen und gut gekühlt servieren.

DER SÜSSE CAROTINSPENDER
Die Marille

Habakuk saß vor einem großen Glas und schien den Inhalt auszuschnabeln. Dabei leckte er sich des öfteren über seinen Schnabel. „Was isst du denn da, Habakuk?", fragte das kleine Schweinchen, das bereits sabberte. Aber Habakuk aß unbeirrt weiter, ohne zu antworten. Immer wieder tauchte sein großer Schnabel in das Glas mit dem köstlichen Inhalt. Ja, köstlich musste es gewiss schmecken, sonst hätte sich der alte Rabe nicht so sehr angestrengt, auch noch die letzten mickrigen Reste herauszubekommen. „Und was isst du da?", fragte Schnüfferl schon ein wenig ungeduldig. Jetzt erst horchte Habakuk auf und antwortete kurz und bündig: „Marillenmarmelade!"
Was konnte das nur sein? Auf alle Fälle etwas Köstliches, etwas Schnabelhaftes, nein Fabelhaftes, weil es Habakuk so schnabelte. Und so fragte Schnüfferl gleich nach: „Marillenwaas?" - „Marmelaaade!", und schon war Habakuks Schnabel wieder im Glas verschwunden. Schweinchen schien angestrengt nachzudenken, dann sagte es: „Heißt das jetzt nicht Aprikosenkonfitüre?" Nun fuhr der alte Rabe hoch, als ob er eine Katze erblickt hätte. Er schaute mit seinen großen, schwarz glänzenden Augen, die bedeutend größer wirkten als sonst, Schnüfferl an und erwiderte: „Papperlapapp! Es ist mir egal, wie manche diese Köstlichkeit bezeichnen, sie schmeckt jedenfalls schnabelhaft. Jedenfalls ist das eine typische österreichische Spezialität und eines ist dabei gewiss, der Name Aprikose ist hier nicht zutreffend." - „Nicht zutreffend? Also ist es doch keine Aprikosenkonfitüre? Sind denn Marillen typisch für Österreich?" - „Nur der Name, Schnüfferl, die Frucht selbst stammt wahrscheinlich aus Nord-China, wo sie schon seit viertausend Jahren den Menschen mundet. Der römische Feldherr Lucullus, ein berühmter und begnadeter Feinschmecker, hat diese bei einem seiner Feldzüge im Jahre 70 vor Christus in Syrien kennengelernt. Er nahm den ‚*Malus armeniacus*', den armenischen Apfel, wie er heute noch wissenschaftlich heißt, nach Rom mit, von wo sich die Marille weiter in Europa ausbreitete. Andere behaupten sogar, dass der Marillenbaum schon zur Zeit Alexander des Großen aus Asien nach Europa gebracht worden sei, also bereits dreihundert Jahre vor Christus, egal, Hauptsache bei uns gedeiht die Marille." - „Und wie kam die Marille nach Österreich?" - „Zuerst gelangte sie im 18. Jahrhundert nach Frankreich, es dauerte allerdings noch einige Zeit, bis dieses Sonnenkind nicht nur als Zierde, sondern sich auch als wohlschmeckende Frucht behaupten konnte." - „Und jetzt ist die Marille auch in Österreich heimisch, gelt ja?" Habakuk schmatze nochmals so richtig, dann sagte er mit völlig angeschmiertem Schnabel: „Richtig, aber ihren Siegeszug hatte sie erst nach dem Niedergang des

Weinbaus, wegen des Befalls durch die Reblaus in der Wachau gefeiert. Das war jetzt etwas Überraschendes für Schnüfferl, eine Reblaus soll Schuld gewesen sein, ausgerechnet eine Reblaus, dass die Marille nach Österreich kam? Da gab Habakuk gleich weitere Informationen. „Als Ersatz für die Ausfälle wurde etwa um 1920 der Marillenanbau eingeführt - und zwar die ‚Klosterneuburger Marille'. Die Wachau ist seither auch für ihre Marillen und Marillenprodukte bekannt." Und nach einer kurzen Pause sagte der Rabe leise: „Dann gibt es noch den berüüühmten Marillenschnaps." Schnüfferl ging erst gar nicht auf den Zusatz ein und fragte gleich: „Dann kommt die Bezeichnung *Marille* gar nicht aus dem Lateinischen?" - „Doch, doch! Das lateinische Wort *amarus* heißt soviel wie herb. Vielleicht bezieht sich das auch auf den Kern, der ja wirklich bitter schmeckt." - „Und das Wort *Aprikose*, kommt das auch aus dem Lateinischen?" - „Eben nicht, das Wort ist arabischen Ursprungs, nur bedeutet *al-barquq*[109] die Zwetschke, oder Pflaume, wenn du willst. Daraus hat sich über das Niederländische *abrikoos*, das französische Wort *abricot* gebildet. Im Spanischen heißt es *albaricoque* und im Italienischen *albicocca*."

Schweinchen brachte momentan keinen Ton hervor, denn es schien angestrengt nachzudenken. Habakuk sprudelte mit einem Wortschwall einen Zungenbrecher heraus: „Zwischen zwei Zwetschgenbäumen sitzen zwei zwitschernde Schwalben. Zwischen zwei Zwetschgenbäumen sitzen zwei zwitschernde…" Schnüfferl schluckte inzwischen einige Male, dann unterbrach es den Raben: „Dann ist Aprikose eine falsche Bezeichnung?" - „Sage ich doch, sie ist irreführend. Im Arabischen heißt die Aprikose nämlich *mischmisch* und ganz ähnlich im Hebräischen *mischmesch*.[110] Aber mir ist es egal, ob ich ein Mischmasch von Mischmesch, ein Gemisch von Mischmisch oder sonst etwas esse, Hauptsache es schmeckt und ist gesund." Dabei leckte er sich seinen Schnabel und Schnüfferl warf begehrliche Blicke auf das fast leere Glas. Ob es nicht auch etwas von dem orangefarbenen Stoff bekommen könnte? Und als ob Habakuk Gedanken lesen konnte, sagte er, indem er seinen Kopf hoch hob: „Willst du auch etwas von dieser Köstlichkeit, Schnüfferl? Wir haben noch ein ganzes Glas voll davon." - „Au ja, au ja!", quiekte Schnüfferl und schon war der Rabe unterwegs, um ein neues Glas mit „Aprikosenmarillenmarmeladenkonfitüre" oder so ähnlich, herbeizuschaffen.

Schließlich ist die Marille ein süßer Carotinspender, ihr Carotingehalt ist höher als bei den meisten anderen Früchten. Und ihr wisst ja, dass Carotine vor allem das Sehvermögen fördern und nebenbei haben sie auch noch eine Schutzfunktion für die Haut. Das darin enthaltene Eisen wiederum ist für die Blutbildung wichtig, und die Kieselsäure brauchen wir für die Klauen und Federn und die Menschen für ihre

Nägel und Haare. Da saßen sie nun beide und leckten an dem köstlichen…na ihr wisst schon was, denn nur selten schmeckt etwas auch sooo gut, wenn es gesund ist. Und etwas gemeinsam zu essen, schmeckt bekanntlich doppelt so gut.

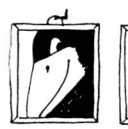

EINE ERFRISCHENDE FRUCHT MIT GROSSER SYMBOLKRAFT
Der Granatapfel

Habakuk nestelte in seiner Tasche herum und Schnüfferl machte einen langen Hals, und ich glaube, auch sein Schnauzerl wurde um einiges länger. „Kann es sein, dass du ein bisschen neugierig bist?", fragte es Habakuk. Schnüfferl zog seinen Kopf wieder ein klein wenig ein, da es sich ertappt fühlte und stammelte: „Ich doch nicht!" Habakuk sah Schnüfferl über die Schulter scheel an, dann sprach er ernst: „Ich habe nämlich einige Granatäpfel in der Tasche.
„Granatäpfel?", quiekte Schnüfferl ängstlich und machte vorsorglich gleich einen Schritt zurück. Habakuk nahm zwei aus der Tasche und jonglierte sie in der Luft herum. „Ist denn das nicht gefährlich?" - „Gefährlich? Wieso denn das?" - „Ja, Granat...", und noch bevor Schnüfferl das Wort aussprechen konnte sagte Habakuk: „Granatäpfel sind doch Früchte, die in Westasien heimisch sind, dort bilden sie sogar Haine. Das Wort leitet sich nicht von der Granate ab, sonder vom lateinischen Wort *granatus*, was soviel wie *gekörnt* bedeutet[111]." - „Aber die schauen doch wie Handgranaten aus, wie Handgranaten", wiederholte Schnüfferl und man hörte seine Aufregung und Angst in seiner Stimme mitschwingen. „Schau, Schnüfferl, die reife Frucht hat das Aussehen und die Größe eines Apfels, aber in seinem Inneren, innerhalb der harten, ledrigen Schale befinden sich viele kantige, harte Samen, deren geleeartige Außenschichten ein saftreiches, aromatisches Fruchtfleisch umgibt. Sie sehen aus wie kleine, geschliffene Rubine." - „Und wozu braucht man diese Rubin-Granaten?", und die Stimme des kleinen Schweinchens klang nun schon weniger ängstlich.
„Der Granatapfelbaum[112], der im Sprachgebrauch der Wissenschafter Punica granatum genannt wird, war von alters her schon ein Bandwurmmittel." - „Ein Baaandwurmmittel? Und wer hat hier Bandwürmer?" Dabei schüttelte sich Schnüfferl vor Grausen. „Niemand, Schnüfferl, niemand, ich wollte nur sagen, dass schon seit langer Zeit die Rinde des Granatapfelbaumes[113] dafür verwendet wurde. - „Und die Äpfel da, die wurden auch..." - „Nein, sicherlich

nicht. Aber... aus den gerbsäurereichen Schalen gewann man ein Mittel gegen Durchfall und Ruhr." Habakuk schnitt die Frucht entzwei, dann sagte er: „Nun, Schnüfferl, möchte ich gerne einen Saft daraus gewinnen." - „Einen Saft? Wer hat denn Würmer?" Habakuk antwortete nicht, sondern presste die Früchte aus, fügte dem Saft etwas Zitronensäure und Zucker zu und siehe da, das Getränk war fertig. „Voilà", sagte Habakuk, was soviel wie ‚hier' auf Französisch bedeutet. Habakuk fühlte sich in diesem Augenblick wie ein großer Küchenchef. Er verteilte den Saft auf zwei Gläser, dann sagte er: „Mademoiselle, voici il Sorbet." Schnüfferl verstand zwar nichts, wahrscheinlich redete Habakuk absichtlich Französisch, damit es nicht gleich bemerkte, dass es einen Wurmsaft serviert bekommen sollte. Und gerade den wollte es nicht trinken. „Ein Wurmsaft, ach wie ekelig", grunzte Schnüfferl missvergnügt. „Aber Schnüfferl, das ist doch eine Art Limonade, ein Sorbet." Dabei schaute Habakuk ein wenig enttäuscht, denn er wollte Schnüfferl doch nur eine Überraschung bieten. Dass die aber so daneben ging, mit dem hatte er nicht gerechnet. Habakuk machte einen Schluck, um einmal den Anfang zu machen. Es bewahrheitete sich wiederum, dass gut gemeint, das Gegenteil von gut getroffen ist. Der Saft rann nur so in seine Kehle hinunter, und als Schnüfferl sah, dass Habakuk sich sogar mit der Zunge über den Schnabel leckte, versuchte es auch von dem ‚Wurmsorbä' oder so, etwas zu kosten. Ganz vorsichtig natürlich, nippte es vom *Sorbet*. Sein Schnauzerl und seine Zunge sagten ihm, dass dieser angenehm säuerliche Saft hervorragend schmeckte. „Das kann man so lassen", meinte Schnüfferl, und lächelte sogar, auch wenn es den Verdacht noch nicht los wurde, dass ihm Habakuk über das Safterl ein Antiwurmmittel einflößen wollte.
Aus dem ersten zarten Nippen wurden gleich darauf mehrere, kräftige Schlucke und Schwups, war das Glas auch schon leer. Und das, obwohl Habakuk dem Schweinchen noch gar nicht erzählt hatte, dass dieser süßsäuerliche Saft zur Verbesserung der Blutqualität beiträgt und dass man aus den Früchten auch einen Gewürzwein herstellen könnte, den man in China, Indonesien, Indien und auch in Israel genießen kann. Selbst im Alten Testament ist davon schon die Rede[114].
„Woher kommt eigentlich die Granatapfelpflanze?", fragte das Schweinchen, das nun über die Frucht mehr in Erfahrung bringen wollte. „Die Urheimat wird wohl das Zweistromland gewesen sein, du weißt schon, das Gebiet zwischen Euphrat und Tigris." - „Im, Irak?" - „Im heutigen Irak. Dort, wo die Granatäpfel durch den Pharao Thutmosis III., etwa um 1500 v. Christus nach Ägypten gelangten. Mit phönizischen Händlern erreichten sie die nordafrikanische Küste und Griechenland. Die griechischen Kolonialisten nahmen sie nach Unteritalien mit, und so fand die Frucht ihren Weg nach Spanien. In Pompeji verzieren die Granatäpfel sogar einige Fresken." - „Haben die

Amerikaner auch Granatäpfel? Die haben doch sonst immer alles." Habakuk lächelte: „Haben sie auch. Mit der Entdeckung Amerikas gelangte die Frucht dann Anfang des 17. Jahrhunderts auf die westindischen Inseln und bald darauf nach Kalifornien, und wenig später wurden Granatäpfel, die *pomegranate*, auch in Arizona angebaut." - „Das ist ja höchst abenteuerlich, das mit dem Granatapfel." - „Gar nicht zu reden von der starken Symbolkraft des Granatapfels", meinte Habakuk und süffelte die letzten Tropfen aus dem Glas.
„Welcher Symbolkraft, Habakuk?" - „Na, schließlich ist der Granatapfel Symbol der Unsterblichkeit, der Granatapfelbaum gilt als Früchtebaum des Lebens. Die Früchte wurden auch am Saum des jüdischen Hohepriestergewandes und an den eisernen Säulen des Salomontempels nachgebildet[115]." - „Dann ist der Granatapfel ein jüdisches Symbol?" - „Nicht nur, Schnüfferl. In der griechischen Mythologie ist zu lesen, dass Hades, der Gott der Unterwelt, seiner Gemahlin Persephone verboten hat, von den Früchten zu naschen. Der Granatapfelbaum galt als Symbol der Fruchtbarkeit und Zeugung, aber auch des Todes. Persephone allerdings konnte sich nicht beherrschen und aß einen Granatapfel." - „Und dann ist sie gestorben, nicht wahr?" - „Noch nicht gleich, hör nur! Askalaphos, der Sohn des Acheron und der Gorgyra erwischte sie dabei und verriet sie bei Hades." - „Das hätte er aber nicht tun sollen, dieser Schuft!", empörte sich Schnüfferl. „Gelt ja, das sagte Demeter auch, die Mutter von Persephone, und sie verwandelte den Denunzianten aus Rache in ein Käuzchen." - „In ein Käuzchen?" wiederholte Schnüfferl und lachte, dann fragte es Habakuk: „Und wie war das mit den drei Grazien, haben die nicht auch einen Granatapfel bekommen?" - „Du meinst, die Geschichte mit Paris, der seiner Auserwählten, der Göttin der Liebe, Aphrodite, einen Apfel schenkte?" - „Ja, ja, den meine ich." - „Möglich wäre es schon, dass dies ein Granatapfel war. Wahrscheinlich war die Frucht vom Baum der Erkenntnis auch kein Apfel, so wie wir ihn kennen, sondern ein Granatapfel. In Kanaan, also im Heiligen Land, gibt es diese Bäume in großer Anzahl[116]. Schon bei den Babylonierinnen erfreute sich dieser Baum großer Beliebtheit. Auch noch viel später, in Spanien, schmückten die mondänen Frauen Granadas ihre schwarzen Haare mit den purpurfarbenen Blüten[117] des Granatapfelbaumes. Aus den Blüten bereitete man auch ein betörendes Parfum, aber auch Salben gegen Kopfschmerzen und verwendete sie als nervenstärkendes Mittel."
Schnüfferl machte eine halbe Drehung nach links, danach rechts. Es stellte sich vor, wie es mit einer Granatapfelblüte hinter seinem Ohr wohl aussehen würde. Da drang die sonore Stimme Habakuks in die Gedankenwelt des kleinen Schweinchens ein. Seine Worte spülten wie ein Wasserfall die eitlen Gedanken hinweg: „Schließlich ist diese

Frucht für Christen Sinnbild der Auferstehung Christi. Die Vielzahl der Samenkerne im Inneren des Granatapfels wurde im Mittelalter auch Symbol der Tugenden der Hl. Maria und ihre Fülle als das Symbol für ihre Barmherzigkeit verstanden. Deshalb hat man auf vielen Marienbildern Granatäpfel als Stoffmuster verwendet." - „Die habe ich bei uns aber noch nicht gesehen", sagte Schnüfferl, das immer noch ein wenig zu träumen schien. „Bei uns vielleicht weniger, aber in den orthodoxen Kirchen Zyperns hat man die Granatapfelverehrung, die mit dem Aphroditekult zusammenhing, mit dem Marienkult verquickt. Dort gibt es auch das Troodos-Kloster ‚*Panagia Chrysoroyiatissa*', was soviel wie ‚Unsere Heilige Jungfrau vom Goldenen Granatapfel' bedeutet. Die Griechen haben auch noch einen alten Hochzeitsbrauch, der weit in die vorchristliche Zeit zurückgeht." - „Da bin ich aber neugierig", sagte Schnüfferl. „Du und neugierig? Dass ich nicht lache! Nun, vor dem Hochzeitspaar wurde ein Granatapfel auf den Boden gelegt oder gegen das Haus des Paares geschleudert, damit er zerspringen und somit Liebe und Fruchtbarkeit bringen sollte." - „Schöööön ", sagte Schnüfferl ganz romantisch, und dann wollte es gleich noch etwas wissen: „Gibt es bei uns auch Granatäpfel?" - „Leider nein. Nur in den südlichen Ländern Europas gibt es sie. Wie ich dir schon gesagt habe, verbreiteten die Phönizier und später vor allem die Araber den Granatapfelbaum bis hinüber nach Spanien. Wahrscheinlich leitet sich der Name der spanischen Stadt Granada vom Granatapfel ab."

Habakuk hatte vor lauter Erzählen erst gar nicht bemerkt, dass Schnüfferl den großen Krug mit dem leckeren Sorbet bereits ausgetrunken hatte. So war es Schnüfferl gelungen, Habakuk eine Überraschung zu bereiten.

Ja, so kann es manchmal kommen, wenn man eine Sache nicht kennt, ist man oft voreingenommen. Aber Schnüfferl hatte dennoch das Safterl getrunken, schließlich geht probieren über studieren, sagt man, und vorbeugend oder auch heilend gegen Würmer sollte es ja auch wirken.

Nun ein anderes Rezept zum Ausprobieren:

ZITRONEN-JOGHURT- MOUSSE
Zutaten:
4 Blatt weiße Gelatine
1/4 kg Magertopfen
Saft von 2 großen Zitronen
1/4 l Joghurt (1 % Fett)
5 gehäufte EL Staubzucker
1/4 l Schlagobers
Früchte zum Garnieren

Zubereitung:
Gelatine in kaltem Wasser einweichen. Topfen mit Zitronensaft glatt rühren, Joghurt und Staubzucker dazugeben. Ausgedrückte Gelatine in 2 EL heißem Wasser auflösen und unter die Joghurtmasse rühren. Schlagobers steif schlagen und unterheben. Crème mindestens 4 Stunden, besser über die Nacht, kühl stellen. Mit dem Löffel Nockerln ausstechen, auf den Teller anrichten und mit Früchten garnieren.
(6 Portionen à 237 kcal = 992 KJ)

DER RÖMISCHE FELDHERR UND DIE KIRSCHE

Habakuk saß am Baum und schnabulierte, wie man so sagt. Er war sehr eifrig mit dem Aufsuchen von Kirschen beschäftigt. Eine nach der andern der süßen Früchte marschierte in seinen Schnabel. Nur Schnüfferl hockte unter dem Baum und bekam nichts, absolut nichts. Es lag aber auch keine einzige der roten Früchte unter dem Kirschbaum, und so blickte das kleine Schweinchen sehnsüchtig nach oben und so sehr es auch hoffte, dass wenigstens ein Paar der süßen Dinger herunterfallen würden, es war vergebens. So wollte Schnüfferl eben dem Schicksal ein wenig nachhelfen und rüttelte kräftig am Baum. Oh, welch süßes Schicksal, wenn nun doch einige der roten Kugeln herabfallen würden. Habakuk, der gerade wieder eine Kirsche im Schnabel hatte, wäre vor Schreck fast vom Ast gefallen. Geistesgegenwärtig klammerte er sich am Ast fest, nur die Kirsche, die er gerade im Schnabel hatte, entglitt ihm und fiel zu Boden. „Wawawas machst du Schnüfferl?", stöhnte Habakuk. „Ich möchte auch etwas von den schönen roten Kugeln haben. Du weißt doch, ich kann weder fliegen noch klettern." Dabei seufzte es tief. Das Schweinchen schüttelte noch ein paar Mal den Baum und Habakuk, ziemlich ärgerlich geworden, flog auf und landete just neben Schnüfferl. Dieses aber machte sich gleich an den herabgefallenen Kirschen zu schaffen: „Die schmekken aber guuut, hervorragend gut", grunzte es zufrieden schmatzend, und Habakuk sah ganz verdutzt zu, wie seine Freundin eine Kirsche nach der anderen gierig verschlang.
„Weißt du, dass die Kirschen eigentlich aus Kleinasien stammen?" - „Aus Kleinasien?", wiederholte Schnüfferl unverständlich, weil es mit vollem Mund sprach und, ohne sich umzudrehen, sagte das kleine Schweinchen dann: „Ist mir egal, woher sie kommen, sie schmecken mir." Habakuk wurde ausführlicher: „Die Kirschen stammen aus der Landschaft Pontos, genauer gesagt von Kerasion, die von Griechen aus Sinope bevölkert wurde. Die Stadt lag an der Mündung eines Tals, das noch heute den Namen Kerasun Dere führt." - „Willst du mir den Appetit verderben?", murmelte Schnüfferl. „Verderben? Wieso denn

das? Ich wollte dir doch nur erzählen, dass die Kirschen, die dort in größter Üppigkeit wuchsen, ihren Namen von der Stadt Kerasion bekommen haben. Na und ‚Kirsche' heißt im Griechischen seither ‚*Kerásion*'[118]." - „Kann schon sein. Was nützt mir die Weite des Universums, wenn mich die Schuhe drücken, was die riesigen Kirschhaine in der Ferne, wenn keiner hier ist. Zum Glück gibt es dieses Prachtexemplar", sagte Schnüfferl hastig und Schwups waren schon wieder einige der großen, süßen roten Dinger verspeist. „Na, und von dem leitet sich auch das französische Wort *cérise* für Kirsche ab", sagte Habakuk: „Auf alle Fälle ist das etwas besonders Kulinarisches ", sagte Schnüfferl schmatzend, und der alte Rabe erwiderte: „Du sagst es. Der römische Feinschmecker und Feldherr Lucullus, von dem ja das Wort kulinarisch abgeleitet wird, weil er ein berühmter Feinschmecker war, hat sie kennen und schätzen gelernt und von Anatolien nach Italien gebracht. Seitdem gibt es auch bei uns Kirschbäume." - „Wenn du ihn triffst, lass ihn schön grüßen von mir, und sag ihm, dass er die Sache gut gemacht hat." Jetzt war Habakuk baff. Nach kurzer Pause sagte er: „Aber Schnüfferl, Lucullus[119] ist doch schon fast 2010 Jahre tot." - „Na, ich habe aber nichts davon erfahren…" meinte das kleine Schweinchen und rasch verschwanden wieder einige der saftigen Kirschen in seinem Magen, der sich extra weit auszudehnen schien. Plötzlich hielt Schnüfferl inne, blickte Habakuk an und fragte: „Was sagst du, mehr als zweitausend Jahre ist das jetzt her?" - „Ja, sagte ich", wiederholte Habakuk ein wenig verschnupft. Lange konnte Habakuk ohnedies nicht verschnupft sein und schon gar nicht auf das kleine Schweinchen und so nahm er den Unterricht gleich wieder auf: „Den Römern haben wir auch zu verdanken, dass auch eine weitere Steinfrucht bei uns eingeführt wurde, nämlich die Walnuss. Auch sie wurde erst vor etwa zweitausend Jahren bei uns heimisch." Schnüfferl blickte zum ersten Mal auf, sah Habakuk an und sagte keck: „Aber Habakuk, die Walnuss ist doch eine Nuss, keine Steinfrucht." - „Doch, ist sie! Das Fruchtfleisch der Walnuss ist doch die fleischige, grüne Schale, aber davon werde ich dir ein anderes Mal erzählen." Habakuk sagte es und begann gleich, zusammen mit Schnüfferl, die letzten der heruntergefallenen Kirschen aufzupicken. Gelegentlich spuckte er die Kerne aus und freute sich, wie weit sie dahin schossen, bis auch Schnüfferl an diesem Wettbewerb teilnahm.

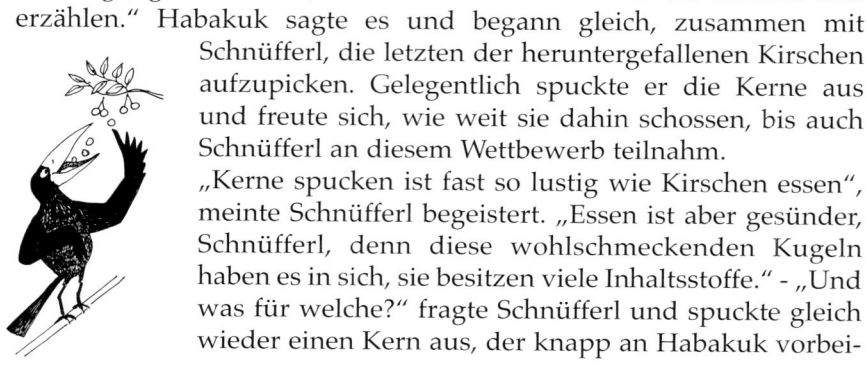

„Kerne spucken ist fast so lustig wie Kirschen essen", meinte Schnüfferl begeistert. „Essen ist aber gesünder, Schnüfferl, denn diese wohlschmeckenden Kugeln haben es in sich, sie besitzen viele Inhaltsstoffe." - „Und was für welche?" fragte Schnüfferl und spuckte gleich wieder einen Kern aus, der knapp an Habakuk vorbeiflog. Habakuk sprang kurz auf, dann sagte er: „Die Pflanzensäuren und der Fruchtzucker zum Beispiel, die kurbeln den Stoffwechsel erst so richtig an." Offensichtlich bewirkte auch der vorbeigeschossene Kern eine Belebung des Kreislaufes, weil Habakuk kurz außer Atem geraten war, dann aber begann er wieder ruhig: „Weiteres enthalten sie viel an Vitamin A, dann auch noch die Vitamine C, B1 und B2, die aber den Durchschnittswerten der anderen Feldfrüchte entsprechen, weiteres ist noch viel an Kalium, Magnesium, Eisen und Phosphor enthalten, was die Kirsche zu einem idealen Obst für kleine Schweinchen und natürlich auch für Kinder macht, da diese Substanzen am Aufbau von Knochen und Zähnen beteiligt sind. Und dann ist da noch der hohe Gehalt an Kalium, der entwässernd wirkt."

Hörte Schnüfferl richtig? Entwässernd? „Ui, dann muss ich gleich viel Wasser darauf trinken, gelt?" - „Nein, nein, ja nicht. Da die Kirschen auch einen hohen Pektingehalt haben, soll man nach dem Verzehr lieber kein Wasser darauf trinken. Pektin bindet nämlich die Flüssigkeit und quillt auf und kann so Bauchschmerzen verursachen. „Bauchschmerzen?" sprudelte Schnüfferl heraus und hielt sich gleich mit beiden Vorderpfoten den Bauch. Habakuk hatte nun schon zu viel geredet und begann gleich wieder mit dem Aufpicken der allzu köstlichen Kirschen. Jetzt aßen beide gemeinsam die Vitaminpillen, bis sie nicht mehr konnten. Und am Abend gab es etwas ganz feines, einen Kirchkuchen.

KIRSCHKUCHEN (Obstfleck mit Kirschen)

Zutaten: (für 16 Stück):
3/4 kg   Kirschen
1/4 kg   Butter oder Margarine
1/4 kg   Zucker
1 pk   Vanillezucker
1 Prise Salz
Schale von 1/2 Zitrone (unbehandelt)
5   Eier
400 g   Mehl (glatt)
1pk   Backpulver
1/8 l   Milch
2 EL   Staubzucker (Puderzucker)

Zubereitung
Kirschen waschen, entstielen und entkernen.
Butter oder Margarine mit Zucker, Vanillezucker, Salz und geriebener Zitronenschale cremig rühren.
Eier einzeln und unter die Masse rühren und solange weiterrühren, bis das ganze schaumig ist.

Mehl und Backpulver vermischen und abwechselnd mit der lauwarmen Milch in die Teigmasse einrühren.
Backblech mit Butter oder Margarine einfetten (oder mit Backpapier auslegen), die Kuchenmasse darauf verstreichen und mit den Kirschen gleichmäßig bestreuen.
Im vorgeheizten Backrohr bei 180° C (Gas: Stufe 2-3) ca. 1/2 bis 3/4 Stunde backen.
Den Kirschenkuchen auskühlen lassen und mit Staubzucker bestreut servieren.

HAUSPFLAUME

„Du bist ein alter Brummbär." - „Ich bin ein junges Schweinderl, kein Brummbär. - „Wenn du das weißt, warum tust du wie ein alter Brummbär?" - „Ist gar nicht waaahr." Schnüfferl versuchte nochmals in die Obstschüssel zu langen, aber Habakuk hatte sie bereits schnell weggezogen. „Nein, Schnüfferl, nichts da! Jetzt ist aber genug. Die brauchen wir noch, sonst gibt es heute keinen Zwetschkenfleck." Die Mehlspeise war zwar sehr verlockend, aber eine Zwetschge, wenigstens eine, hätte ihm der alte Rabe doch vergönnen können.
Während Habakuk alles herrichtete, um den Zwetschkenfleck zu bakken, sagte er: „Weißt du, Schnüfferl, die Zwetschgen oder Pflaumen, wie man noch sagt, gehören zum Steinobst aus der Familie der Rosengewächse." - „Was? Rosenfrüchte sind das?" Eigentlich war es Schnüfferl schnurzegal, was für eine Frucht das nach der Meinung Habakuks war, es hatte da eine wesentlich einfachere, praktischere Einteilung: Früchte, die einem gut tun und schmecken und scheußliche oder gar giftige, von denen man lieber die Finger lassen sollte. Zum Glück konnte Habakuk die Gedanken des kleinen Schweinchens nicht lesen, denn er schmunzelte und glaubte, das kleine Schweinchen abgelenkt zu haben, das noch einmal versuchte, Zwetschgen zu naschen: „Die Hauspflaume ist übrigens aus einer Kreuzung von Schlehen und Kirschen entstanden[120]. Die Schlehen stammen aus dem Gebiet zwischen Mittel- und Südeuropa und dem Kaspischen Meer. Bei der Hauspflaume handelt es sich um eine polyploidisierende Kreuzung, die Schlehen haben einen vierfachen, die Kirschen einen zweifachen Chromosomensatz und die Hauspflaume besitzt einen sechsfachen."
Eigentlich hätte Habakuk damit rechnen müssen, dass, während Habakuk so schlau daher redete, Schnüfferl die Zeit vielleicht hätte nützten können, um einige der runden, blauen Dinger zu schnappen. Aber Habakuk war sich sicher, viel zu sicher, denn er erklärte weiter: „Viele Kulturpflanzen sind durch Polyploidisierung entstanden. Das heißt, dass sich der ursprüngliche Chromosomensatz verdoppelt oder

vervielfacht hat. Dieser Prozess läuft ohne Eingriff des Menschen ab, kann aber vom Menschen genutzt und auch beschleunigt werden. Die Polyploidisierung ist auch ein wichtiger Mechanismus bei der Artbildung höherer Pflanzen, von denen sich etwa ein Drittel aller Pflanzen der Welt so entwickelt haben."
Plötzlich hielt Habakuk in seinem Redefluss inne und schaute entgeistert auf die Obstschüssel: „Oho! Da hat sich ja ein großer Schwund eingestellt. Ja, wohin sind denn de Zwetschken gewandert?" Jetzt schaute Schnüfferl betroffen drein und stammelte heraus: „Wer, wer hat denn diese Früchte zu uns gebracht?" - „Na, ich natürlich!", antwortete der Rabe. „Nein, nein, ich meine, wie die Früchte überhaupt zu uns gekommen sind." - „Ach so! Die Pflaume kam zur Zeit des Cato Maior um 150 v. Chr. zuerst nach Italien und von hier, durch die Römer, nach Gallien und Germanien." Nicht Habakuk, sondern Schnüfferl gelang das Ablenkungsmanöver, und so rief das kleine Schweinchen aus: „Ein Hoch den Römern!" Und schon wieder verschwand eine der köstlichen Früchte in Habakuks Goscherl. Da fuhr der alte Rabe aber schnell dazwischen und sagte: „Jetzt ist es wirklich genug, Schnüfferl! Sonst gibt es einen Zwetschkenfleck ohne Zwetschken." Schnüfferl sah ganz traurig drein, erbarmungswürdig würde ich sagen, so dass Habakuk beschwichtigend sagte: „Gut! Du bekommst einen, wenn du mir das schnell nachsprechen kannst: ‚Zwischen zwei Zwetschgenbäumen sitzen zwei zwitschernde Schwalben', na, kannst du das?" Schnüfferl versuchte es gleich nachzusprechen: „Zwitschen zwei Zwetschnbäume zwitschan zwei zwitschndn Schwoibm." Schnell war es gerade nicht, na, und richtig auch nicht, aber Habakuk sagte mit zwinkerndem Auge: „Das kann man gelten lassen, also, nimm dir noch eine, aber bitte nur eine." So schnell konnte der Rabe gar nicht schauen, war schon wieder eine der runden Kostbarkeiten in den Bauch Schnüfferls verschwunden. Aber für den Zwetschgenfleck gab es zum Glück noch genügend Früchte und wollt ihr wissen, warum Schnüfferl uns nicht verriet, wie er schmeckte? – Er war einfach unbeschreiblich.

SÜSSGOSCHERL UND ZUCKERROHR
Das Zuckerrohr

Schnüfferl ist, so wie viele Kinder auch, ein richtiges Süssgoscherl. Wenn es nur etwas zum Naschen gab, da war Schnüfferl schon mit von der Partie.
„Schnüfferl, weißt du überhaupt, woher der Zucker ursprünglich

stammt?" - „Den hat man doch aus dem Zuckerrohr gemacht, nicht wahr?" - „Bravo, Schnüfferl, Bravo!", sagte der alte Rabe und dann: „Auch heute noch gewinnt man aus Zuckerrohr Zucker. Wahrscheinlich ist das Zuckerrohr die älteste Kulturpflanze der Menschheit. Sie gedeiht allerdings nur in warmen Ländern, dort, wo Temperaturen über zwanzig Grad Celsius herrschen." - „In Südamerika gelt, die Zuckerrohpflanze stammt aus Südamerika, dort wo man daraus auch weißen Rum macht, den Bacardi." - „Du wirst staunen, wenn ich dir sage, dass Zuckerrohr schon früher in Europa war als in Amerika." - „Nicht wahr, kann doch nicht wahr sein, wo doch der Rohrzucker aus Kuba kommt!", unterbrach ihn Schnüfferl, aber Habakuk redete ungeniert weiter: „Früher einmal gekommen ist, bis man in Deutschland aus der Rübe Zucker gewonnen hat. Nein, Schnüfferl, in Melanesien und Neuguinea hat man wahrscheinlich schon im Jahre 15.000 vor Christus wildes Zuckerrohr zum Süßen benutzt. Das wilde Zuckerrohr *Saccharum spontaneum* und Saccharum sara sind Grasarten, die in Südostasien beheimatet sind. Die Ureinwohner nahmen Zuckerrohr als Proviant mit auf ihre Schiffsreisen und so kam das süße Rohr schließlich vor etwa sechstausend Jahren auch nach Indien. Die heute verwendete Grasart, Saccharum officinarum wird sogar drei bis sechs Meter hoch!" - „Dann haben die Inder auch Zucker daraus gewonnen?" - „Vorerst mal nicht. Sie haben den gepressten Saft entweder frisch oder auch leicht vergoren genossen." - „Und wie ist der Zucker dann nach Europa gekommen?" - „Tja, als Alexander der Grosse nach Indien marschierte, stießen seine Truppen im Industal auf diese merkwürdige Pflanze, ein Schilf, das ohne Bienen Honig hervorbringt, so sagten sie. Na, und um 500 nach Christus gelang es einer persischen Medizinschule im Gebiet des heutigen Irak, mit Hilfe von Milch Zuckerrohrsaft zu reinigen und ein Jahrhundert später wurde eine verbesserte Reinigungsmethode entwickelt."

Schnüfferl schmunzelte vergnügt und sagte: „Man hat ihn im Kuchen veredelt, gelt?", und schon schob es sich ein Stückchen von dem köstlichen Kuchen in den Mund. „Nein, man verwendete trichterförmige Gefäße aus Ton mit einem Loch an der Spitze, und durch das Abfließen des Sirups konnte ‚weißer' Zucker gewonnen werden." - „Ha, das war dann der erste Würfelzucker, gelt ja?" - „Bis zum ersten Würfelzucker sollte es noch lange, sehr lange dauern, Schnüfferl. Damals hatte man die ersten Zuckerhüte." - „Verstehe, und die Zuckerhüte wurden nach Europa gebracht." - „Vorerst noch nicht. Um 650 nach Christus lernten die Araber von den Persern die Kunst des Zuckersiedens kennen. Selbst das indische Wort für Zucker, *sakara* haben sie übernommen. Die Araber nannten den Zucker *sukkar*[121], und wir haben das aus Indien stammende Wort von den Arabern übernommen. Im 7. bis 9.

Jahrhundert verbreiteten die Araber den Zucker bis in die Mittelmeerländer. Bei einem Überfall auf eine Karawane erbeuteten die Kreuzritter in Palästina elf Kamellasten voll Zucker." - „Heißt der braune Zucker deshalb Kamelzucker?" - „Wie bitte?", fragte der Rabe und tat so, als ob er seine Ohren mit der Handschwinge ausputzen würde. „Kamelzucker", wiederholte das Schweinchen, dieses Mal laut und kräftig. Der alte Rabe hörte ja nicht mehr so gut wie früher. „Karamell..., meinst du, Karamellzucker. Der hat mit den Tieren nichts zu tun. Ich wollte dir doch nur sagen, dass dadurch erstmals die Menschen des Abendlandes Zucker nicht nur zu sehen, sondern auch zu kosten bekamen."

Schwups, war wieder ein Stückchen vom Kuchen im rosaroten Goscherl des kleinen Schweinchens verschwunden, als Habakuk fortfuhr: „Der Papst hat zwar jeglichen Handel mit den Ungläubigen verboten, aber wer kann denn dem Zucker widerstehen." - „Isch schom", sagte das Schweinchen mit vollem Mund. Wahrscheinlich sollte es ‚ich schon' bedeuten, aber genau hat man das nicht verstanden und schließlich soll man auch nicht mit vollem Munde sprechen. Und glaubt ihr das ernstlich?

„Ich glaube, wenn du einen Kuchen hast, dann kannst du gerne auf Zucker verzichten, aber eben im Kuchen ist ja viel Zucker enthalten." , belehrte Habakuk das Schweinchen und ohne die Antwort abzuwarten, da es immer noch an dem riesigen Kuchenstück kaute, sagte er: „Die Venezianer konnten es auch nicht, sie handelten mit den so genannten Ungläubigen, und damit kam der Zucker über die Alpen, über Regensburg und Augsburg, dem Handelszentrum der Fugger, nach Deutschland. Die erste deutsche Zuckerraffinerie wurde 1537 in Augsburg gegründet." - „Und ich habe mir immer gedacht, dass Zucker aus Kuba käme." - „Aber vorher wurde der Zucker von Europa nach Amerika gebracht, und das auch schon sehr früh, nämlich auf der zweiten Entdeckungsreise von Christoph Columbus wurde 1493 Zuckerrohr in die heutige Dominikanische Republik und auf Haiti exportiert und angepflanzt. Mit den Entdeckungsfahrten kam es nach Mexiko und Brasilien und nach 1700 auch nach Nordamerika. Für die folgenden drei Jahrhunderte entstand dort das größte Wirtschaftszentrum, denn im tropischen Klima gedieh Zuckerrohr prächtig." - „Dann müssen die Einwohner aber sehr reich geworden sein, gelt ja?"

Habakuk schwieg einen Moment. Das heißt, er wurde ein wenig nachdenklich, dann sagte er: „Reich? Das gerade nicht, Schnüfferl, denn die Indianer waren nicht zu bewegen, auf den Plantagen zu arbeiten. Da sie in der Zwangsarbeit bald starben, entschloss sich die spanische Königin Isabella 1510 die kräftigern, leistungsstärkeren Negersklaven dorthin zu senden." Schnüfferl hatte gerade den letzten Brocken

Kuchen hinuntergeschluckt und schaute Habakuk mit weit geöffneten Augen an, dann sagte es: „Bin ich nun mitverantwortlich dafür, dass Sklaven von Afrika nach Amerika gebracht wurden?"

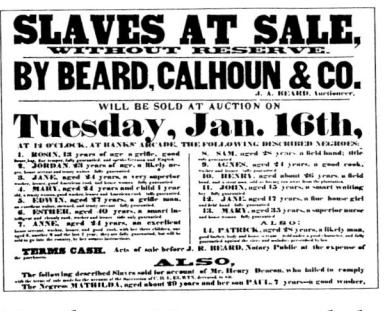

Der alte Rabe lächelte und sagte: „Das ist schon lange vorbei, Schnüfferl. Da die harte Arbeit auf den Zuckerrohrfeldern viele der Sklaven frühzeitig hinweggerafft hatte, war der Bedarf an regelmäßigem Nachschub frischer Sklaven sehr groß, und das äußerst gewinnbringende Geschäft erbrachte im 17. und 18. Jahrhundert enorme Einnahmen. Bis etwas geschah, was sich günstig für das Schicksal der armen Sklaven auswirkte, es war wegen einer anderen Pflanze, aber davon, liebes Schnüfferl, davon werde ich dir ein anderes Mal erzählen, denn jetzt ist der Kuchen schon aufgegessen."

Schnüfferl lief gleich wieder in die Küche, wenn es schon nicht Schuld am grässlichen Sklavenhandel war, dann konnte es vielleicht doch noch irgendwo ein Stück auftreiben und verspeisen?", meint ihr nicht auch?

Willst du wissen, wie man den Kuchen, und zwar einen Müslikuchen, macht?

MÜSLIKUCHEN
Zutaten:
200 g   Margarine
200 g   Zucker
4   Eier
Schale von zwei unbehandelten Zitronen
250 g   Mehl
1   Backpulver
250 g   Müsli (z. B. Früchtemüsli ohne Zuckerzusatz)
100 ml   Milch

Zubereitung:
Margarine, Zucker. Eier und abgeriebene Zitronenschalen schaumig rühren. Nach und nach Mehl, Backpulver, Müsli und Milch hinzufügen und gut umrühren. In eine befettete Kastenform geben und bei 180 Grad ca. 1 Stunde backen.
(ca. 16 Stück à 266 kcal = 1113,5 KJ)

DIE WURZEL GEGEN DIE SKLAVEREI
Die Zuckerrübe

Es war Herbst, die goldene Zeit, wie man nicht zu unrecht sagt. Vorbei sind des Frühlings zarte, saftige Farbtöne des Grüns, vorbei auch die intensiven, kräftig grünen Farben des Sommers. Nun haben die Blätter sich ein buntes Kleid zugelegt um noch einmal prächtig zu wirken, bevor sie absterben und abfallen müssen. Immer wieder pflückt der Wind ein Blatt nach dem anderen vom Baum und lässt es lustig treiben. Habakuk fühlte sich wohl und Schnüfferl freute sich mit ihm. Als sie fröhlich der Landstrasse entlang marschierten, hielt das kleine Schweinchen plötzlich inne. Es erblicke ein riesiges Feld. Eine Unzahl dicker, großer und noch grüner Blätter, ragte in das herbstliche Blau des Himmels. Das kleine Schweinchen wolle unbedingt wissen, was das für eine Pflanze ist, Spinat vielleicht? Also fragte es den alten Raben:

„Du, Habakuk, was ist denn da auf dem Feld?" Der alte Rabe drehte seinen Kopf zu Schnüfferl, ohne das Feld nochmals zu mustern, sagte ernst und bestimmt: „Das sind Zuckerrüben[122]." Habakuk hatte natürlich schon längst wahrgenommen, was hier angepflanzt wurde. „Zuckerrüben? Oi, da kann man die Rüben wie einen Lolly Pop lutschen?" Habakuk lachte: „Nein, Schnüfferl, aus den Zuckerrüben gewinnt man Zucker, aber zum Lutschen, nein dazu sind sie zu wenig süß." - „Nicht süß? Wie süß sind sie denn dann?" - „Jetzt beinhalten die Rüben an die zwanzig Prozent an Zucker, genauer gesagt, an Rübenzucker. Früher war der Zuckergehalt noch viel, viel geringer." - „Wann war denn früher?", hakte Schnüfferl gleich ein, das es genauer wissen wollte. „Dass diese Pflanze Zucker enthält, wurde schon im Jahre 1747 entdeckt. Es war der Deutsche Andreas Sigismund Marggraf[123], und seine Entdeckung galt damals als eine Sensation, denn bis zu diesem Zeitpunkt kannte man nur den Rohrzucker, und dieser musste aus Übersee importiert werden."

Wenn das nicht eine Sternstunde für alle Leckermäulchen war? So stellte Schnüfferl noch eine Frage, die es aber schon für beantwortet hielt: „Und seither hat man aus der Rübe den Zucker gewonnen?" - „Nein, nicht gleich, es bedurfte noch weiterer fünfzig Jahre, bis die erste europäische Rübenfabrik in Betrieb ging, und zwar hatte der Schüler Marggrafs, Franz Carl Achard[124] 1802 in Cunern, das ist in Schlesien, die erste Rübenzuckerfabrik errichtet und dies mit der Unterstützung Königs Friedrich Willhelm III. Nur der Zuckergehalt war noch nicht so hoch. Erst durch weitere Züchtungen konnte nach hundert Jahren der Gehalt von ursprünglich 4,5 Prozent auf wirtschaftlich nutzbare sechzehn Prozent, ja sogar bis zwanzig Prozent gesteigert werden." - „Die armen Schweinderl und die armen Kinder, die vor zweihundert Jahren gelebt haben", sagte das Schweinchen mit einem großen Seufzer. - „Wieso denn, Schnüfferl?" - „Weil der Zucker erst so spät entdeckt wurde. Dann haben sie ja keine Leckereien, keine Mehlspeisen und keine Betthupferl gekannt, die Armen."

Schnüfferl gefiel sich in seinem Selbstmitleid, und Habakuk sagte nur: „Aber, aber! Du weißt doch, dass der ursprüngliche Süßstoff Honig war. Vom Rohrzucker, der ursprünglich aus Südostasien stammt, von wo er, über Europa nach Amerika gelangte, habe ich dir ja schon erzählt. Zucker wurde importiert. Aber erst im 16. Jahrhundert errichtet man die erste Raffinerie in Augsburg. Zucker blieb nach wie vor ein teurer Luxusartikel." - „Und wie war das mit der Rübe?" - „Mit der Entdeckung des Zuckergehaltes in der Zuckerrübe, der *Beta vulgaris exulenta f. altissima*, war der Siegeszug dieser Pflanze nicht mehr aufzuhalten und indirekt wurde damit auch die Abschaffung der Sklaverei in den Kolonien gefördert."

Das hast du mir schon einmal erzählt, aber sag, wie soll, eine Rübe die Sklaverei abgeschafft haben? - „Schau, durch die Konkurrenz des Rohrzuckers mit dem billigeren Rübenzucker hatten sich die Investitionen der berüchtigten Zuckerbarone nicht mehr rentiert, nicht mehr so richtig. Sie konnten mit der ‚Königin der Kulturpflanzen' nicht Schritt halten." - „Siehst du Habakuk, deshalb sind mir die Süßigkeiten aus Rübenzucker so sympathisch." - „Verstehe", sagte Habakuk und lachte herzlich.

„Zum Glück habe ich ein Antisklavenprogramm zu Hause." Das wollte dann Schnüfferl unbedingt sehen, oder sagen wir lieber gleich mündlich vornehmen, mit einem Wort: verspeisen. Dann stürmte Schnüfferl nach Hause, sodass Habakuk sich aufschwang und sich in die Lüfte erhob, um ja dem kleinen Schweinchen noch zuvor zu kommen.

Anmerkung: Zuckerahorn, eine nordamerikanische Ahornart, deren Stamm im Frühjahr angezapft wird. Der zuckerhältige Saft liefert eingedampft 2-3 kg Zucker. Kokospalme: keine große Bedeutung zur Zuckergewinnung. Weltproduktion 1971 74 Millionen Tonnen, davon entfielen 31 Millionen Tonnen auf Rübenzucker und 43 Millionen Tonnen auf Rübenzucker. Die größten Zuckerproduzenten der Welt sind Indien, Russland, Kuba, die USA, Brasilien, China, Frankreich, Mexiko, Pakistan und Australien. Durch Gärung der Zuckerrohrmelasse entsteht Alkohol, der zu weißen Rum verarbeitet wird. Zuckerwurzel, Sisum sisarum wurde frühere wegen der süßlich und würzig schmeckenden Wurzel in Kräutergärten angepflanzt. Durch hohen Zuckergenuss kann es zum Verlust von Kalzium und Chrom im Körper kommen.

Wo sich der Zucker versteckt:

Süßigkeiten:	Menge:	Anzahl an Stück Würfelzucker
4 Stück Gummibärchen	8g	2,5

1 Fruchtjoghurt	15g	1,5
1 Tafel Schokolade	100g	19
1 Riegel Mars	58g	14
1 Glas Coca Cola	250g	9

> …kein Geist, und sei er noch so reich,
> kommt einem frohen Herzen gleich.
> Friedrich von Bodenstedt (1819-1892)

DIE RACHE DES RETTICHS

„Ui, das ist aber scharf, Habakuk", sagte das Schweinchen und einige Tränen standen schon in seinem Gesicht. „Das ist auch ein guter Rettich", meinte der alte Rabe. „Muss der denn sooo scharf sein?" Jetzt perlten die Tränen ganz dick aus seinen zugekniffenen Äuglein. „Sonst würde ihn ja jeder essen, und dass er so scharf ist, ist ein Teil seiner Verteidigung", meinte Habakuk. „Aber ich tu ihm doch nichts." - „Außer essen!" - „Hm!", sagte das Schweinchen und leckte sich sein Schnäuzchen, während Habakuk noch ergänzte: „Pflanzen können nämlich vor ihren Fressfeinden nicht weglaufen, so müssen sie sich eben anders schützen. Dabei verteidigen sie sich oft sehr wirksam gegen viele Insekten, Krankheitserreger und andere Schädlinge."
Das war sehr hart, was Habakuk sagte. So zumindest empfand es das Schweinchen das ihn ganz schüchtern fragte: „Bin ich jetzt ein Schädling?" Habakuk lachte: „Für die Pflanze schon, sie hat nichts davon, wenn du sie isst. Einige Pflanzen rechnen zwar damit, dass sie oder Teile davon, wie ihre Samen und Früchte gefressen werden, ja sie entwickeln sogar besonders schmackhafte Früchte, damit ihre Samen verbreitet werden. Aber der Rettich hat nichts davon, wenn man seine Wurzel aufisst." - „Und wie verteidigen sich dann die Pflanzen? Enthält die Wurzel vielleicht gar Gift?", sagte das kleine Schweinchen ein wenig unsicher. „Manche Pflanzen haben mechanischen Schutz, entweder spitze Dornen oder Stacheln, rutschige Wachsüberzüge und viele andere Gewächse arbeiten mit giftigen Substanzen, wie du schon vermutet hast." Schweinchen wurde blass: „Ich wusste es, jetzt muss ich die Rache des Rettichs fürchten." - „Aber woher denn!", sagte tröstlich der alte Rabe und setzte gleich fort: „Aber es ist wahr, dass manche Pflanzen geradezu Spezialisten der chemischen Kriegsführung sind. Eine der schlagkräftigsten Erfindungen auf diesem Gebiet ist etwa das Glucosinolat-Myriosinase-System der Kreuzblütler."

Dies hörte sich gefährlich an, und so wollte das kleine Schweinchen den Redefluss des alten Raben stoppen: „Hör auf, Habakuk! Das System klingt ja schon bedrohlich genug. Aber Gott sei Dank, habe ich nur einen Radi gegessen und keinen Kreuzblütler." - „Oh, du irrst Schnüfferl!" - „Irren?", sagte es nochmals irritiert. und blickte nervös um sich. „Ja, denn der Rettich gehört zu den Kreuzblütlern, weil seine vier Blütenblätter kreuzförmig angeordnet sind." Als Habakuk das nun endgültig verwirrte Schweinchen sah, dem sein Schnäuzchen noch immer brannte, sagte er beruhigend: „Du brauchst deswegen keine Angst zu haben, denn für uns ist es nicht giftig, wohl aber für viele andere, viel kleinere Organismen." - „Kleine Organismen?", wiederholte Schnüfferl, zu denen es sich ja auch rechnete. „Du bist dafür schon viel zu groß, viel zu groß sogar." Das war immerhin beruhigend zu erfahren und so stellte es die nächste Frage schon bedeutend lockerer: „Und der Pflanze kann das Gift auch nicht schaden?" - „Der Pflanze nicht, zumal die beiden Substanzen in der Zelle getrennt voneinander vorliegen. Das *Glukosinolat*, von der über hundertzwanzig verschiedene Stoffe bekannt sind, und das Enzym *Myrosinase*, welches das Glukosinolat in zahlreiche giftige Substanzen spaltet, kommen erst dann miteinander in Berührung, wenn die Zelle zerstört wird. Also, erst durch Anbeißen. Dann entwickeln sich aus beiden Stoffen die Abwehrstoffe, die Senfölbombe explodiert!" - „Senfölbombe? Sagtest du Senfölbombe?"
Während Schnüfferl das ausspracht, riss es dabei seine Äuglein vor Schreck weit auf, sodass sie noch viel größer wirkten als ohnehin schon." - „Aber", so Habakuk, „aber es gibt auch kleine, oder sagen wir, große Räuber, die diese Bombe entschärfen können. Dazu gehört die Kohlmotte Plutella xylostella, oder besser gesagt, deren Raupen. Sie richten an verschiedenen Kreuzblütlern wie Karfiol (Blumenkohl), Brokkoli, Senf und Raps, großen Schaden an." Schnüfferl hatte sich in der Zwischenzeit wieder gefasst und fragte ebenso neugierig wie erstaunt: „Wie machen denn die Winzlinge das?" - „Forscher haben die Lösung des Problems im Kot der Raupen gefunden." - „Was, die haben im Kot der Raupen herumgestierlt? Pfui, Pfui!" - „Schön langsam solltest du doch wissen, Schnüfferl, dass Wissenschafter vor nichts Halt machen. Aber in diesem Falle bemerkten sie etwas Besonderes. Sie fanden veränderte Glukosinate im Kot, denen eine chemische Gruppe in der Grundstruktur fehlte, und zwar die Sulfatgruppe, die sonst überall vorhanden ist. Und diese *Desulfo-Glucosinolate* reagieren nicht mehr mit dem Enzym Myrosinase. Folglich entstehen auch keine giftigen Abbauprodukte." - „Und wie stellt die Raupe das an?" - „Das geschieht in ihrem Darm. Dort konnten die Wissenschafter ein weiteres Enzym nachweisen, die Glucosinolat-Sulfatase, welches die Sulfatgruppe von den Glucosinolaten abspaltet. Mit diesem Abwehrsystem können die

Raupen das so ausgeklügelte, trickreiche Verteidigungssystem der Pflanze ausschalten. Und stell dir vor, die Raupe entwickelt dabei so viel an diesem Enzym, dass sie hundertmal mehr verdauen könnte, als sie tatsächlich braucht."

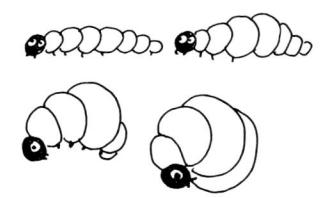

Schnüfferl stellte sich bildhaft vor, wie die Raupe immer runder und runder wurde, wie ein Fußball so rund, was aber dann, wenn sie weiter fressen würde, was würde dann noch passieren, also fragte es Habakuk: „Da würde die Raupe aber platzen, nicht wahr?" - „Könntest du dir das vorstellen, so eine riesige Kugelraupe?", daraufhin hatte Schnüfferl seinen ursprünglichen Schrecken gänzlich vergessen und biss gleich wieder herzhaft und mit vollem Genuss in den Rettich. „Mampf!", sagte das Schweinchen und gleich darauf mit vollem Mund, obwohl man das nicht tun soll: „Ich schon."

DIE VERWANDTE AUS INDIEN
Melanzane

„Ei, was sind denn das für blaue Gurken, Habakuk." Habakuk legte das Messer weg und wendete seinen Kopf in Richtung Schnüfferl, das in der Küche stand und ausspionierte, was es wohl zum Essen geben würde. „Das da, das sind Verwandte der Kartoffel." - „Du machst Witze!" - „Iiich doch nicht. Die Eierfrucht, wie man die Frucht nennt, ist wie die Kartoffel oder auch die Tomate und Paprika, ein Nachtschattengewächs." - „Nachtschattengewächs? Sind denn die nicht alle giftig?" - „Sind sie, aber nicht die Frucht, nur stammt sie nicht aus Mittelamerika, sondern aus Indien, von wo sie im 13. Jahrhundert durch die Kreuzritter nach Europa gebracht wurde.
Genau das wollte Schnüfferl eigentlich nicht wissen. „Und so was Altes kochst du?" - „Aber Schnüfferl, die Früchte hier sind doch erst geerntet worden. Sie stammen aus dem nördlichen Burgenland, wo sie besonders gut gedeihen. Bei uns sagt man auch Melanzane dazu. Sie sind sehr sonnenhungrig und werden daher hauptsächlich in Südeuropa angepflanzt." Schnüfferl dachte nach, es dachte über die blauen Gurken nach. In der Zwischenzeit hatte der alte Rabe die Früchte in Scheiben geschnitten und Schnüfferl rief erstaunt: „Die sind ja ganz weiß innen." - „Ja, das Fruchtfleisch ist weißlich-beige, und siehst du die schwarzen Kerne da drinnen? Die kann man auch essen."

- „Du hast aber die Blaugurke noch gar nicht geschält." - „Nein, das soll man auch nicht, weil gerade in der Schale die wertvollen Inhaltsstoffe sind, wie das für den Knochenaufbau unerlässliche Kalzium und das blutbildende Eisen." - „Und wie heißt das Medikament, das du uns zubereitest?", fragte Schnüfferl, das gespannt die Tätigkeiten des Rabens beobachtete. „Das Medikament heißt *Melanzane al forno*." - „Aha, das klingt ja ausgezeichnet. Die Worte allein zerschmelzen schon auf der Zunge." Habakuk hatte die Scheiben mit Zitronensaft eingerieben, anschließend leicht gesalzen, auf ein Küchenkrepp gelegt und etwa eine halbe Stunde ziehen lassen.
Merkwürdig, dass der alte Rabe sich um die Blaugurke nicht mehr kümmerte. „Wieso hast du das gemacht, Habakuk?" - „Weil die Frucht Bitterstoffe enthält und mit dieser einfachen Methode kann man sie entschärfen, jetzt aber werden sie herausgebacken und mit maghrebinischem Parfum gewürzt." - „Mit Parfüm? Igitigit! Mit maghrebinischem?" - „Mit Knoblauch, wenn du es genauer wissen willst, ohne den kommt die mediterrane Küche nicht aus." Nun duftete die ganze Küche nach den gebackenen Melanzane, auch noch, als die beiden das Essen in Windes Eile verputzt hatten. Aber das hättet ihr wohl auch, nicht wahr?

Wie wär's mit dem Rezept?

MELANZANI GEFÜLLT
Zutaten:
4 große Melanzani (800 g)
Füllung:
2 kleine Zwiebel à 60 g
1 Ei
3 EL Olivenöl
1 Bunde Petersilie
250 g Faschiertes
30 g Parmesan
Salz, Pfeffer

Außerdem:
4 EL Tomatenketchup
8 EL Sauerrahm

Zubereitung:
Melanzani waschen, längs halbieren und mit der Schnittfläche nach unten in gesalzenem Wasser 10 Minuten kochen lassen. Anschließend das Fruchtfleisch zur Hälfte rausschaben und würfeln.
Für die Füllung: Zwiebel fein hacken und in Olivenöl leicht anbraten.

Faschiertes dazugeben und kurz mitrösten. Melanzanifleisch gut durchmischen und unter das Faschierte heben. Melanzanihälften damit füllen und in eine feuerfeste, leicht befettete Form legen. Ketchup und Sauerrahm verrühren und über die Melanzani gießen. Bei 200 Grad ca. 20-30 min. überbacken. (Das Ganze geht auch mit Zucchini, statt mit Melanzani).
(4-6 Portionen, 388 bzw. 259 kcal = 1624-1084 KJ)
Na, schmeckt's?

DER PANZERBEEREN I. TEIL
Der Kürbis

Kürbiszeit ist Halloween - Zeit, aber schon lange vor Halloween hatte man Kürbisse feilgeboten. Schon von August an, aber Ende Oktober ist erst Halloween, wo man aus den ausgehöhlten Kürbissen allerlei Gruselköpfe schnitzt und sie von innen her beleuchtet. Und so schleppte sich Schnüfferl ebenfalls mit einem riesigen, schweren Kürbis ab. „Ja was machst du denn da, Schnüfferl?", fragte Habakuk und flog auch schon herbei, um dieses riesige runde Dings zu betrachten.
Da machen wir ein großes Gespenst daraus", meinte das kleine Schweinchen und lachte. „Gut, aber den ausgeschälten Inhalt werden wir verkochen." - „Kann man denn das Fruchtfleisch essen?" - „Und ob, wir werden eine Suppe machen." - „Das ist was Neues, dass man Kürbisse essen kann, gelt." - „Von den etwa achthundert verschiedenen Kürbis-Sorten, zu denen auch die Zucchini gehören, sind alle essbar. Viele werden freilich nur zur Zierde verwendet, aber der Kürbis[125] gehört zu den ältesten Kulturpflanzen des Menschen. Archäologische Funde von Kürbissamen haben gezeigt, dass ihn schon die Ureinwohner Amerikas vor 8000 Jahren verwendeten." - „Waaas, die Amerikaner kannten den Kürbis auch schon?" - „Du bist gut, Schnüfferl. Der Kürbis kommt ja von Amerika und zwar aus dem tropischen Teil dieses Kontinents. Nach Europa ist der Kürbis erst mit der Entdeckung Amerikas durch Columbus gekommen, hat aber lange Zeit ein tristes Schattendasein geführt." - „Ja warum denn das?" - „Wohl wegen seines mangelnden Aromas. So wurde bei uns der Kürbis als Viehfutter verwendet oder war als Arme-Leute-Essen verschmäht." - „Und heute? Schmeckt er denn heute besser als damals?" - „Das wohl nicht, aber heute feiert der Kürbis auch in den gehobenen Küchen seinen kulinarischen Siegeszug. Vielleicht spielt auch die moderne Ernährungsmedizin eine Rolle."
„Man kann doch den Leuten alles einreden, wenn man es unter dem Mantel der Gesundheit verkauft, den größten Schmarren, so auch den

Kürbis", dachte sich das kleine Schweinchen, aber was sollte es mit der Ernährung wohl auf sich haben? Also fragte es: „Was hat das mit der modernen Ernährung zu tun, Habakuk?" - „Weil er satt macht und wegen seines hohen Wassergehaltes von bis zu 90 Prozent nur einen niedrigen Kaloriengehalt aufweist. Man wird daher nicht dick. Zudem ist der Kürbis reich an Mineralien. Er enthält eine Fülle an Kalium und Magnesium und auch blutbildendes Eisen. Besonders reich ist sein Fruchtfleisch auch an Vitaminen. Die gelborange Farbe stammt vom Karotin, der Vorstufe des Vitamin A, welches unentbehrlich für das Sehvermögen ist. Da das Beta-Carotin sehr lichtempfindlich ist, soll man das Kürbisfleisch möglichst lichtgeschützt aufbewahren, da es sonst rasch zerfällt."

Informiert blickte Schnüfferl zu Habakuk und sagte: „Dann ist er also sehr gesund, das denke ich mir." Die Stimme klang dieses Mal aber wenig begeistert, und Habakuk hakte nach: „Was dachtest du dir?" - „Dass er deshalb nicht gut schmeckt", antwortete das Schweinchen, das sich schon auf die Kürbiscremsuppe fürchtete, die ihm Habakuk ankündigte, oder sollen wir lieber sagen androhte? „Aber du täuschst dich, Schnüfferl, wirklich. Das Mauerblümchendasein, das der Kürbis früher geführt hat, bestand zu Unrecht. Man kann ihn für die unterschiedlichsten Gerichte verwenden, mit zarten Kräutern wie Thymian und Dille oder auch exotischen Gewürzen verfeinern, man kann ihn wie ein Schnitzerl herausbacken, na und die Suppe erst, du wirst schon sehen."

Vorfreude soll bekanntlich die schönste Freude sein, die reinste, aber nicht, wenn man so etwas erwartet wie eine Kürbiscremesuppe - igitigit. Und so saß Schnüfferl gelangweilt im Zimmer, während sich Habakuk mit der Zubereitung der Suppe abquälte. „Kürbis macht nicht dick, macht nicht dick", sagte sich das Schweinchen ständig vor, aber um welchen Preis? Heißt es nicht so, dass alle guten Dinge entweder unmoralisch sind, verboten sind oder dick machen? Der Geruch aus der Küche hätte fast, aber nur fast, die Meinung des kleinen Schweinchens geändert. Es roch phantastisch. Das allerdings kann nicht von der Kürbiscremsuppe sein, oh nein, sicherlich nicht, die ist ja gesund. Waren es vielleicht Hungerphantasien? Dass die Suppe ins Speisezimmer gebracht wurde, das war keine Phantasie, das war Realität pur. Da stand sie nun am Tisch und dampfte. Schön sah sie schon aus, und ein Häubchen Schlagobers (Sahnehäubchen) zierte die Suppe. „Komm zum Essen, Schnüfferl! Die Suppe ist fertig, dann kannst du dein Gespenst schnitzen." Schnüfferl bewegte sich langsam, was sonst so ganz und gar nicht seine Sache war. Noch langsamer tauchte es den Löffel in die Suppe und kostete, aber dann: „Oho! Die schmeckt ja ganz vorzüglich!", ließ Schnüfferl von sich und löffelte und löffelte. „Was dachtest du denn?", sagte der Rabe, aber Schnüfferl war ganz auf die Suppe konzentriert. Dass es Schnüfferl wirklich mundete, konnte man allein schon aus der andächtigen Stille entnehmen, die beim Essen herrschte.

Und wenn ihr nicht glaubt, dass die Suppe wirklich gut schmeckt, hier das Rezept:

KÜRBISCREME SUPPE
Für vier Personen
Zutaten:
500 g Kürbisfleisch
1 Schalotte, fein gehackt (Zwiebel in Büscheln)
1 EL Butter
500 g Gemüsebrühe
100 ml Weißwein
200 ml Crème fraîche
Salz, Pfeffer aus der Mühle
1 Messerspitze Ingwerpulver
1 Messerspitze Cayennepfeffer

Zubereitung:
Das Kürbisfleisch in Würfel schneiden. Die Schalotte in der Butter andämpfen, die Kürbiswürfel zugeben und kurz köcheln lassen, bis der Kürbis sehr weich ist. Den Weißwein angießen und das Ganze weitere fünf Minuten kochen. Mit Crème fraîche verfeinern und mit Gewürzen abschmecken. Die Suppe durch ein Sieb streichen oder im Mixer pürieren und nochmals vorsichtig erwärmen. Eventuell mit einem Schlagobers (Sahne)Häubchen garnieren und einige Kürbiskerne darüber gestreut.

Oder wie wär's mit einer Kürbispfanne?

KÜRBISPFANNE
Für vier Personen
Zutaten:
1 Knoblauchzehe
2 EL Speiseöl (z.B. Rapsöl)
400 g Kürbisfleisch
1 Peperoni

12 schwarze Oliven
1 EWL Butterschmalz
8 Eier
60 g geriebenen Emmentaler
2 EL Petersilie (frisch oder TK)
Salz, Pfeffer,
100 g Butterkäse
2 EL Kürbiskerne

Zubereitung:
Knoblauch schälen, zerdrücken und mit Öl und Pfeffer vermischen. Kürbisfleisch in feine Scheiben schneiden und eine Stunde im Öl marinieren. Peperoni putzen, waschen und hacken, Oliven entsteinen und klein schneiden. Butterschmalz in einer großen Pfanne erhitzen, Kürbis, Peperoni und Oliven 10 Minuten darin dünsten. Eier, Emmentaler und Petersilie verquirlen, mit Salz und Pfeffer würzen. Die Mischung über den Kürbis gießen und stocken lassen. Butterkäse in Streifen schneiden, zusammen mit den Kürbiskernen darüber streuen. Im vorgeheizten Ofen bei 250 Grad überbacken, bis der Käse zerläuft.

DER PANZERBEEREN II. TEIL
Melonen und Gurken

„Die Panzerbeeren haben dir ja geschmeckt", sagte Habakuk und lächelte geheimnisvoll. Schnüfferl wußte im Moment nicht, wovon Habakuk sprach, aber von Zeit zu Zeit hatte der alte Rabe diese unklare, mystische Redeweise. Was soll's?
Mürrisch fragte Schnüfferl nach: „Welche Panzerbeeren? Das klingt ja so kriegerisch." - „Aber Kürbisse sind doch nicht kriegerisch und Kürbisse sind Beerenfrüchte." - „Beerenfrüchte? Diese Riesen sind Beerenfrüchte." - „Genauso wie die Gurken[126] und die Melonen auch." - „Die Gurken und die Melonen?" - „Ja, auch die Gurken und die Melonen, beide rechnet man zu den Kürbisgewächsen!" - „Kommen die ebenfalls aus Amerika?" - „Nein, die stammen aus dem tropischen Asien. Ihre Früchte werden als Panzerbeeren bezeichnet. Es sind derbschalige und vielsamige Panzerbeeren." - „Du hast Recht, ich liebe Panzerbeeren, besonders die Melonen, nam, nam." Schnüfferl schmatzte, leckte sich sein Schnäuzchen und sehnte sich nach so einer Panzerkugel. „Weißt du, die Melonen brauchen viel Sonne, weswegen sie vorzüglich in den warmen Regionen gut gedeihen, wie in Süd- und Südosteuropa, Nordafrika und im Vorderen Orient."
Schnüfferl machte ein trauriges Gesicht, dann fragte es: „Dann gibt es

bei uns gar keine Melonen?" - „Doch, doch, auch bei uns wachsen und gedeihen sie, die rotfleischige Wassermelone (Citrullus lanatus) wie auch die gelbfleischige Zuckermelone (Cucumis melo)." - „Im Sommer habe ich die Wassermelonen am liebsten, besonders wenn sie frisch gekühlt sind", sagte Schnüfferl und leckte sich nochmals das Schnäuzchen. „Ich mag sie auch gerne. Von den Wassermelonen gibt es heute an die fünfzig verschiedene Sorten, die ursprünglich aus den Steppengebieten Zentralafrikas kamen. Schon die alten Ägypter, Griechen und Römer schätzten sie sehr." - „Sie löschen den Durst, gelt ja?" - „Ja, sie bestehen bis zu 95 Prozent aus Wasser, nebenbei haben sie auch eine nierenreinigende Wirkung. Die Nieren wollen ja immer gespült werden. Und zum Unterschied zu den Zuckermelonen ist ihr Anteil an Vitaminen und Mineralstoffen jedoch gering, auch ihr Zuckergehalt ist nicht übermäßig stark, sodass auf hundert Gramm nur 37 Kilo Kalorien oder 155 Kilo-Joule kommen." - „Mir schmecken sie aber trotzdem", sagte Schnüfferl und sah träumerisch gegen den Himmel, als ob man sie von oben hätte ernten können.

Habakuk schwärmte von den gelben Dingern: „Die honiggelben, glatten Zuckermelonen haben ebenfalls einen hohen Wasseranteil, bis zu 87 Prozent, weisen aber eine höheren Mineralstoff- und Vitaminanteil auf als die Wassermelonen. Ihr Vitamin A-Gehalt ist beachtlich hoch." - „Wozu brauchen wir denn die A-Vitamine?" - „Die sind für unser Immunsystem wichtig und auch für den Aufbau von Haut und Schleimhäuten." - „Aber mein Durst wird von den süßen Zuckerdingen nicht gelöscht." - „ Durch den hohen Zuckergehalt sind sie auch nur bedingt als Durstlöscher geeignet, Schnüfferl. Aber sie wirken harntreibend und äußerst appetitanregend." - „Puh! Pipimelonen sind das, nein danke. Aber, sag Habakuk, gibt es woanders auch Melonen?" - „Na, ja. In den afrikanisch-vorderasiatischen Wüstengebieten kommt noch eine bestimmte Kürbisart vor, die Koloquinte, welche die Wissenschafter Citrullus colocynthis nennen und die auch Bitter-Apfel genannt wird." „Melonen in der Wüste?", dachte sich Schnüfferl. So eine Gemeinheit, wenn die auch noch harntreibend sind, wenn man doch ohnedies so viel Wasser benötigt, wenn man in der Wüste lebt. Also, sicherheitshalber sollte man fragen: „Und die ist auch harntreibend?" Habakuk lächelte, dann sagte er: „Die treibt woanders, sie hat eine abführende Wirkung. Zusätzlich ist sie reich an Bitterstoffen. Ihre Wirkung war schon den alten Griechen und Römern bekannt." - „Wie groß werden denn diese Kürbisse?" - „Die Koloquinte ist kugelig mit etwa 6 bis 8 cm Durchmesser. Ihre Samen sind flach eiförmig und ölreich und bilden eine schmackhafte Nahrung. Die Kerne enthalten als wirksame Stoffe[127]

- ich meine diejenigen, die abführend wirken - ein Harz und das bitter schmeckende Glukosid Colocynthin." - „Sonst kann man die exotischen Kürbisse für nichts gebrauchen, gelt?"

Habakuk brauchte nicht lange zu überlegen, sondern erklärte Schnüfferl: „Mit den ausgetrockneten Früchten der Koloquinte könnte man Fußball spielen. Und da wäre noch der Flaschenkürbis der Gattung Lagenaria[128] zu erwähnen. Wie der Name schon verrät, macht man aus ihm verschiedene Behälter. Überall im tropischen Afrika, wo dieser Kürbis zu Hause ist, werden Kalebassen, also Behälter aus ihnen gemacht. Dass ich nicht vergesse, im Mittelmeerraum wächst und gedeiht eine ganz besondere Art, die Spritzgurke oder Ecballium. Sie kann ihre Samen bis über zwölf Meter herausspritzen." Unwillkürlich legte Schnüfferl seine Ohren an und duckte sich: „Zwölf Meter, zwölf Meter", wiederholte es aufgeregt, als ob es schon einen Schuss davon abbekommen hätte, oder dachte es vielleicht an die Fußball-Weltmeisterschaft?

Nun entdeckte Schnüfferl erst, dass es zum Essen Gurkensalat gab. Fein gehachelte Gurkenscheiben mit Sauerrahm und ein wenig geschnittenen Schnittlauch darüber gestreut mit einer Prise Salz. Egal, diese Gurke spritzt nicht mehr, und so saß das kleine Schweinchen auch schon bei Tisch, bei seinen Panzerbeeren.

> Wir denken an die Fische, die wir in Ägypten umsonst bekamen, an die Gurken und Melonen, an den Lauch, an die Zwiebeln und an den Knoblauch / doch jetzt vertrocknet uns die Kehle, nichts bekommen wir zu sehen als immer nur Manna[129].
> *Num. 11,5/6*

PFLANZEN, DIE DIE WELT VERÄNDERTEN

EARCHTLING,
DIE RETTUNG AUS DEM BODEN
Die Kartoffel (Solanum tuberosum)

Schnüfferl stocherte lustlos im Kartoffelpüree herum. Es formte Autobahnen, kleine Burgen und ließ die zerronnene Butter in den

Spiralen, die es aus dem Püree formte, herunterrinnen. Nur die köstlichen, gerösteten Zwiebelringerl hatte es schon längst verspeist, das war aber auch alles. Das Püree, oder was immer das war, hatte große Ähnlichkeit mit Kleister. Ab und zu nahm es einen Löffel davon, indem es wieder eine neue Straße plante. „Schmeckt dir das Püree nicht?", fragte Habakuk streng. „Nam, nam, na-natürlich schmeckt es mir, wieso fragst du Habakuk?", antwortete das kleine Schweinchen verdattert, das sich beim Spielen ertappt und durchschaut fühlte. „Weil ohne die Kartoffelknolle schon viele Menschen verhungert wären." - „Soll ich deswegen ein wenig übriglassen?" Schnüfferl wollte schon den Löffel weglegen, vielleicht könnte es einem Menschen das Leben retten? Aber Habakuk erwiderte schon: „Iss nur, iss! Kartoffeln sind gesund."
Schnüfferl schaute Habakuk fragend an, als ob es sagen wollte: ‚Und muss ich deshalb krank werden.' Dann aber dozierte Habakuk gleich weiter: „Die Kartoffel besteht aus etwa 72 bis 78 Prozent Wasser und ist mit 13 bis 17 Prozent besonders reich an Stärke. An die zwei Prozent sind Proteine. Daneben kommen noch Zellulose, Mineralsalze, besonders Kalium, dann Fette, Zucker und Vitamin A und C vor." Schnüfferl dachte sich nur: ‚Oh du meine Güte, was da alles d'rin ist. Die Hälfte würde mir auch schon reichen'. Aber Habakuk redete weiter: „Nicht umsonst beträgt der Kartoffelverbrauch in Deutschland pro Kopf und Jahr an die zweihundert Kilogramm." - „Um Gottes Willen, zweihundert Kilogramm, das wären ja ? kg pro Tag vom Säugling bis zum Großpapa, das kann ich mir nicht gut vorstellen." - „Nicht jede Kartoffel wird gleich gegessen. Neben der Ernährung für den Menschen wird die Kartoffel auch an Tiere verfüttert. Darüber hinaus dient die Knolle auch noch zur Herstellung von Stärke, die man in der Kosmetik und z.B. bei der Papierherstellung verwendet, und schließlich macht man auch Spiritus daraus." - „Meinst du vielleicht Wodka?" - „Diese besondere Form des ‚Wässerchens', was das Wort Wodka ja bedeutet, stammt meist auch aus der Kartoffel." - „Dann stammt die Kartoffel aus Russland?" - „Nein, nein, ganz und gar nicht, Schnüfferl. Die Erdäpfel[130], Bramburi, Krumbira oder Earchtling, wie man die Kartoffel bei uns noch nennt, ist ursprünglich in Süd- und Zentralamerika beheimatet, wo die Indianer sie schon lange kannten." ‚Gibt es denn gar nichts Heimisches mehr?', dachte sich Schnüfferl, dann stellte es doch noch eine Frage: „Wie sind die Kartoffeln dann zu uns gekommen?" Habakuk hatte schon auf diese Frage gewartet, sonst, wie wir ihn ja schon kennen gelernt haben, hätte er sich sicherlich die Frage selbst gestellt: „Bald schon nach der Entdeckung Amerikas kam die Kartoffel[131] aus den heimischen Andenländern 1560 nach Spanien, wo sie anfänglich nur in Gärten zur Zierde gezüchtet wurde, denn die Pflanze ist fast zur Gänze giftig, sehr giftig sogar." Da

machte Schnüfferl plötzlich einen Satz in die Luft und mit weit aufgerissenen Augen stammelte es heraus: „Giftig? Schwer giftig sogar? Und das gibst du mir zum Essen?" - „Aber Schnüfferl, ich habe dabei schon aufgepasst. In der Kartoffel sind toxische Steroidalkaloide, besonders in den unreifen Knollen, oder auch beim Lagern im Licht können sich diese Giftstoffe entwickeln. Na, und das restliche, das besonders Giftige, hast du ohnedies nicht zum Essen bekommen." Schnüfferl stand noch immer ganz erschrocken da. Dicke Schweißperlen standen auf seiner Stirne, dann machte es einen tiefen Seufzer und brabbelte halblaut vor sich hin: „Gift, nichts als Gift."
Habakuk, der zwar nicht gehört hatte, aber schon ahnte, was das kleine Schweinchen vor sich hinbrabbelte, sagte vorsorglich: „Schau Schnüfferl du isst doch auch Tomaten, die sogenannten Paradeiser.[132]" Schnüfferl brachte nur ein gequältes: „Ja, ja!", hervor. „Siehst du, die Tomate, oder der Paradeiser, wie man in Österreich dazu sagt, was soviel wie Pardiesäpfel bedeutet, gehört ebenfalls wie die Kartoffel zu den Nachtschattengewächsen und ist ebenso giftig, bis auf die rote Frucht. Der Paradeiser oder Liebesapfel, wie er noch genannt wird, gehört ebenfalls zu den alten peruanisch-mexikanischen Kulturpflanzen, die bei uns aber erst im 19. Jahrhundert stärkere Verbreitung fanden." - „Auch die Paradeiser sind giftig?", wiederholte Schnüfferl, das es gar nicht fassen konnte, dass das von ihm so geschätzte Gemüse giftig sein sollte. „Alle Nachtschattengewächse sind giftig", sagte Habakuk streng und fügte gleich hinzu: „Auch die Eierfrucht oder Melanzani[133], die ebenfalls aus dem tropischen Amerika stammt." - „Die Eierfrucht?", entsetzt wiederholte Schnüfferl die Worte Habakuks, denn Melanzani gehörten, neben Paradeiser zu seinem Lieblingsgemüse. „Ja, gibt es denn nur giftiges Gemüse in Amerika? Das ist doch schrecklich. Bin ich aber froh, dass wir bei uns nichts dergleichen haben."
Wie lautet das 11. Gebot? „Du sollst dich nicht täuschen." Habakuk sagte gleich ohne Umschweife: „Da täuschst du dich aber, Schnüfferl. Die einheimische Tollkirsche[134], der weiße Stechapfel[135], die Engelsposaune[136] und das Korallenbäumchen[137], wie auch die heimischen Ruderalpflanzen[138], zu denen das Schwarzes Bilsenkraut[139] und der Bocksdorn[140] gehören, auch der Bittersüße Nachtschatten[141], der in Augehölzen klettert, sie alle rechnet man zu den Nachtschattengewächsen, und sämtliche Pflanzen, die dieser Familie angehören, sind giftig!" - „Alle?" - „Alle, auch die Judenkirsche[142], die du so gerne verspeist, das heißt, alles an der Judenkirsche, mit Ausnahme der gut schmeckenden Frucht natürlich." Dabei schmatzte der alte Rabe ein wenig, denn die dunkelorangen Früchte liebte auch er über alles. Selbstverständlich wusste das kleine Schweinchen von dieser Vorliebe. Na, und wenn der Rabe, der schon um so vieles älter

ist als Schnüfferl, diese Giftkugeln überlebt hatte, na, dann würde es wohl auch den Kartoffelpapp überleben.

Aber es wäre nicht das Schweinchen, wenn es nicht neugierig geworden wäre, neugierig, wie die Menschen auf den Verwendungszweck gekommen sind. So fragte es gleich: „Aber seit wann werden denn die Kartoffeln zum Verspeisen verwendet?" - „Sir Francis Drake, von dem ich dir schon in einem anderen Zusammenhang erzählt habe, übergab die Pflanze 1586 an den Botaniker Thomas Harriot, welcher sie wiederum an den Botaniker John Gerard gab, der sie in London im Garten anpflanzte. Sir Walter Raleigh[143] setzte sie dann in Youghal in Irland an. Dort wurde sie zunächst als Kulturpflanze und bald darauf als Volksnahrungsmittel genutzt. Der Anbau in Deutschland wurde durch Friedrich den Großen[144] entscheidend gefördert, erreichte aber erst um 1850 größeren Umfang. Im Jahr 1719 brachten irische Siedler aus Londonderry die 'Irish potatoe' nach Nordamerika, genau gesagt, nach New Hampshire, wo sie bald zu einer der wichtigsten Feldfrüchte wurde."

Schnüfferl suchte im Geiste im Atlas, wo die Kartoffel überall hinwanderte, aber wie kam sie letztendlich nach Österreich, wie gelangte sie auf seinen Teller? „Und wie ist die Kartoffel nach Österreich gekommen?", sprudelte es heraus. „Der Botaniker Clusius aus Wien erhielt die erste Kartoffelpflanze aus Italien. Doch erst im 18. Jahrhundert wurde die vorher nur als Viehfutter und Brotzusatz gebrauchte Knolle zum wichtigsten Nahrungsmittel in Österreich wie auch vieler europäischer Völker. Die Kartoffel wurde zum ‚Brot der Armen', und so werden in Europa heute etwa 9/10 der Welternte erzeugt, das sind etwa zweihundert Millionen Tonnen." - „Da müssen wir den Entdeckern Amerikas dankbar sein." - „Genau, denn ohne diese Entdeckung wäre unser Speisezettel viel eintöniger. Neben der Kartoffel, den Tomaten und der Eierfrucht, stammen ja auch der Mais und der Tabak aus Mittel- und Südamerika."

Schweinchen sah Habakuk mit strahlenden Augen an, dann sagte der alte Rabe: „Aber nun Schweinchen, iss schnell dein Püree, sonst wird es noch kalt!" Schnüfferl setzte sich auch gleich wieder zum Tisch und aß mit Begeisterung seinen Kartoffelbrei, den es nun mit ganz anderen Augen sah, als vorher, na und geschmeckt hat es ihm auch, sehr sogar.

Was nützt es, wenn man um die Ewigkeit des Universums weiß und Hunger hat. Aber dafür weiß Schnüfferl ein hervorragendes Rezept, einen:

KARTOFFEL-CHAMPIGNON-AUFLAUF
Zutaten:
1 kg   mehlige Kartoffeln
150 g   Zwiebel
1/4 l   Sauerrahm
50 g   geriebener Käse (z.B. Gouda; gesprochen: ˈxauda)
200 g   Champignons
Schnittlauch, Salz, Pfeffer

Zubereitung:
Kartoffel kochen und erkalten lassen. Inzwischen die Champignons in Scheiben schneiden und dünsten. Kartoffel schälen, reiben und mit Salz, Pfeffer, Schnittlauch, den fein gehackten Zwiebeln und Sauerrahm gut vermengen. Schichtweise mit den gedünsteten Champignons in eine befettete Auflaufform füllen. Mit geriebenen Käse bestreuen und bei 200 Grad ca. 30 Minuten, bis der Käse bräunlich wird, backen.
(4-6 Portionen à 353 bzw. 235 kcal = 1478 – 893,7 KJ)

DAS GRÜNE GERICHT
UND DAS GRÜNE GESICHT
Der Spinat

Heikel ist Schnüfferl gerade nicht, aber was es da am Tisch sah, nein danke! Und dabei hatte sich Habakuk so bemüht. Aber dieses Mal sagte Schnüfferl, das seinen kleinen Rüssel runzelte: „Nein!", und dabei sollte es bleiben. „Nein, Spinat[145] ess' ich nicht, nein!" Es fehlte gerade noch, dass es heftig aufstampfte. Habakuk blieb auffällig ruhig. Es schob den Teller zu sich herüber und verspeiste mit Genuss das grüne Gericht. Sein Schnabel war vom Spinat ganz angesabbert und sah urkomisch aus. Das kleine Schweinchen konnte es gar nicht fassen, dass Spinat so gut schmecken sollte, denn Habakuk aß ihn mit größtem Appetit.
Da sagte Habakuk, wobei ihm abermals einige Spinatreste vom Schnabel heruntertropften: „Spinat ist sehr gesund, musst du wissen." Das kleine Schweinchen antwortete mit leicht nasaler Stimme, denn Schnüfferls Rüssel war noch immer ein wenig faltig: „Ist das nicht der mit der Kommastelle?" - „Du meinst, den Irrtum mit dem Eisengehalt des Spinates? Das ist richtig. So viel Eisen ist nämlich nicht darin, wie man früher den Kindern weis machen wollte, aber..." - „Siehst du, ich wusste es, es ist alles Schwindel mit dem Spinat." Habakuk blickte kurz von seinem Teller auf. Er sah gespenstisch aus mit seiner grünen Schnabelspitze. Na, und sein Gefieder war auch nicht schlecht ange-

sabbert. Dann sagte er schließlich: „Im Spinat ist zwar nicht viel mehr Eisen enthalten als im Ei oder im Weißbrot, dennoch ist Spinat sehr gesund, er ist der Besen des Magens, schließlich wurde Spinat früher als Heilkraut angesehen, welches die Kreuzritter und die Araber nach Europa brachten."
Schnüfferl wurde nachdenklich: „Die Araber, sagst du?" Dabei sah Schnüfferl tief in den Teller Habakuks. „Der Spinat stammt aus Mittelasien, heute allerdings wird der Spinat weltweit angebaut, mit Ausnahme der tropischen Länder. Es existieren sogar sechsundvierzig Sorten davon. Der Name selbst kommt ebenfalls auch aus dem Arabischen, dort heißt der Spinat *sabanadsch*[146], und im Englischen heißt er…" - „*spinach*", warf Schnüfferl vorlaut ein, und Habakuk erwiderte: „Ja, und im Französischen *épinard* was sich vom Altfranzösischen *espinach* ableitet. Im Mittelalter war der Spinat noch eine Arzneipflanze."
Schnüfferls Rüssel, der wieder rosa und glatt aussah, streckte sich immer näher in Richtung Habakuks Teller. Da sagte Habakuk: „Spinat ist reich an lebenswichtigen Mineralstoffen wie Phosphor, Kalzium, Kalium, Magnesium, Kupfer, Jod und auch Eisen[147], dann enthält er noch zahlreiche Vitamine wie die Vitamine A, B1, B2, B6, Beta-(ß)-Karotin und Vitamin C. Je nach der Gemüsesorte zwischen 40 bis 155 mg Prozent, in konservierten Produkten sind es nur mehr 20 mg Prozent. Daneben gibt es noch Kohlehydrate, Eiweiß und Fette, Saponine, Betain, histaminaktive Imidazolderivate, Acetylcholin und auch Oxalsäure." Der alte Rabe war besser als der geübteste Marktschreier. Habakuk kam fast ins Schwärmen, als er die ganze Rezeptur seiner Arznei aufzählte, die er zu sich nahm. Dann erblickte er Schnüfferl, das ganz verlegen war. „Was grübelst du?", fragte Habakuk. - „Geht's auch ein bisschen weniger wissenschaftlich?" - „Weniger was?" - „Wissenschaftlich", wiederholte Schnüfferl und fügte gleich hinzu: „So etwas, was auch kleine Schweinchen verstehen können, vielleicht etwas praktischer." - „Praktischer?" - „Ja, praktischer. Du hast mich überzeugt, dass Spinat etwas Gesundes ist, da möchte ich mich nicht ausschließen."
Da lachten beide, und Habakuk sagte: „Es ist gut, dass du jetzt davon isst, weil man Spinat nicht lange stehen lassen darf, um ihn anschließend zu essen." - „Und warum nicht?" - „Weil bei starker Stickstoffdüngung oft ein hoher Nitratgehalt darin enthalten sein kann. Ein Großteil, nämlich vierzig bis siebzig Prozent wird zwar beim Blanchieren des Spinats ausgewaschen, der Rest aber wird durch nitrifizierende Bakterien in Nitrit umgewandelt und Nitrit ist gesundheitsschädlich, besonders kleine Schweinchen und Kinder reagieren empfindlich darauf. Wenn man den Spinat nach einer oder zwei Stunden wieder aufwärmt, macht das nichts, aber man darf ihn nicht über die Nacht stehen lassen und dann essen."

Schnüfferl fuhr hoch. Nun war auch sein Schnäuzchen voller Spinat, und es sah fast einem Außerirdischen, sagen wir einem grünen Marsschweinchen ähnlich. Der alte Rabe musste schmunzeln, als er Schnüfferl so sah und sagte: „Beruhige dich, Schnüfferl. Nun trinke dein Glas Milch." Das brauchte man Schnüfferl natürlich nicht zweimal zu sagen, dann erzählte Habakuk, dass es gesund sei, Milch zu trinken, denn das darin enthalten Kalzium neutralisiert die Oxalsäure, von der man Nierensteine bekommen kann, zu Kalziumoxalat. Aber das größte Wunder, welches der Spinat bewirkte, war, dass Schnüfferl noch einen Teller verlangte.

Anmerkung: Am Gründonnerstag, für Christen ein Fasttag, isst man gerne Spinat mit gerösteten Kartoffel und Spiegelei. Nur hat der grüne Spinat mit G r ü n – Donnerstag nichts gemein. Das Wort Grün bei Gründonnerstag leitet sich vom Mittelhochdeutschen ‚grinnen' ab, was soviel bedeutet wie (mit den Zähnen) knirschen, kneifen, weinerlich das Gesicht verziehen, weinen. Es soll an die Leiden Jesu Christi erinnern.

GRÜN MÜSSTE MAN SEIN

„Ja, Schnüfferl, wie siehst denn du aus?" - „Gefall' ich dir vielleicht nicht?" - „Oh ja doch, oh ja, die grüne Farbe steht dir gut, gehst du auf ein Faschingsgschnas[148]? Gehst du vielleicht als Frosch? Oder, nein ich hab's, das Grün passt eher zu einen Salathäuptel." - „Wo denkst du denn hin, ich will nun ein Spinatschweinchen sein." - „Ein Spinatschweinchen? Und warum das?" - „Spinatschweinchen sind dünn und attraktiv." - „Aber hübsch bist du doch auch so, auch ohne deine Bemalung. Wie kommst du denn darauf?" - „Ich habe gelesen, dass ein japanisches Forscherteam unter der Leitung von Professor Akira Iritani von der Kinki-Universität bei Osada sogenannte FAD2-Spinatgene in befruchtete Schweine-Eizellen eingepflanzt hat. Ich weiß zwar nicht, was das ist, aber jedenfalls sind die Schweinderln jetzt begehrenswerter, steht in dem Bericht geschrieben, und ich will auch begehrenswert sein." - „Und diese genetisch manipulierten Schweinderln können jetzt assimilieren so wie die Pflanzen, oder?", fragte Habakuk scherzend. „Aber wo denkst du hin, Habakuk, die Spinatschweinderln haben viel weniger Fettsäuren, um ein Fünftel weniger sogar, haben die Forscher geschrieben!" - „Und du glaubst, wenn du dich grün anstreichst, dass du dann auch ein Spinatferkel bist, oder?" - „Ja, warum denn nicht?" - „Schau Schweinchen, die

Spinatgene sind in der genetischen Substanz enthalten. Die Schweinderln sind deshalb doch nicht grün."
Habakuk verstand es wieder einmal, einem jede Freude zu nehmen mit seinen wissenschaftlichen Ansichten. Wie stehe ich nun da, dachte sich Schnüfferl, wie ein angeschmiertes Ferkel, oder so. Da ergriff Habakuk das Wort: „Die Menschen versuchen in alle möglichen Pflanzen- und Tierarten fremde Erbsubstanzen einzuschleusen und melden dann die Pflanzen und Tiere als ihre Erfindungen beim Patentamt an." - „Das ist ja unglaublich." - „Unglaublich? Das ist eine Gemeinheit, eine Anmaßung, wenn Menschen glauben, dass sie ein Recht haben, Patente auf Lebewesen zu bekommen", donnerte der alte Rabe, während Schweinchen große Ohren machte und ihm aufmerksam zuhörte. Nach einer kurzen Verschnaufpause predigte Habakuk gleich wieder weiter: „Und weißt du, warum die Menschen das machen, glaubst du dass sie das aus Liebe zu den Schweinderln machen? Aber nein, wo denkst du hin?" - „Lieben sie denn uns Schweinderln nicht?" - „Sie lieben die Schweinderln, sicherlich, aber anders als du dir das vorstellen kannst, sie haben sie sogar zum Fressen gern. Deshalb machen sie diese Genmanipulationen, damit die Schweinchen weniger fett und für sie schmackhafter werden, sie machen es nicht den Schweinen zuliebe."

**Leichenschauhaus:
Mir sind meine Verwandten nicht Wurst**

Einmal musste es gesagt werden, auch wenn es weh tat. Schweinchen kullerten dicke Tränen aus den Augen, machte eine Kehrtwendung und rannte im Galopp aus dem Zimmer. Nach geraumer Zeit kam es wieder zurück, frisch geschrubbt und gewaschen, so frisch und rosig, wie es immer war. „Ich will kein Spinatferkel mehr sein, es darf mir nicht alles „Wurst" sein, was aus mir später einmal wird. Ich habe eine bessere Zukunft verdient." - „Ganz recht, Schweinchen. Wir haben alle Träume, alle haben wir das Recht zu leben und glücklich zu sein." - „Meinst du?" - „Das weiß ich, Schnüfferl, und genauso ist es."

Heute gibt's hot dog

HEILPFLANZEN UND KRÄUTER

BÄRLAUCH
(Allium ursinum)

„Schau, Habakuk, was ich gefunden habe!" - „Was hast du denn gefunden?" Schnüfferl zeigte seinem Freund ein nicht mehr ganz weißes Standgefäß, das schon etliche gute wie schlechte Jahre gesehen hatte. Kratzer oder waren es kleine Sprünge und Risse, zogen sich über seine Oberfläche. Der Deckel schien noch zu passen und quer auf der Seite des zylindrischen Gefäßes stand, noch halbwegs gut zu lesen: 'Herba Allii ursini'. „Ach, wo hast du denn das her, ich hab' schon ganz vergessen dass wir das noch haben, ein antikes Standgefäß aus einer alten Apotheke. Es ist schon über hundert Jahre alt." - „Was, so alt ist das schon, und war das für ein Mittel? F ü r Bären oder g e g e n Bären?", meinte Schnüfferl neugierig. „Wieso kommst du darauf, dass es etwas mit den Bären zu tun haben könnte?" - „Weil da ganz deutlich ursinii steht, das hat doch etwas mit Bären zu tun, oder vielleicht nicht?"
Habakuk verzog keine Mine, aber wo Schnüfferl Recht hatte, hatte es Recht. Ursus bedeutet ja tatsächlich Bär im Lateinischen. Innerlich aber lachte Habakuk, wenn man genau hinsah, so konnte man es sogar an seinen Augen ablesen. Habakuk sagte geheimnisvoll: „Da war einmal Bärlauch drinnen, oder wenn du willst, kann man auch Wilder Knoblauch oder Waldknoblauch dazu sagen." - „Knoblauch?" - „Ja, Knoblauch, zumindest so etwas Ähnliches. Es ist ein Liliengewächs." - „Und das ist eine Knoblauchlilie?" - „Du kannst sagen, was du willst, Bärlauch ist gesund, sehr gesund sogar." - „Aha, dann schmeckt er sicherlich grauslich, gelt, weil alles was sooo gesund ist, einfach scheußlich schmecken muss." - „Das stimmt nicht, zumindest nicht beim Bärlauch. Weißt du was, wir gehen heute in den Wald und sammeln Bärlauchblätter. Den Bärlauch nennt man wegen seines Geruches, auch Waldknoblauch." - „Au, ja, au ja, da freue ich mich schon darauf."
Habakuk und das kleine Schweinchen gingen also in den Wald. Sie brauchten auch gar nicht lange zu suchen, denn der Waldboden war über und über mit den Blättern des Bärlauchs bedeckt, die büschelförmig aus dem Boden sprossen. Es war schier unmöglich, ihn zu übersehen. „Hui, das ist ja der Bär los!", sagte das kleine Schweinchen, als des den duftenden, grünen Teppich sah. Habakuk, ein Liebhaber dieser zarten Frühlingspflanzen, sagte: „Jetzt, im Frühling, wenn die Erde besonders intensiv riecht, weil die Feuchtigkeit des geschmolzenen Schnees noch im Erdreich steckt, da sprießen schon die ersten zarten Blätter des Bärlauchs. Schau, Schnüfferl, er ist leicht ihn an seinen breiten Blättern zu erkennen, aber... " - „Ein ‚aber' gibt es auch?" - „Ja, denn

auch die Maiglöckchen haben ähnliche Blätter wie der Bärlauch, nur entströmt aus ihnen kein knoblauchartiger Duft." - „Na ja, wenn es weiter nichts ist." - „Oh, doch! Maiglöckchen sind äußerst giftig. Immer wieder sterben Menschen daran, die sie mit Bärlauch verwechseln." Schnüfferl machte vor Schreck einen Satz in die Luft. Als es sich wieder gefasst hatte, sagte es: „Meinst du, dass es eine gute Idee ist, Bärlauch zu pflücken?" - „Leben ist nun einmal gefährlich, lebensgefährlich, Schnüfferl, du musst eben aufpassen, was du tust." - „Und was ist an dem Bärlauch so gesund, dass wir das Risiko eingehen sollen?"

Habakuk hielt das Sackerl mit den bereits gepflückten Blättern fest in seinen Krallen, dann begann er: „Erstens hat Bärlauch einen hohen Vitamin C-Gehalt, und dann ist da das duftende ätherische Öl, das aus einem Glykosid, einem Sulfid, Allylpolysulfiden und einem Aldehyd besteht. Dann beinhaltet er noch viel an Eisen, Magnesium und Mangan." Schweinchen sah Habakuk mit weit aufgerissenen Augen an, dann sagte es: „Und das alles soll gesund sein? Das klingt ja wie ein Rezept aus der Apotheke." - „Siehst du, nun weißt du, warum die Apotheker früher die Blätter verkauft haben. Schon die alten Römer schätzten den Bärlauch. Sie nannten ihn ‚Herba salutarius`, was soviel wie Heilpflanze bedeutet. In der Volksmedizin gilt Bärlauch als magen- und blutreinigendes Mittel, und man schreibt ihm auch positive Wirkungen bei Arteriosklerose und bei Bluthochdruck und Verdauungsstörungen zu." Schnüfferl sagte nichts. Mitten in die Stille platze Habakuk mit seinem Rat: „Wir aber nehmen nur die jungen, zarten und frischen Blätter." Schnüfferl, das sich äußerst konzentriert mit dem Aufsammeln beschäftigte, hielt inne, hob sein Köpfchen, und Habakuk redete gleich weiter: „Du musst aber sehr aufpassen, Schnüfferl." - „Aufpassen? Worauf denn, ich pflücke schon keine Maiglöckchen." - „Nein, das meine ich nicht, der Frühling ist sehr gefährlich?" - „Waas? Gefährlich, sagst du? Ja, warum denn?" - „Ja, weil die Bäume alle ausschlagen und das Gras und auch der Bärlauch aus dem Boden schießen." Schnüfferl schüttelte seinen Kopf und brummelte vor sich hin, während es wieder fleißig Blätter zupfte.

Es dauerte auch nicht lange, bis beide zwei, mit Bärlauch prall gefüllte Säcke, beisammen hatten. Zu Hause angekommen, rastete sich Schnüfferl aus, während Habakuk eine ganz hervorragende Bärlauchcremesuppe zubereitete. Schnüfferl, dem der Duft schon die längste Zeit in die Nase stieg, war schon ungeduldig, bis die Suppe auf den Tisch kam. Mein Gott, schmeckte die Suppe gut, und Schnüfferl konnte es gar nicht glauben, dass etwas, was so gesund sein soll, tatsächlich so köstlich schmecken kann. „Na ja", dachte es sich, „warum denn nicht", und nahm noch eine zweite Portion, der Gesundheit zuliebe.

GEWÜRZE

SCHARFMACHER
Die Chilischote

Habakuk und Schnüfferl saßen beim Essen, und beiden schmeckte es ganz vorzüglich. Was es da nicht alles an Erlesenem gab. Da gab es die verschiedensten Arten an Käse, die nur der alte Rabe schätzte, zusammen mit Walnüssen, Haselnüssen und mit Rosinen.
Schnüfferl war eher den Früchten und dem Gemüse zugetan. Da gab es frische Karotten, Gurken, Tomaten – in Österreich sagt man auch „Paradeiser", was von Paradiesäpfel kommt -, grünen und gelben Paprika[149], Melanzani und vieles andere auch. Schnüfferl kostete von allem genüßlich, bis, ja bis es in ein tückisches Gemüserl biss. Es war eine niedlich kleine grüne Schote, die sich als Bombe, als pures grünes Monster herausstellte. Schnüfferl brachte zunächst

Bitte, ich bin unschuldig, die Löcher waren schon da

keinen Laut hervor, nicht einen Grunzer. Schweiß stand ihm auf der Stirn, und aus den Augen quollen dicke Tränen, als ob diese einen Flächenbrand löschen wollten. Erst als das kleine Schweinchen wieder genug Luft zum Atmen fand, brüllte es auf: „Huh, was war denn das, das brennt ja höllisch, das reinste Feuer ist das, das reinste Feuer!"
„Oh!", sagte Habakuk, der für einen Augenblick einmal nicht in den diversen Schüsseln nach Nüssen, seiner Lieblingsspeise, herumstocherte. „Hast du vielleicht die Chilischote verschluckt?" - „Chil-Chil-Chili-Schote, sagst du? Was bitte hat das mit Chili zu tun, das ist ja teuflisch scharf, das Zeugs, oder heißt es vielleicht doch Killy-Schote, dieser kleine grüne Teufel kann einem ja umbringen." - „Na, Schnüfferl, übertreibe nicht gleich. Der Scharfmacher in der Chili-Schote ist das Capsaicin." - „Aber es brennt fürchterlich." - „Auf der Zunge sind nicht nur Geschmackspapillen verteilt, sondern auch Schmerzrezeptoren, welche die Wissenschafter ganz unromantisch TRPV1 bezeichnen. Diese sind von einer fettähnlichen Substanz umgeben, dem PIP2, welche vom Capsaicin gelöst werden und den Schmerz auslösen. Bei jedem Individuum ist die Löslichkeit dieser PIP2-Substanz unterschiedlich, so dass Chilischoten essen für die einen ein wahrer Gaumenkitzel ist, für die andern, wie für dich, du armes Schweinchen, ein mehr als fragwürdiges Vergnügen darstellt."
Schnüfferl schluckte einige Male kräftig. Dabei kollerten ihm Tränen aus seinen hellblauen Augen. Endlich rang sich Schnüfferl einige Worte

ab: „Höre ich da Vergnügen? Es brennt schrecklich, Habakuk, es brennt." Und Schnüfferl hielt sich sein Schnäuzchen. Als das kleine Schweinchen gerade ein Glas Wasser trinken wollte, fuhr der Rabe, der plötzlich aufhörte, seine Nüsse genüßlich zu verspeisen, jäh dazwischen: „Halt, nein, nein, kein Wasser!" Schnüfferl setzte vor Schreck das Glas gleich wieder ab, dann sagte Habakuk, mit einer bedeutend niedrigeren Lautstärke: „Weißt du, Capsaicin ist ein Öl, und das mischt sich nicht mit Wasser, damit verteilst du nur den Brand. Trinke lieber ein Glas Tomatensaft, oder Milch, oder lecke ein wenig an der frischen Zitrone." Schnüfferl leckte die Zitrone ab und trank anschließend den Tomatensaft, sicher ist sicher.

Der Brand war tatsächlich gelöscht, und Habakuk erzählte weiter: „Weißt du, Schnüfferl, dass bereits im Jahr 1912 ein Forscher und zwar Willbur Scotville, eine Schärfeskala für Chilischoten ersann?" - „Das hätte man aber auf die Schote aufkleben müssen so wie: „Achtung sehr scharf, beißt' oder so." - „Gemüsepaprika, bei dem das Capsaicin weggezüchtet wurde, hat den Wert 0, die Jalapeños Schoten kommen auf 5000 und bei den Tezpur Schoten liegt der Wert sogar bei 855.000." - „Aber meine war noch schärfer, viel schärfer", klagte das kleine Schweinchen ganz leise und gequält, sodass der alte Rabe fast Mitleid mir ihm gehabt hätte, wenn er es nicht so gut kennen würde. „Reines Capsaicin erreicht 16 Millionen Scotville, wie man die Einheit nennt, und selbst ein Tropfen der Substanz auf 100.000 Tropfen Wasser ist noch imstande, Blasen auf der Zunge zu erzeugen." - „Jetzt hat das Zeugs mir sämtliche Geschmacksnerven zerstört", wimmerte das kleine Schweinchen.

Nun war guter Rat teuer. Aber Habakuk wußte sich zu helfen, um dem Schweinchen, das so vor sich hinjammerte, in einem Versuch zu beweisen, was man mit dem Geschmackssinn wahrnehmen kann und was mit dem Geruchssinn. „Das bildest du dir nur ein, Schnüfferl. Mit deiner Zunge kannst du ohnedies nur süß, sauer, salzig und bitter, und wenn du willst, auch scharf unterscheiden, alles andere bleibt deiner Zunge verborgen." - „Ist gar nicht wahr, ich habe einen ausgezeichneten Geschmackssinn…gehabt." Dabei senkte es seine Stimme.

Habakuk sah das kleine Schweinchen mit schräg gestellten Kopf an, wackelte einige Male mit seinem Kopf, dann ergriff er einen Zahnstocher und sagte zu Schweinchen: „Jetzt schließe deine Augen und halte die Nase fest zu, ich werde dir etwas vorführen, von wegen Geschmack: Wetten, dass du eine Zwiebel von einer Kartoffel oder Gurke nicht unterscheiden kannst?" - „Das glaube ich nicht!", sagte das Schweinchen trotzig, schloss aber dennoch die Äuglein, dabei hielt es sich fest die Nase zu. „Mund auf! Weit auf!" kommandierte der alte Rabe, fast so als hätte auch er eine Chilischote verschluckt, dann spießte er ein Stück Kartoffelwürferl auf und rieb sie auf Schnüfferls Zunge.

„Was ist das?", fragte Habakuk. „Reibe nochmals, ich habe mich nicht ganz konzentriert." Schnüfferl öffnete wieder sein Mäulchen und Habakuk versuchte es noch einmal. „Eine Gurke", sagte Schnüfferl etwas unsicher. „Nein, eine Kartoffel." Schnüfferl öffnete schnell seine Augen, tatsächlich, es war ein kleiner Kartoffelwürfel. Noch einmal wurde der Versuch gemacht, aber es war keine Melone, sondern eine Zwiebel. Nichts stimmte. Da sagte Schnüfferl weinerlich: „Siehst du, der Killy hat meinen Geschmackssinn zerstört!" - „Nichts hat er, Schnüfferl, wenn du dir die Nase nicht zuhältst, dann ist wieder alles normal sein, wie immer."

Jetzt biss Schnüfferl herzhaft in die Zuckermelone und vergaß dabei ganz, dass es den Test ja schon längst bestanden hatte. Immer wieder biss es herzhaft hinein. Und wenn ihr glaubt, dass es damit nur versuchte, ob es den Geschmackssinn verlor oder nicht, gar nicht daran zu denken. Das Gegenteil war der Fall, es schmeckte Schnüfferl von Mal zu Mal besser. So hat das kleine Schweinderl ganz vergessen, dass seine kleine Zunge vorhin so gebrannt hatte. Und Habakuk machte sich wieder an die Schüsseln mit den Nüssen, seiner Lieblinsspeise, aber d a s, glaube ich, habe ich ja schon erwähnt.

CAPSICUM ANNUUM
Der Paprika

Habakuk machte sich in der Küche zu schaffen und kochte mit Begeisterung. Ein großes Glas mit einem roten Pulver stand auf der Anrichte, ein merkwürdiges Pulver. Schnüfferl roch daran und kostete ein wenig davon. „Puh, ist das aber scharf, höllisch scharf!", rief Schnüfferl aus und leckte sich mit der Zunge über sein Schnäuzchen. „Was ist das nur für ein Teufelszeug, Habakuk? Ist das wieder eine Chili-Schote?" Habakuk lachte lauthals: „Das ist Capsicum annuum." - „Waaas soll das sein? Das klingt ja wie ein hochexplosiver Sprengstoff, oder ist es giftig?", und dabei rümpfte Schnüfferl sein Schnäuzchen. „Das ist nicht giftig, das ist ein Heilmittel, das ist Medizin pur. Aber du hast Recht, die Pflanze, aus der das Pulver gemacht wird, ist ganz und gar giftig..." - „Wusste ich es doch, wusste ich es doch", quiekte das Schweinchen entsetzt. Ungerührt sprach der alte Rabe weiter: „Sie gehört zu den Nachtschattengewächsen, so wie die Kartoffel und die Tomate. Nur die Knollen beziehungsweise die Früchte sind genießbar."

„Was war das bloß, dieses Teufelszeug", dachte Schnüfferl bei sich „Und von welcher Frucht stammte das schreckliche Pulver?", fragte das kleine Schweinchen. „Habe ich dir doch schon gesagt." - „Ja, ja, Kapeltrum sowiesum oder so, aber was ist das für eine Pflanze? Gibt es die bei uns auch?" - „Die Pflanze kommt wie die Tomate oder auch der Mais aus Mittelamerika. Die Spanier haben die knackigen Schoten nach Europa gebracht, um das Pfeffermonopol der Venezianer zu brechen." Also, Pfeffer ist das?" - „Nein, aber es ist das Nationalgewürz Ungarns." - „Paprika!", rief das Schweinchen. „Ich hab's, Paprika, ist es, genau. Und es wundert auch nicht, dass es ein ungarischer Gelehrter war, der den Paprika erforschte. Es war Professor Szent-Györgyi[150], der für die Gewinnung des reinen Vitamin C aus Paprikafrüchten den Nobelpreis erhielt. Vitamin C ist Ascorbinsäure. Paprika enthält von allen Früchten den höchsten Vitamin C-Gehalt."
Dann ist diese Brennpulver doch ein Medikament, oder? Sicherheitshalber stellte das kleine Schweinchen eine Frage: „Und deshalb ist der Paprika ein Medikament?" - „Deshalb alleine noch nicht. Vorher hat der Professor noch ein anderes Vitamin darin entdeckt, der Stoff heißt Citrin oder auch Vitamin P." - „Aha, Vitamin P kommt sicherlich von Paprika." - „Könnte man sagen, aber in Wirklichkeit steht P für Permeabilitätsvitamin." - „Und was soll das wieder heißen?" - „Das bedeutet, dass sich dieser Stoff auf die Durchlässigkeit der Blutgefässe und damit auf den Blutdruck und den Kreislauf positiv auswirkt." - „Dann ist das scharfe Pulver für Herzkranke?" - „Für Herzkranke und noch viel mehr zur Vorbeugung, besonders gegen altersbedingte Arterienverkalkung. Das hat ein amerikanischer Forscher, Prof. Grodner von der Universität Louisiana, festgestellt. Er fand heraus, dass die Indianer im Südwesten der Vereinigten Staaten, die viel und regelmäßig Paprika essen, kaum Arterienverkalkung haben. Auch Thrombosen, das sind die Blutgerinnselbildung, sind dadurch weitgehend unbekannt." - „Bist du denn herzkrank?" - „Ich hoffe nicht!", antwortete Habakuk. Daraufhin sah Schweinchen Habakuk ängstlich an und flüsterte: „Bin ich vielleicht...?" - „Aber sicherlich nicht, Schweinchen. Paprika nimmt man auch deshalb, um die Magensaftabsonderung nicht zu sehr anzuregen. Die Speisen verweilen daher länger im Magen und werden besser vorverdaut. Für Herzkranke ist das besonders wichtig, weil Herz und Kreislauf durch schwerverdauliche Mahlzeiten sehr belastet werden und Paprika Abhilfe schafft."
- „Und welches Herzmittel riecht denn jetzt so streng?", fragte das Schweinchen. „Oh je, jetzt ist unser gutes Essen angebrannt, ich glaube wir müssen uns nun etwas anderes einfallen lassen."

EINE GEPFEFFERTE GESCHICHTE
Der Pfeffer

„Habakuk, hast du schon einmal was von einem Salpeterkrieg gehört?" - „Vom Fischkrieg?" - „Nein, den meine ich nicht, nicht die Fischhandlung, vom Salpeterkrieg, habe ich gesagt." - „Ach so, natürlich, beim Pazifischen Krieg, wie er auch genannt wird, ging es um die Salpeter- und Guanovorkommen in der Wüste Atacama. Chile führte damals, vor etwa 125 Jahren, einen erbitterten Krieg gegen Bolivien, das mit Peru verbündet war. Chile gewann und bekam zum Salpetermonopol auch noch die reichen Kupferlagerstätten. Aber hast du schon etwas von einem Pfefferkrieg gehört?" - „Pfefferkrieg? Den gab's doch gar nicht." - „Doch, doch, auch wenn er nicht so in den Geschichtsbüchern steht. Im 13. und 14. Jahrhundert tobte im Mittelmeerraum ein Kampf um die Vorherrschaft der Handelsmetropolen Genua und Venedig. Dieser ‚Hundertjährige Krieg' endete mit dem Sieg der genuesischen Flotte bei Chiogga 1380 und dem Frieden von Turin 1381. Venedig wurde das östliche Mittelmeer zugesprochen."

Das alles erinnerte Schnüfferl auf den bevorstehenden Geschichte-Test, aber vom Pfefferkrieg hatte es wirklich noch nichts gehört: „Und was hat das alles mit dem Pfeffer zu tun?" - „Sehr viel sogar. Bei dieser Auseinadersetzung ging es nämlich um das Pfeffermonopol." - „Und deswegen mussten viele Menschen sterben?" - „Deswegen. Heute geht es um andere Dinge, um Öl, um Wasser um wichtige Bodenschätze, aber im Prinzip ist das nichts anderes." - „Aber sag, hundert Jahre Krieg, das ist ja schrecklich!" - „Jeder Krieg ist schrecklich und lässt an der menschlichen Vernunft, über die sich unsere federlosen Zweibeiner so viel einbilden, zweifeln. Das Abendland geriet an den Rande einer Katastrophe." - „Und das alles wegen des Pfeffers?"

Schnüfferl überlegte hin und her, dann stellte es noch eine Frage: „Ja, hatte man denn früher keinen Pfeffer gekannt?" - „Nein, als Würzpflanze hatte man bei uns das Pfefferkraut verwendet, oder wie die Wissenschafter zu dem Lippenblütler sagen, Satureja hortensis. Es wird auch Bohnenkraut genannt, weil man es häufig benützt, um frische Bohnen einzusäuern oder auch um getrocknete Bohnen, Salz- und Essiggurken, Fisch und Fleisch zu würzen. Aber echten Pfeffer hatte man nicht zur Verfügung, obwohl schon die alten Griechen den Pfeffer auf den Feldzügen Alexanders des Großen in Indien kennen gelernt hatten." - „Aus Indien, sagst du? Das ist aber weit weg." - „Genau, denn als Heimat des Pfeffers galt von alters her die Malabar-Küste, die liegt an der Südspitze Indiens. Nicht umsonst sagt man auch heute noch, wenn einer einem lästig wird und man haben möchte, dass er aus seinem Umfeld verschwindet: *'Geh' hin wo der Pfeffer wächst*[151]*'*, damit er ja weit genug weg ist. Der Name Pfeffer, auf lateinisch *Piper nigrum*, leitet sich aus dem Sanskrit-Wort, *Pippali* ab. Das Wort hat sich fast auf alle Sprachen der Alten Welt übertragen[152]. Die älteste Beschreibung des Pfeffers stammt von Cosmas Indopleustes aus dem Jahre 540 nach Christus."

Das war ja alles schön und gut, aber eines hatte Habakuk nicht klären können, ja gar nicht beantwortet, warum man so lange Krieg führte. So musste Schnüfferl gleich nochmals die Frage stellen: „Aber wozu hatte man wegen ein bisschen Gewürz so lange Kriege geführt?" - „Da ging es in erster Linie ums Geld, um viel Geld, denn Pfeffer wurde zum begehrtesten Gewürz und zum Symbol des ganzen Handels, dem die verfeindeten Städte Genua und Venedig, aber auch viele süddeutsche Handelsstädte ihren großen Reichtum verdankten." - „Kann man denn nicht um einen Euro bereits ein Säckchen Pfeffer kaufen?" - „Jetzt schon Schnüfferl, jetzt ist Pfeffer keine Mangelware. Im 14. und 15. Jahrhundert aber galt Pfeffer sogar als Zahlungsmittel, so wertvoll war er, so hoch war auch sein Preis." - „Damals lebten doch viel weniger Menschen als heute, und sie werden doch nicht mehr Pfeffer zum Würzen verwendet haben als wir, oder doch ?" „Da hast du Recht, doch die Pfefferkörner wurden nicht nur zum Würzen verwendet, sondern wurden auch als Mittel gegen viele Krankheiten eingenommen."

Das war Schnüfferl neu, dass man wegen eines Medikamentes Krieg führte: „Als Medizin?" - „Wenn du das so siehst, ja. Die mangelnde Hygiene in den Kreuzritterheeren war schlimm, sodass häufig Seuchen ausbrachen. Um sich dagegen zu schützen forderte man Pfeffer zu jeder Mahlzeit, denn man meinte, dass seine Schärfe keine Krankheit in den Körper hineinlässt." - „Aha! Und dann zogen die Kreuzritter nach Indien, um dort einzukaufen?" - „Das gelang ihnen nicht, denn die Handelsstraßen aus Ostasien und Indien wurden von den Arabern kontrolliert. Und so hatte gar mancher Kreuzzug nicht nur die Befreiung der Heiligen Stätten im Auge, sondern auch rein kommerzielle Ziele, nämlich die Zerschlagung des Handelsmonopol der Araber." - „Dann hat man die Religion nur vorgeschoben, um Geschäfte zu machen?" - „Mag sein. Der 3. Kreuzzug (1189 bis 1192), den Kaiser Friedrich Barbarossa anführte, hatte so ganz nebenbei zum Ziele, auch noch das Byzantinische Reich zu erobern. Aber Barbarossa ertrank im Saleph[153], vielleicht wurde dabei auch ein wenig nachgeholfen, der 3. Kreuzzug scheiterte."

Schnüfferl fühlte sich, als ob sein Gehirn mit Pfeffer bestreut worden wäre. Wer sollte diese Ungeheuerlichkeiten verstehen? Habakuk setzte seinen Geschichts-Exkurs fort: „Die Situation änderte sich aber, als am 20. Mai 1498 die Portugiesen unter Vasco da Gama die Malabarküste

Vorderindiens erreichten, das heiß ersehnte Pfefferland. Acht Jahre später landete die erste, wenn auch kleine Schiffsladung Pfeffer in Lissabon. An den folgenden Fahrten waren schon deutsche Handelshäuser beteiligt. Sie mussten aber den Pfeffer und andere Drogen von den Portugiesen kaufen und außerdem 33 Prozent ihres Gewinnes an die portugiesische Krone abführen. Dennoch wurden die deutschen „Pfeffersäcke", wie man sie nannte, enorm reich." - „Was haben denn die Venezianer gemacht?" - „Die Venezianer? Die mussten den arabischen Zwischenhändlern die Gewürze um teures Geld abkaufen, deshalb verbündeten sie sich heimlich mit dem Sultan von Ägypten und veranlassten ihn, mit der Zerstörung des Heiligen Grabes zu drohen, falls die Portugiesen ihre Konkurrenz nicht aufgeben sollten." - „Das ist aber schlau!", meinte Schnüfferl. - „Du siehst wieder, dass die Religion, wie so oft, nur als Mittel zur Erreichung eines Zieles benutzt wurde. Woran aber niemand dachte, war, dass die Portugiesen eine große Flotte nach Ägypten schickten und in der Seeschlacht von Diu ein für alle Mal die Vormachtstellung des Islam brachen. Nun hatten die Portugiesen das Pfeffermonopol, und der Pfeffer wurde nicht viel billiger."

Schnell griff Schnüfferl nach dem Pfefferstreuer, der am Tisch stand. Man kann doch so einen Schatz nicht so einfach auf dem Tisch stehen lassen. Den größten Schatz aber, den Schnüfferl erhielt, war die Einsicht in die Hintergründe der Geschichte und wen wundert es, wenn das kleine Schweinchen wieder einmal die Beste war beim Test.

Was glaubt ihr wohl, was Schnüfferl gegessen hat? Habt ihr es erraten? Neeein? Na Krautfleckerl:

KRAUTFLECKERL
nach dem Rezept der Tante Jolesch
Zutaten:
250 g   Fleckerl
600 g   Weißkraut
100 g   Zwiebel
2 EL   Öl
1 EL   Zucker
Salz, Pfeffer, Kümmel

Zubereitung:
Fleckerln in Salzwasser kochen lassen, abseihen. Fein gehackte Zwiebel mit Zucker im Fett bräunen, klein geschnittenes Kraut dazugeben, salzen, pfeffern, Kümmel nach Geschmack zugeben und weich dünsten. Zum Schluss Kraut mit den Fleckerln mischen.
(4-6 Portionen à 315 bzw. 210 kcal = 1318,6 bzw. 879 KJ)

ESSEN UND GESUNDHEIT

GESUNDE ERNÄHRUNG

HIPP HIPP HURRAH!
GLÜCK IM GLAS
Gewidmet für Frau Claudia Hütthaler, Schwanenstadt

Die Geschichte mit der Milch hat Schnüfferl sehr gefallen, schließlich ist Schnüfferl auch ein Säugetier und wollte Näheres wissen, nicht so Habakuk, der von Milch nicht allzu viel hält. Aber eines beschäftige das kleine Schweinchen noch: Wie lange werden die jungen Säugetiere und auch die Menschen denn gestillt? Und so wollte es, nein, es musste die Frage stellen:
„Habakuk, was passiert mit den Menschen-Babys, wenn sie größer werden und keine Milch mehr bekommen, was bekommen sie dann zum Essen?" - „Dann bekommen sie Gemüse und Obst und auch ein wenig Fleisch." - „Aber wie kann so ein kleines Baby einen Apfel essen?" - „So schnell geht das auch wieder nicht. Erstens bekommt es meist neben dem Zusatzessen auch weiterhin noch Milch, denn in der Milch sind nicht nur alle Stoffe enthalten, die das Kind zum Leben und zum Wachsen braucht, sondern neben den Nährstoffen sind auch Abwehrstoffe gegen Krankheiten enthalten." - „Die Babys bekommen Medikamente?" - „Hm, na, wenn du es so ausdrücken willst, dann bekommen sie eben Medikamente." - „Und die armen Menschenbabys, die keine Muttermilch bekommen, die müssen dann Tabletten schlukken?" Habakuk lächelte, dann sagte er: In der Babymilch werden sogenannte Probiotika zugesetzt." - „Und was sind das, die Probiotika?" - „Das sind Mikroorganismen, das heißt, ganz winzig kleine Lebewesen, die einem helfen, die Gesundheit zu erhalten oder zu verbessern. Sie spielen eine ganz wichtige Rolle in der Ernährung nicht gestillter Kinder." - „Und wieso?" - „Weil Kinder, die in Krippen betreut werden, öfter als gestillte Kinder an Darmerkrankungen und Erkrankungen der Atemorgane leiden. Probiotika wirken sich auch günstig auf das Immunsystem aus[154]." Schnüfferl war nun richtig erschrocken, Darmerkrankungen sollten gefährlich sein? Als ob Habakuk die Gedanken Schnüfferls gelesen hätte, gab er gleich die Antwort auf die noch nicht gestellte Frage: „Durchfallerkrankungen bei Kindern sind weit verbreitet und können für Säuglinge lebensbedrohlich sein. Lactobacillus reuteri, ein Mikroorganismus, den man aus der Muttermilch isolierte, verändert die Darmflora."
Alles klar, oder doch nicht? Etwas schien Schnüfferl aber doch noch

wissen zu wollen. Habakuk sah es dem etwas blass gewordenen Schnäuzchen und dem dunkelrosa Anflug der Wangen Schnüfferls an, dass es noch etwas wissen wollte. Da stellte das kleine Schweinchen auch schon seine Frage: „Aber wann bekommen sie ein normales Futter? Ich meine, wann bekommen die Kinder etwas Ordentlichen zum Essen" - „Wenn die Kinder größer werden, werden sie zusätzlich zur Muttermilch oder zum Fläschchen mit Babymilch, mit püriertem Gemüse, Fleisch und anderen guten Sachen gefüttert." - „Aber, aber warum bekommen sie alles zermatschkert, alles püriert?", stotterte das Schweinchen. „Weil die Kleinen ja noch keine Zähne haben, daher bekommen sie alles vorgekaut, oder besser gesagt, püriert, alles zu feinem Muss verarbeitet, sodass sie den Gemüse- oder Früchtebrei leichter schlucken können." Dabei öffnete Habakuk ein Gläschen von den vielen, die am Tisch standen, und von denen er eines nach dem andern vor sich hinstellte. Schnüfferl, das Habakuk schon die längste Zeit zugesehen hatte, beharrte auf einer Antwort: „Aber wann bekommen sie endlich etwas Festes zum Essen? Müsli zum Beispiel", Dabei schleckte sich Schnüfferl sein Schnäuzchen. „Nicht vor dem dritten Lebensjahr." - „Nicht vorher?" - „Nein, weil rohes Getreide für den kindlichen Organismus schwerer verdaulich ist als gekochtes." Und schon wieder tauchte Habakuk seinen Schnabel tief in das Glas und zwar schon in das zweite." - „Was isst du denn da die ganze Zeit?", fragte es neugierig. - „Ich? Ich nasche nur." - „Und was naschst du da?" - „Das sind verschiedene Hipp-Gemüse und Fleisch Breisorten[155]." - „Und das alles ist Rabenfutter?" - „Rabenfutter", und nach einer kurzen Verschnaufpause: „Und natürlich auch für Kinder." Und abermals tauchte Habakuks Schnabel tief in das Glas. „Aber Habakuk, du bist doch schon lange kein Kind mehr?" - „Aber ich habe keine Zähne, so wie die großen Kinder, also tut mit der Brei ganz gut. Und im übrigen habe ich die Gläschen für dich gekauft." - „Für mich?" und schon rükkte Schnüfferl näher. „Da koste nur!" Schnüfferl fischte sich das Gläschen mit Karottenmus und steckte gleich seinen Rüssel hinein. Mit einem ganz gelb-orangen Schäuzchen sagte es: „Ui, das schmeckt ja köstlich!" - „Gelt ja! Das muss auch etwas Ordentliches sein, schließlich war das auch nicht gerade billig, aber die Qualität stimmt, es stammt nämlich alles aus biologischem Anbau und es sind garantiert keine gentechnisch veränderte Substanzen verarbeitet worden und, was für mich sehr wichtig ist, die Inhaltstoffe werden ständig auf das Genaueste überprüft…aber für dich ist mir ja nichts zu teuer." - „Du bist aber lieb, Habakuk", sagte das Schweinchen, lächelte glückselig und schon war sein Rüssel wieder im Glas verschwunden, was der Rabe durchaus verstand und auch du sicherlich auch.

STRESSED-DESSERTS
Die Nachspeise

„Ich bin ja so gestresst" sagte Habakuk, sodass er einem fast Leid tat, und Schnüfferl antwortete verschmitzt: „Da gibt es aber ein Antistressprogramm!" - „Ein was?" - „Antistressprogramm." - „Und das wäre?" - Na, lieber Habakuk, dann brauchst du nur stressed von hinten nach vorne zu lesen." Habakuk kritzelte das Wort auf ein Blatt Papier und begann langsam zu lesen: „Desserts". Da grinste er breit und sagte: „Du meinst ein Dessert? Ja haben wir denn so etwas?" Da war aber Schnüfferl schon verschwunden. Wahrscheinlich raste es in die Küche, und bevor sich Habakuk noch wundern konnte, wo hier das kleine Schweinchen sich verkrümelt hatte, stand es auch schon wieder im Wohnzimmer.

Zwei große Tortenstücke prangten auf dem Teller. Vom Stress, oder sollte ich lieber sagen, von den Desserts, war im Handumdrehen nichts mehr vorhanden. „Du hast wieder einmal Recht, Schnüfferl. Neben der Veranlagung, die ja in den Genen festgelegt ist, spielt die Ernährung eine bedeutende Rolle, um auch in Stresssituationen gelassener zu bleiben", meinte Habakuk und leckte sich noch einmal über den Schnabel. „Du meinst, wenn man viel Torte isst, dann vergeht der Stress?" Und noch bevor Schnüfferl sich um ein weiteres Tortenstück bemühen konnte, antworte Habakuk: „Um gelassen zu bleiben, braucht man aber auch Vitamine und bestimmte Spurenelemente." - „Aha", sagte das Schweinchen, ganz in Erwartung, dass Habakuk ihm nun etwas erklären würde. Jedenfalls war das früher bei ihm so die Regel gewesen. Aber nichts dergleichen geschah. Habakuk dachte vorerst gar nicht daran, dem Schweinchen etwas zu erklären. Wahrscheinlich brauchte er noch einige Zeit, bis das Tortenmedikament wirkte. Wirkung hin, Wirkung her, mit der Hartnäckigkeit des kleinen Schweinchens hätte der alte Rabe eigentlich rechnen müssen.

Schnüfferl stubste Habakuk mehrfach und bettelte direkt, ihm doch endlich etwas über die Antistressvitamine zu erzählen. „Nun gut! Für unsere Nerven spielen die B-Vitamine eine zentrale Rolle", sagte Habakuk so ganz nebenbei. „Gibt es denn mehr als ein B-Vitamin?" - „Ja, ja, natürlich. Zu den wichtigsten gehören das B1, B6 und B12-Vitamin." - „Haben die denn alle unterschiedliche Aufgaben?" - „Ganz richtig, Schnüfferl. B1 zum Beispiel wirkt beruhigend und schmerzlindernd und erhöht auch die Konzentrationsfähigkeit." - „Oj, das wäre doch was für mich", meinte Schnüfferl und fragte gleich weiter: „Und wo gibt es das zu kaufen?" - „In jedem Antistressladen." -

„Antistressladen, ja gibt es denn sowas?" Habakuk konnte sich das Lachen nicht mehr verkneifen und lachte lauthals: „Natürlich, in jedem Lebensmittelgeschäft oder auch in der Bäckerei, wollte ich sagen. Denn B1 ist in allen Vollkornprodukten enthalten, ebenso in der Bierhefe, in Erdäpfel und in Hülsenfrüchten und auch im Fleisch." - „Aha, und die anderen?" - „Die anderen? Na, B6 kommt ebenfalls in Vollkornprodukten und in der Bierhefe vor, aber auch im Fisch, wie Lachs und Hering. Bei einem Vitamin B6-Mangel kommt es sogar zu depressiven Verstimmungen, Konzentrationsschwächen und auch zu Störungen im Immunsystem."

Jetzt fühlte sich Schweinchen selbst ganz gestresst, fast ohne Immunabwehr, und so klang seine nächste Frage schon wesentlich zarter und schwächer als vorhin: „Und die anderen Vitamine?" - „Du meinst das Vitamin B12?" - „Ja", hauchte es gerade noch heraus. „Ja, das Vitamin B12 ist für das Wohlfühlen verantwortlich. B12 schützt die Nervenzellen. Bei einem Mangel an B12 ist nämlich auch zu wenig von der so genannten Wohlfühlaminosäure, dem Methionin vorhanden. B12 findet man vorwiegend in tierischen Produkten, wie in Milchprodukten, Ei und Fleisch. Nur im Sanddornöl gibt es ein wenig B12, sonst beinhalten pflanzliche Produkte kein B12[156]."

Waren da nicht noch Elemente, damit man besser spurt? Wie sagte Habakuk, hießen diese? Jetzt fiel ihm der Begriff ein, und gleich stellte Schnüfferl seine Frage: „Und die Spurenelemente, Habakuk, was ist mit denen?" - „Die Spurenelemente sind notwendig, damit unser Körper Glukose aufnehmen kann, Glukose ist der Energielieferant, wie du weißt, den unser Gehirn und die Nervenzellen braucht. Bei einem Chrommangel zum Beispiel kommt es auch zu einem gestörten Glukosestoffwechsel und damit zur Nervenschwäche." - „Chrommangel?", murmelte Schnüfferl, und Habakuk setzte ungeniert fort, obwohl Schnüfferl seine sonst so rosige Farbe verloren hatte und bleich dasaß. „Na, und Zink erst, Zink ist unentbehrlich für die Synthese des Botenstoffs Serotonin. Ein Stoff, der stimmungsbelebend wirkt und für eine ganze Reihe von Gehirnfunktionen notwendig ist! Zink ist besonders in Fisch, Fleisch und Meeresfrüchten, aber auch in Haferflocken, Edamer-Käse und Linsen vorhanden. Schließlich schützt Zink auch vor den Wirkungen von zuviel Stress."

Schnüfferl saß regungslos da und klebte förmlich mit seinen Augen am Schnabel Habakuks, während Habakuk weiterplapperte: „Na, und dann haben wir noch das Magnesium. Dieses Spurenelement dämpft die Erregbarkeit und löst Verkrampfungen. Als Zellschutzmittel beugt es sogar Herzrhythmusstörungen vor. Viel Magnesium enthalten Bananen, Kiwi, Brokkoli, Artischocken, Feldsalat und auch Erdäpfel. Aber auch im Vollkornbrot ist viel davon enthalten und da…Schnüfferl? Schnüfferl wo bist du?" Jetzt erst bemerkte der Rabe,

dass das kleine Schweinchen nicht mehr zugehört hatte. Aber es blieb ihm auch keine Zeit zum Wundern, wo Schnüfferl wohl stecken könnte, denn es kam gleich freudestrahlend ins Wohnzimmer mit einer Banane in der Hand.
„Schnüfferl, wo warst du?" - „Ich habe nur das Mineraliendepot ein wenig geplündert, um meine Nerven zu beruhigen." Und schwups, war die Banane schon im Goscherl des kleinen Schnüfferls verschwunden. Der alte Rabe brummelte: „Und da soll man nicht gestresst sein?" Aber ich glaube, dass beide ihre Stress-Krise überwunden haben.

Kuchen bleiben sekundenlang auf der Zunge
und jahrelang auf den Hüften
Coco Chanel = Gabrielle Bonheur Chanel (183-1971)

DIE GIFTKÜCHE DER NATUR

Habakuk war in einen dicken Wälzer vertieft und verschlang das Buch förmlich Seite um Seite. Schweinchen - diesmal ausnahmsweise ein wenig neugierig - kam herbei, um in Erfahrung zu bringen, woran Habakuk las. Es konnte gerade die Überschrift entziffern: 'Gift in den Händen eines Weisen ist ein Heilmittel, ein Heilmittel in den Händen eines Toren ist ein Gift.' Schweinchen kratzte sich verlegen hinter dem Ohr, so wie es das immer tat, wenn es etwas so ganz und gar nicht verstehen konnte.
Wieso soll ein Heilmittel Gift sein? Habakuk, der weiter unbeirrt in seinem Buch las, bemerkte Schnüfferl vorerst nicht, obwohl es sich schon mehrfach räusperte. Da nahm sich das kleine Schweinchen doch den Mut und setzte los: „Du, Habakuk, was soll denn dieser Ausspruch da?" Habakuk schaute kurz auf, um sich gleich wieder in sein Buch zu vertiefen. „Du meinst, den Spruch von Casanova?", sagte Habakuk ohne aufzublicken. „Ah, du liest das Buch über den großen, italienischen Liebhaber Casanova?" Schnüfferls Augen glänzten merkwürdig. „Wenn du willst, Casanova war eben ein Casanova, ein Frauenheld, aber er war auch ein großer Literat und Philosoph. Ähnliches hatte auch schon Theophrastus Bombastus von Hohenheim gesagt, nämlich..." - „Und war das auch ein großer Liebhaber?" - „Ja, natürlich, er war ein großer Liebhaber, ein Liebhaber der Medizin. Noch heute ist sein Name unter Paracelsus[157] überall bekannt." - „Von dem habe ich

schon viel gehört", quiekte das Schweinchen aufgeregt. „Er ist doch am Sebastianfriedhof in Salzburg beerdigt." - „Du kennst das Grabmal?", sagte Habakuk ganz erstaunt. „Ja, es ist nicht weit weg vom Grab der Mozarts, wo Leopold Mozart, der Vater vom Wolferl, seine Witwe und ihr zweiter Mann und die Weberische angeblich beerdigt sind. Und Janette, die Tochter Nannerls, die mit sechzehn Jahren schon starb, liegt auch dort begraben." - „Du kennst dich aber gut aus mit der Leichengeschichte." Habakuk schmunzelte und sprach gleich weiter: „Mit Giften müssen wir eben leben. Der Regen ist schon vergiftet und als saurer Regen hat er in erschreckendem Ausmaß unsere Wälder geschädigt. Aber viele Heilpflanzen können neben ihrer Heilwirkung auch gefährlich sein, ja selbst tödlich wirken."
„Tödlich?", dachte sich Schnüfferl. Gifte können tödlich sein, dann wollte es doch noch etwas wissen: „Und warum verkauft man dann Gift?" - „Wieso? Um beispielsweise Unkräuter zu vernichten, Ratten zu vertilgen, aber es gäbe viel bessere Methoden, denn das Gift gerät in den Kreislauf der Natur, gelangt in die Nahrung, so bekommen wir einiges davon ab." - „Dann müsste man doch die 'Gift-Shops' alle zusperren!" - „Ach so, du meinst die englische Bezeichnung. „Gift" bedeutet im Englischen Geschenk, dort werden nur Geschenksartikel verkauft. Das Wort Gift leitet sich aus dem Althochdeutschen Wort ab, das so viel wie das Geben, die Gabe oder Übergabe bedeutet. Auf Altisländisch bedeutet es so viel wie Glück." - „Wenn man eine Mitgift[158] bekommt, muss man deshalb nicht gleich sterben?" - „Nein, nicht gleich, mit Gift vielleicht, aber nicht mit einer Mitgift, Schnüfferl, aber..." - „Ich wusste es, es ist doch gefährlich." - „Aber nein Schnüfferl, etwas mit Gift schon, aber die Mitgift ist es nicht."
Habakuk schüttelte sich, spreizte kurz sein Gefieder, dann begann er: „Aber Vergiftungen gehörten in der frühen, gehobenen Gesellschaft zum Alltagsleben. Sokrates, der alte Philosoph musste einen Schierlingsbecher trinken, er war für die Politiker zu gefährlich geworden. Der römische Kaiser Caracalla hinterließ nach seiner Ermordung eine erstaunenswert große Auswahl an Giften, die vorwiegend aus Asien stammten und die er erfolgreich einzusetzen wusste. Agrippina die Jüngere vergiftete ihren Mann und ließ ihren..." - „Ist die mit der Blauensteiner[159] verwandt?" - „Geistig ja, aber sie lebte fast zweitausend Jahre früher. Sie machte das nur, um ihren, aus früherer Ehe stammenden Sohn Nero[160] zum Kaiser ausrufen zu lassen." - „Das hätte sie aber lieber nicht tun sollen." - „Genau, denn der Wüstling hatte noch zuvor, im Jahr 55, seinen Stiefbruder Britannicus aus dem Wege räumen lassen. Die seinerzeit berühmt-berüchtigte Giftmischerin Locusta soll das Gift dafür besorgt haben." - „Und wurde die Hexe dafür bestraft?" - „Bestraft? Nein, fürstlich entlohnt wurde sie. Vier Jahre nach der Ermordung seines Bruders ließ Nero auch seine Mutter umbringen. Im

Jahr 62 beseitigte er auch noch seine Frau Octavia, die Tochter Kaisers Claudius, seines Stiefvaters, um Popäa Sabina heiraten zu können. Auch der Römische Kaiser Marcus Aurelius[161], der Philosophenkaiser, kam durch seinen eigenen Sohn Comodus in Vindobona ums Leben." - „Schrecklich, schrecklich, aber...Vindobona ist doch das heutige Wien, nicht war?" - „Ganz richtig, auch Septimus Severus wurde von seinem Sohn Caracalla vergiftet." - „Jetzt weiß ich, warum es heißt, Vater werden ist nicht schwer, Vater sein hingegen sehr." - „So könnte man das auch sehen, aber auch umgekehrt gibt es Berichte, dass Väter ihre Söhne ermorden ließen, wie beispielsweise der menschenscheue, despotische römische Kaiser Tiberius (42 v. - 37 nach Christus), der auch bei der Ermordung seines Sohnes Drusus die Hand im Spiele hatte. Ich könnte dir viele solche Geschichten eines gestörten Vater-Sohn-Verhältnisses erzählen." - „Danke, danke, das reicht mir schon. Ich glaube, das kommt davon, dass sie so wenig fromm waren, gelt?" Habakuk wackelte bedenklich mit seinem Kopf, dann sagte er: „Das ist sicher richtig, aber auch bei manchen Päpsten ging es nicht anders zu. Das Geschlecht der Borgia ist als Giftmörderfamilie in die Geschichte eingegangen. Giovanni Borgia, der Sohn des Papstes Alexander VI. wurde von seinem Bruder Cesare 1497 ermordet. Und Cesare wiederum wurde drei Jahre danach, vom zweiten Gemahl seiner Schwester Lucrezia, Alfonso von Biseglia, 1500 umgebracht."

> Ein Gift, welches nicht gleich wirkt,
> ist darum kein minder gefährliches Gift.
> *Lessing: Claudia in Emilia Galotti 2,6*

„Mein Gott, bin ich froh, dass wir am Land leben, hier ist alles ländlich sittlich", sagte Schnüfferl und machte einen großen Seufzer der Erleichterung. „Da täuschst du dich wieder, Schnüfferl. Selbst am Land kannte man ein 'Erbschaftspulverl'" - „Ein was?" - „Na ein Mittel, mit dem man nachgeholfen hat, um rascher zu erben, verstehst du? Sonst hätte der Bauer den Hof womöglich nie, oder wollen wir nicht übertreiben, erst viele Jahre später übergeben. Oder der Sohn hätte warten müssen, bis der alte Bauer eines natürlichen Todes stirbt." - „Und nach dem Pulverl hat er das gemacht." - „Natürlich, aber nicht freiwillig, er ist nämlich nach der Einnahme des Erbschaftspulverls gestorben." - „Ui, wie furchtbar, und das war die gute alte Zeit?" Der Rabe musste laut lachen indem er die Worte des kleinen Schweinchens wiederholte: „Die gute alte Zeit. Dass diese Zeit so gut war, beruht nur auf der Vergesslichkeit der Alten." - „Aber du bist doch auch schon alt?" - „Ich, Schnüfferl? Na ja, Alter ist nicht nur eine Sache der Jahre, eine Eintagsfliege mit dreißig Stunden Lebenszeit ist schon alt, ein Elefant mit fünfzig noch relativ jung, und eine Schildkröte kommt mit

Hundert gerade in die Midlifecrisis, und dann, liebes Schweinchen ist man nur so alt, wie man sich fühlt." - „So!", sagte das Schweinchen kurz darauf und runzelte seinen Rüssel. „So, so, so", wiederholte es. Der alte Rabe setze gleich seelenruhig fort, wo ihn das kleine, vorlaute Schweinchen unterbrochen hatte.
„Weißt du, Schweinchen, bei den Herrschenden und einflussreichen Leuten war es üblich, dass man all jene umbringen ließ, die einem im Wege standen. Man wollte auch jenen zuvorkommen, die einem womöglich nach dem Leben trachten hätten können. Nach dem Motto, besser einen vorher zu beseitigen als dass man selbst daran glauben musste. Und so lebten viele Menschen seinerzeit in ständiger Angst, vergiftet zu werden." - „Gab es denn keinen anderen Schutz, als dass man alle umbringen ließ?" - „Schutz? Nein, aber bei Hof gab es den sogenannten Vorkoster, er musste alle Getränke und Speisen vorher kosten, die man dem König servierte. Andere Gegenmittel gab es praktisch keine." Schnüfferl schüttelte sich kräftig und sagte: „Den Beruf möchte ich aber nicht gehabt haben." - „Sehr lange haben die Vorkoster ihren Beruf ohnedies nicht ausgeübt. Die ägyptische Königin Kleopatra - so steht es bei Plinius - hatte Antonius angeregt, eine Blüte aus ihrem Blumenkranz in sein Weinglas zu geben. Als er dieser Aufforderung nachkam und gerade dabei war, das Weinglas zu leeren, regte sich in der Königin doch Mitleid und sie ließ ihn durch eine Handbewegung davon abbringen. Um ihrer Huld Nachdruck zu verleihen, ließ sie einen Gefangenen holen, dem sie den Wein zum Trunke anbot. Die vermeintliche Gunst der Königin brachte ihm den augenblicklichen Tod." Schnüfferl griff sich vor Entsetzen auf den Kopf, und Habakuk erzählte munter weiter: „Der letzte Herrscher von Pergamon, Attalos III.[162] Philomator, legte sogar einen eigenen Garten mit Giftpflanzen an, sodass er jederzeit auf sein reichhaltiges Giftdepot zurückgreifen konnte. Die Giftwirkung ließ er bei Tieren und Menschen erproben. Viele Gifte und Gifttinkturen waren absolut farb- und geschmacklos, wie beispielsweise das *Aqua tofana*, mit dem unzählige Menschen den Tod fanden." - „Und das Wasser in der Tofana ist so giftig?" - „Möglicherweise gibt es auch in der Tofana verschmutztes und giftiges Wasser, aber *Aqua tofana* ist nach der sizilianischen Giftmischerin Teofania di Adamo benannt. Die Prozessakte der Verurteilten mit der Rezeptur des Wässerchens hatte sich Papst Alexander VII.[163] auf die Engelsburg bringen lassen, damit niemand von dem gottlosen Geheimnis erfahren möge. Eine andere berüchtigte Giftmischerin war Catherine Voisin am französischen Hof. In ihren Machenschaften waren die höchsten Persönlichkeiten verstrickt. Sie wurde 1680 zum Tode verurteilt und als Hexe verbrannt."
Während Schnüfferl wie erschlagen dasaß und all die Scheußlichkeiten nicht so recht glauben konnte, hatte sich Habakuk entfernt. Er lief

schnell ins Haus. Es dauerte nicht lange und er kam mit zwei Cocktailgläsern zurück, in denen sich eine giftgrüne Flüssigkeit befand. Mit einem breiten Grinsen und großen Schritten kam er auf Schnüfferl zu und sagte: „Schnüüüfferl, schau was ich uns gebracht habe." - „Ui, das schaut aber schrecklich giftig aus." - „Giiiftig? Mir schmeckt's." Habakuk reichte Schnüfferl ein Glas, ohne selbst an dem seinen zu trinken. Schnüfferl nahm es und sagte: „Weil du es bist." und machte dann einen großen Schluck. Jetzt saugte auch Habakuk vom köstlichen, nach Minze schmeckenden Saft. Da sieht man, dass Freundschaft viel mit Vertrauen zu tun hat.

Alle Dinge sind Gift und nichts ist ohne Gift.
Allein die Dosis macht, dass ein Ding kein Gift ist
Paracelsus (1493-1541)

Was das nit gifft ist?
Alle ding sind gifft und nichts ist ohn gifft.
Allein die dosis macht das ein ding
kein gifft ist.
Als ein Exempel: ein jetliche speiß und ein jetliche getranck
So es über sein dosis eingenommen wirdt,
so ist es gifft.
Paracelsus (1493-1541)

DIE APOTHEKE IN DER KÜCHE

Habakuk machte sich in der Küche zu schaffen und kochte schon eine geraume Zeit. Es war weniger das Geklapper des Geschirrs, was die Aufmerksamkeit des Schweinchens erregte, es war auch nicht zu überhören, dass Habakuk fröhlich vor sich hinkrächzte, pardon, sang. Raben sind ja Singvögel, das hätte ich beinahe vergessen. Nun gut, Schnüfferl stand plötzlich in der Küche und beobachtete aufmerksam das Treiben des alten Raben. Eine Reihe von Gemüsesorten war vor ihm ausgebreitet, und eine Anzahl von gläsernen, kleinen Schüsseln stand bereit. Aber wofür bloß?
„Was gibt es denn heute Gutes zum Essen?" - „Ich mische eine Medizin zusammen", antwortete Habakuk und Schweinchen sagte ganz enttäusch: „Ach sooo." Aber irgendwie roch es doch ziemlich gut nach

Essen. Medizin schmeckt meist bitter und riecht grauslich, aber diese Medizin würde Schweinchen möglicherweise auch munden. Neugierig geworden, nahm es einen weiteren Anlauf und fragte: „Und für wen machst du die Medizin, bist du vielleicht krank?"

> Eure Nahrungsmittel sollen Heilmittel sein.
> *Hippokrates (um 460 v. Chr. – um 377 v. Chr.)*

„Ich mache sie für uns, zur Vorbeugung." - „Zur Vorbeugung? Aha, zur Vorbeugung …Und was für eine Medizin machst du da gerade?" - „Iiich? Na ganz einfach eine Paradeisersuppe mit geschmortem Fenchel." - „Höre ich da Paradeisersuppe?" Das Schwänzchen von Schnüfferl drehte sich schon vor Erwartung. Paradeisersuppe liebte es ja über alles, aber wieso sagte Habakuk, es sei eine Medizin? „Das riecht aber guuut", schwärmte das Schweinchen und hatte schon seinen Rüssel in den Kochtopf gesteckt. Habakuk ließ sich dadurch nicht aufhalten und schnitt die Zwiebeln in kleine Würfel, sodass Schweinchen zum Weinen anfing. „Was ist mit dir, Schnüfferl, bist du traurig?" - „Ja", sagte es und spielte ein wenig trotzig. Wir wissen ja, dass in Schnüfferl eine hervorragende Schauspielerin steckt. „Und warum bist du traurig?" - „Weil ich mich schon sooo auf das Essen gefreut habe." - „Es dauert nicht mehr lange, dann bekommst du gleich die Suppe." - „Du hast aber gesagt, dass das eine Medizin ist." - „Habe ich das? Na, dann wird es schon so stimmen. Jede Speise, die das Wort Essen verdient, ist zugleich auch Medizin, alles andere wäre nur Kalorien-Mampfen, ein Fast-Food-Vertilgen."

Habakuk benahm sich aber heute komisch, dachte sich das Schweinchen, so stellte es gleich noch eine Frage: „Und was soll an deiner Suppe Medizin sein?" -

Fast Food

„Schau!", sagte Habakuk und zeigte Schnüfferl alle seine Zutaten, die er sorgfältig in verschiedene Glasschalen gegeben hatte, alles bereit zum Kochen. „Hier, die Paradeiser, oder Tomaten, wie manche sagen, enthalten die Substanz 'Lycopen'. Die wirkt gegen Tumorbildung. Die Karotten helfen bei der Abwehr von Krankheitserregern, sie enthalten viel Vitamin A." Schnüfferl hörte zuerst aufmerksam zu, dann fragte es: „Und wozu ist der Sellerie da gut?" - „Der Sellerie bringt das Magen-Drüsensystem in Schwung, schau, und der Rosmarin, den du sicherlich schon gerochen hast, der hilft gegen Erschöpfung und aktiviert den Stoffwechsel." - „Den kann man doch auch als Badezusatz verwenden", warf Schnüfferl schnell ein. „Richtig, du kannst Rosmarinöl auch als Badezusatz nehmen, oder auch einen Tee davon trinken. Aber in der Suppe ist er mir lieber. Der Thymian hier, der stabilisiert Magen und Darm." - „Und die Lorbeerblätter, bekommt die dann der Koch aufgesetzt, wenn alles fertig ist?" - „Wenn er gut ist, warum nicht, ich aber gebe die Lorbeerblätter lieber in die Suppe, damit sie einen feinen Geschmack bekommt. Die Lorbeerblätter stimulieren die Immunabwehr und helfen bei Bronchitis, schau, ich huste schon gar nicht mehr." - „Weil du das jetzt sagst, jetzt fällt es mir auf." - „Und der Safran? Der macht die Suppe schön gelb, gelt ja?" - „So viel verwende ich gar nicht, weil er sehr teuer ist. Der echte Safran besteht aus nichts anderem als aus den Staubblättern einer Krokus-Art. Du kannst dir wohl vorstellen, wie mühsam es ist, die Staubgefäße händisch auszuzupfen. Safran verfeinert das Aroma und wirkt ebenfalls gegen Erschöpfung und vor allem auch gegen Arteriosklerose. Natürlich verfehlt auch der Knoblauch nicht sein Ziel. Sein unverkennbarer Duft, das heißt, seine ätherischen Öle, wirken genau so gegen die Arterienverkalkung."

Mittlerweile war die Suppe gar geworden. Schnüfferl hatte bereits die Teller und das Besteck aufgelegt und beide genossen ihre Medizin. Der Tisch war schön gedeckt, ein Blumenstrauß zierte ihn und eine Kerze belebte alles durch ihr flackerndes Licht. Im Hintergrund hörte man dezente Musik. Schließlich kam Habakuk mit der Suppe, die er mit einem kleinen Minzeblatt und mit Petersilie dekorierte. Man isst schließlich auch mit dem Auge und, ob ihr es glaubt oder nicht, auch mit den Ohren.

Diesmal war es auch Schnüfferl bewusst, dass Speisen mehr ist als bloßes Kalorienmampfen. Dass alle Sinne angeregt werden müssen, um eine Heilkraft zu bewirken[164]. Also die Nase spielt auch eine große Rolle, mit einem Wort, das ganze Ambiente. Essen ist nicht nur ein gesellschaftliches Ereignis, das man mit andern einnehmen soll, auch die Aromen und Düfte, die sich entfalten, lassen die Speisen zu einem besonderen Geschmackserlebnis werden. Durch die Zubereitung werden sie leichter verdaulich und somit bekömmlicher, und der Körper erhält alle Spurenminerale, Salze, Vitamine und Aufbaustoffe, die er benötigt. Durch die Gewürze wird nicht nur den Geschmack der Speisen verbessert, sondern diese lassen sie zu einem kulinarischen Genuss werden und heben so die Freude des Genießers. Er fühlt sich rundum wohl und verspürt das innere Urgefühl von Gesundheit. Schnüfferl war glücklich, dass es so einen guten Arzt als Freund hatte, der es verstand das Angenehme mit dem Nützlichen zu verbinden.

Für die, die es nicht glauben oder einfach ausprobieren wollen, hier das Rezept:

PARADEISER (TOMATEN)CREME SUPPE
Zutaten:
600 g Paradeiser
100 g Karotten
80 g Zwiebeln
120 g Staudensellerie
Karamell
50 ml Rotweinessig
2 Knoblauchzehen
Sellerie, Rosmarin, Thymian, Lorbeerblatt
Salz und Pfeffer
300 g Fenchel
6 Safranfäden
50 ml Pastis
100 ml Wasser
200 g Sauerrahm

Zubereitung:
600 g reife Paradeiser vierteln. 100 g Karotten schälen und klein schneiden. 80 g Zwiebeln schälen, in kleine Würfel schneiden. 120 g Staudensellerie ebenfalls klein schneiden, ein Esslöffel Zucker mit einigen Spritzern Wasser zu einem hellen Karamell kochen und mit 50 ml Rotweinessig ablöschen. Flüssigkeit vollständig einkochen lassen. Zwiebel, zwei Knoblauchzehen, Karotten, Sellerie, Rosmarin, Thymian und ein Lorbeerblatt dazugeben und kurz dünsten. Die Paradeiserviertel dazugeben und zwanzig Minuten schmoren lassen. 400 g Paradeiser aus der Dose zerdrücken und dazugeben. Weitere 30 Minuten köcheln. Mit Salz und Pfeffer würzen und durch ein Sieb passieren. 300 g Fenchel in dünne Streifen schneiden und Oliven anbraten. Sechs Safranfäden dazugeben und mit 50 ml Pastis ablöschen. 100 ml Wasser angießen und sieben Minuten köcheln lassen. 200 g Sauerrahm in die kochende Suppe rühren und mit dem Pürierstab schaumig schlagen. Mahlzeit! Oder sagen wir lieber G'sundheit! (Xundheit!)

Man soll dem Leib etwas Gutes bieten, damit die Seele Lust hat, darin zu wohnen
Teresa von Ávila (1515-1582)

HIRNFUTTER
Supertreibstoff fürs Gehirn

Habakuk war sehr geschäftig, überall in der Küche standen kleine Schüsseln, gefüllt mit den verschiedensten Gewürzen, Gemüsearten und Früchten, allerlei Leckereien und Kostbarkeiten. „Oj, was gibt es heute Gutes zum Essen", fragte das kleine Schweinchen freudestrahlend und voller Erwartung. - „Hirnfutter!", krächzte der Rabe. „Hirnfutter? Was ist denn das?" Habakuk, obwohl mit seiner Kochkunst sehr beschäftigt, antwortete geduldig: „Kraftfutter und Zusatzfutter für das Gehirn, denn wenn man selbst das menschliche Gehirn betrachtet, so macht es zwar nur zwei Prozent des Körpergewichtes des Menschen aus, aber..." - „Und mit dem bisschen Hirn kommen die Menschen aus?", meinte das Schnüfferl mitleidig. „Ich weiß, Schnüfferl, wir zum Beispiel, wir Vögel sind da ganz anders. Unser Gehirngewicht, wie beispielsweise beim Spatzen, beträgt an die 4,2 Prozent des Körpergewichtes und die Äffchen haben 4,8 Prozent, hingegen beim Menschen, der sich so viel auf seinen Denkapparat einbildet, sind es lächerliche 2,5 Prozent. Na ja, jedenfalls benötigt das Gehirn des Menschen etwa ein Fünftel des gesamten Energieverbrauches, und unseres braucht auch nicht gerade wenig. Also muss man das Gehirn füttern." - „Und die Saurier, Habakuk, deine Verwandten, die Saurier, die haben sicherlich die größten Gehirne gehabt, gelt ja?" - „Nanana, ja, na das gerade nicht." Habakuk kam ins Stottern und entschuldigend fügte er noch hinzu, schließlich sind die Saurier doch Verwandte des Raben: „Die Saurier haben ihre Qualitäten ganz woanders gehabt, ganz woanders." Dabei machte sich Habakuk wieder an die Zubereitung seiner Spezialspeisen. „Und wie war ihr Verhältnis Gehirngewicht zum Körpergewicht, Habakuk?" Da Schnüfferl hartnäckig auf die Antwort bestand, so antwortete Habakuk ganz nebenbei: „An die 0,001 Prozent. Aber du weißt ja, dass so ein Apatosaurier auch an die vierzig Tonnen auf die Waage brachte, das ist so viel wie ein Kampfpanzer wiegt. Na, und der Ultrasaurus wiegt gar an die einhundert Tonnen"

Wer gibt denn schon gerne zu, dass er von so kleinhirnigen Tieren abstammt, von geistigen Zwergrattlern. Schnüfferl aber gab sich damit zufrieden und fragte auch nicht mehr weiter, was Habakuk ganz Recht war. Vielleicht hätte es seinen Freund auch ein wenig gekränkt, und so bevorzugte das kleine Schweinchen etwas anderes zu fragen: „Welche Kraftstoffe benötigt denn unser Gehirn, Habakuk?", drängelte Schnüfferl. Habakuk war erleichtert, dass Schnüfferl endlich das Thema gewechselt hatte. Mit einem Seufzer der Erleichterung legte er kurz den Kochlöffel beiseite und sagte:

„Der Treibstoff, der für die Muskeln gut ist, ist derselbe wie für unser

Gehirn." - „Also Kohlehydrate?" - „Genau, und zwar ist dies der kleinste Baustein, Glukose oder Traubenzucker, wie man noch sagen kann. Dieser muss ständig über die Blutbahn angeliefert werden, damit es nicht zu einem körperlichen oder auch geistiger Leistungsabfall kommt." - „Dann muss man also viel Traubenzucker zu sich nehmen, um gescheit zu sein?", und schwups, schnappte Schnüfferl sich ein Zuckerl das gleich in seinem Goscherl verschwand. Dem wachsamen Auge Habakuks entging dies nicht, und so sagte er gleich: „Das allein ist noch zu wenig, Schnüfferl. Wenn man Süßigkeiten oder stark gesüßte Flüssigkeiten zu sich nimmt, steigt der Blutzuckergehalt sehr rasch an, wird aber ebenso rasch wieder abgebaut. Doch es gibt auch Kohlehydrate mit Langzeitwirkung, sie werden erst im Zuge der Verdauung Stück für Stück zu Glukose abgebaut.

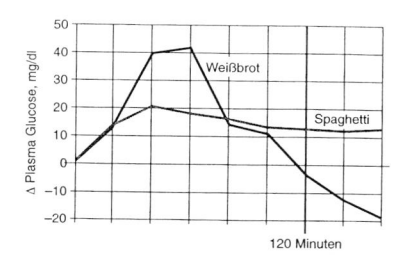

Zeitliche Veränderung der Blutzuckerkonzentration von zwei Stunden nach dem Verzehr von 50 g Kohlehydraten aus Weißbrot und Spaghetti.

Kohlehydrate sind auch noch in einer anderen Hinsicht wichtig, sie erleichtern nämlich den Eintritt des Eiweißbausteins *Tryptophan* ins Gehirn und fördern so die Produktion des Neurotransmitters Serotonin, einem Stoff, der für die Konzentration und Merkfähigkeit unerlässlich ist." - „Was sind denn die Neuromittler?" - „Du hast Recht, die Neurotransmitter sind Mittler, denn die Nervenleitung erfolgt nicht so einfach wie bei einer elektrischen Leitung, sondern ist viel komplizierter. Die Impulse werden zwar elektrisch weitergeleitet, zusätzlich aber in chemische Stoffe umgewandelt. Mittlerweile kennt man an die achtzig verschiedene Neurotransmitter." - „Und was muss man nun essen, um gescheit zu sein?", fragte Schnüfferl mit weit aufgerissenen Augen und lutschte noch an seinem Zuckerl. „Ohne Energie geht da gar nichts, Kopfarbeiter müssen daher Getreide-, Erdäpfel-, Nudel- und Gemüsegerichte zu sich nehmen, und zwischendurch eignen sich auch kurzfristige Energieschübe mit Trockenobst, Bananen oder Fruchtsaftgetränke." Schnüfferl hatte schon vorhin die Saftflasche entdeckt, aus der es jetzt einen kräftigen Schluck nahm. „Aber Schnüfferl, warum nimmst du denn kein Glas dafür?" - „Ich musste das tun, um einen plötzlichen Leistungsabfall zu verhindern." Jetzt konnte Habakuk gar nicht schimpfen, er sagte bloß: „Ich sehe, es wirkt bereits, weil du so schlagfertig bist." Dann versuchte er, Schnüfferl zu erklären, was zu einer gehirngerechten Nahrung noch alles dazu gehört:
„Und dann braucht das Gehirn noch Eiweißstoffe, sogenannte

Proteine. Sie sind die Baustoffe der Zelle. Während Kohlehydrate die nötige Betriebsenergie für die Nervenzellen liefern, bieten Proteine die Baustoffe für die Bildung der Botenstoffe, damit auch die Nachrichten transportiert werden können, das sind unsere Neurotransmitter." - „Bestehen die Proteine nicht aus Aminosäuren?" - „Eiweiß besteht immer aus vielen Einzelbestandteilen, aus den unterschiedlichsten Aminosäuren." - „Und wo gibt es die Proteine in der Nahrung, gibt es die nur im Fleisch?" - „Nein, nein, Proteine gibt es nicht nur im Fleisch, sondern auch im Fisch, in den Eiern und in den Milchprodukten, aber auch in pflanzlichen Stoffen. Wie sonst kämen die vielen Pflanzenfresser zu ihren Proteinen? Zu den pflanzlichen Eiweißlieferanten gehören Erdäpfel…" Schnüfferl schmatzte gleich beim Wort Erdäpfel, die es, wie jeder weiß, besonders schätzt. „…Hülsenfrüchte und Getreide", ergänzte Habakuk. „Ist es denn gleich, welche Aminosäuren man aufnimmt?" - „Nicht ganz. So gehört zum Beispiel Tryptophan zu den acht lebenswichtigen Aminosäuren, die der Körper nicht selbst aufbauen kann. Wir sind also darauf angewiesen, diesen Stoff ein Leben lang mit der Nahrung aufzunehmen, denn Tryptophan ist eine Vorläufersubstanz des Serotonins. Dieser Stoff ist nicht nur bedeutend für unser Merkvermögen und unsere Denkfähigkeit, sondern wirkt sich auch auf unser Wohlbefinden aus. Ein geringer Gehalt ist auch für die Winterdepression verantwortlich."
- „Winterdepression? Muss ich nun viel Serotonin futtern?" - „Leider nützt es wenig, serotoninreiche Nahrung einzunehmen. Serotonin ist beispielsweise in Bananen, Ananas, Datteln, Feigen und Walnüssen enthalten, aber der Stoff vermag es nicht, die Blut-Gehirnschranke zu überwinden, das kann nur die Vorstufe des Tryptophans." - „Und wo gibt es diesen Stoff wieder?" - „Dieser Stoff ist besonders reich im Käse, in den Eiern, im Fisch und in den Meeresfrüchten enthalten, ebenso im Fleisch und Geflügel, aber auch in Hülsenfrüchten, Nüssen und Samen, wobei die pflanzlichen Tryptophanlieferanten uns gleichzeitig auch mit Kohlehydraten versorgen!"
Und schon hatte Schnüfferl von den Erdnüssen genascht. Jetzt, da es wusste, dass sie wichtig sind, um gescheit zu werden, schmecken die Nüsse natürlich doppelt so gut. „Und da gibt es noch einige Aminosäuren, die für unser Gehirn wesentlich sind, das sind Tryptophan und Phenylalanin. Beide sind nämlich die Bausteine für andere Neurotransmitter: Adrenalin, Noradrenalin und Dopamin. Diese sogenannten Katecholamine halten uns wach und aktiv. Sie kommen auch dort vor, wo man Tryptophan findet, aber für ihren Aufbau werden zusätzlich einige Vitamine und Mineralstoffe benötigt."
Oj, das war für Schnüfferl schon zu viel, ein wahres chemisches Minen-Feld, aber dass uns diese vielen „inen" und „minen" wach halten, das war für Schnüfferl neu, und so stellte es gleich eine weitere Frage:

„Und wie machen diese vielen Stoffe uns wach?" - „In einer Stress-Situation aktivieren sie alle Körperleistungen durch Freisetzung körpereigener Energiereserven, um eine rasche Handlungsfähigkeit zu gewährleisten." - „Ist Stress denn nicht ungesund?" - „Nicht jeder Stress ist ungesund, Schnüfferl. Der sogenannte gute Stress, der Eustress, kann sogar lebenserhaltend sein, um mit einer kurzfristigen extremen Anforderung fertig zu werden. Wenn aber der Stress zu lange anhält, wenn keine Möglichkeit gegeben ist, Stress wieder abzubauen, wenn die ‚Maschine stets auf Hochtouren läuft', dann kommt es zum krankmachenden Stress, dem bösen ‚Distress'." - „Dann ist das so wie bei einem Kolbenreiber beim Auto, gelt ja?", warf Schnüfferl schnell ein. Habakuk nickte und fuhr lächelnd fort: „Wenn man einmal ein Motivationstief hat, so richtig lustlos ist und keinen Antrieb verspürt, so helfen vielleicht auch ein Glas Milch, Joghurt, Käse, ein Fleisch- oder Fischgericht", und ehe es sich der alte Rabe versah, nippte Schnüfferl schon an einem Glas Milch. Dieses Mal hatte Habakuk darauf nicht geachtet, denn wenn er einmal so richtig in Fahrt war, dann brauchte er dazu kein Glas Milch zur Unterstützung, und so berichtete er gleich weiter: „Ohne Acetylcholin würden wir uns gar nichts merken, und gespeicherte Informationen könnten wir auch nicht mehr abrufen. „Schluck!" Schnüfferl setzte gleich das Glas ab und schaute Habakuk verdutzt an. „Nichts merken, ohne den Azetüldingsbum könnte man sich nichts merken?" - „Hast du dir den Namen denn nicht gemerkt?" - „Welchen Namen?" - „Na ja, ein typischer Fall von Mangel an Acetylcholin", meinte der alte Rabe belustigt. „Natürlich habe ich mir den Namen gemerkt, das wird auch so ein Neurovermitter sein, gelt ja?" - „Ein gutes Gedächtnis beruht immerhin auf einem dichten Neuronennetzwerk mit einer hohen Acetylcholindichte." - „Und wo ist überall das Acetylcholin enthalten?" - „Das ist ein wenig kompliziert, denn dazu benötigt man seine Vorstufe, das Cholin, und dieser Stoff wird wiederum unter Mithilfe von Vitaminen aus den Aminosäuren Serin und Methionin gebildet." - „Oha, das wird nun aber ganz schön kompliziert, aber sag, wo kommt das Cholin vor?" - „Cholin? Das tritt vor allem im Eigelb, in der Bierhefe und in Weizenkeimen auf. Cholin ist auch am Aufbau des Lecithinmoleküls beteiligt." - „Lecithin gibt es doch in vielen gedächtnisstärkenden Mitteln, nicht wahr?" - „Ja, ja. Aber das alleine nützt nichts." - „Nützt nichts?" - „Nein, nur ständiges Lernen und eine gute Gehirndurchblutung halten den Geist auch im Alter noch auf Trab. Dazu kommt noch eine leichte sportliche Betätigung an frischer Luft. Die eigentliche Bedeutung des Phosphatidylcholins, welches unter den Namen Lecithin bekannt ist, liegt am Cholin-Anteil. Gerade in Soja ist besonders reichlich Cholin enthalten, aber auch in Keimlingen, Hülsenfrüchten, Vollkorngetreide, Haferflocken, Eiern und Käse." - „Käse?", sagte Schnüfferl leise und

schon war ein Stück davon in Schnüfferls Rüssel verschwunden. „Ein wichtiges Vitamin für unsere Denkzentrale ist auch das Vitamin B5, mit dem kannst du dein Hirn innerhalb von 24 Stunden regelrecht auffrischen." - „Auffrischen, sagst du, mit Vitamin B5?" - „Genau, dieses wird sowohl aus der Nahrung aufgenommen, aber auch im Darm produziert, aber nur, wenn die Darmflora intakt ist." Jetzt wurde Schnüfferl erst recht neugierig und fragte sogleich: „Und wo ist dieses B5 enthalten?" - „In Vollkornprodukten und auch im Studentenfutter, es hilft tatsächlich beim Lernen. Cholin und B5 zusammen ermöglichen den Umbau des Cholins zum Nervenstoff Acetylcholin."
Eine Frage quälte Schnüfferl noch: Was war mit dem Fett? Sollte man überhaupt kein Fett für unser Gehirn brauchen, dass es wie geschmiert funktioniert? Schließlich wurden seine Gedanken laut: „Und was ist mit dem Fett? Braucht man denn kein Fett für das Gehirn?" - „Doch, doch", sagte Habakuk, der inzwischen die Salate angerichtet hatte. „Fette sind zwar hauptsächlich Energielieferanten für den Körper, das Gehirn bezieht seine Energie aber vor allem aus der Verwertung von Kohlehydraten. Fette mit einem Phosphoranteil hingegen, das sind die Phospholipide, sind am Aufbau der Zellwände beteiligt und regulieren die Durchlässigkeit bestimmter Substanzen. Aber bei der Informationsübermittlung ist weniger die Menge an Fett entscheidend als vielmehr deren Qualität." - „Das dachte ich mir schon, aber was braucht man denn für Fette, damit das Hirn wie geschmiert funktioniert?" - „Vor allem Membranphospholipide mit einem hohen Gehalt an sogenannten ungesättigten Fettsäuren. Besonders wichtig sind da die Omega -3- Fettsäuren. Sie machen die Zellwände durchlässiger, geschmeidiger und erlauben dadurch einen mühelosen Nährstofftransport und Neuronentransmitteraustausch zwischen den einzelnen Nervenzellen. Sie wirken auf den Blutdruck stabilisierend und senken den Cholesteringehalt und beugen so der Arteriosklerose vor, das ist die Verkalkung der Arterien." - „Das ist mir schon ein wenig zuviel Chemie, aber sag, wo gibt es denn die Omega-Säuren?" - „Eigentlich gibt es zwei unterschiedliche Typen, die ungesättigten Omega-3-Fettsäuren, welche vor allem in tierischen Fetten vorkommen, wie in Makrele, Thunfisch, Hering und Lachs, sowie auch in einigen Pflanzenölen wie im Lein-, Raps-, Walnuss- Oliven- und Sojaöl. Dann gibt es noch die Omega-6-Fettsäuren, welche in den meist verwendeten pflanzlichen Ölen, wie Sonnenblumenöl und Maiskeimöl, enthalten sind." - „Ist es gleich, welche Öle man nimmt?", bohrte Schnüfferl weiter, schließlich wollte es auch gescheit werden und so viel wissen wie sein Freund. Habakuk war gerade dabei, das Essen zu servieren, als er antwortete: „Das Verhältnis zwischen Omega-6-Fettsäuren und Omega-3-Fettsäuren sollte in Hinblick auf den Schutz der Gefäße 5:1 sein, in der österreichischen Ernährung ist das

Verhältnis aber 20:1 oder gar 30:1. Das heißt, man sollte nicht zu viel von dem essen, wo schlechte Fette enthalten sind, wie Wurst, Käse, Fleisch, Majonaisen, Kuchen und so weiter " Daraufhin gab Habakuk ein wenig Rapsöl auf den Salat. Schnüfferl war von den vielen Alpha-Omega-Gamma Dingsbumssäuren, vom Phenyl-Aladin mit oder ohne Wunderlampe und den anderen Stoffen wenig beeindruckt, das Essen roch auch allzu gut.

Eines aber hatte es sich gemerkt, obwohl es für den Augenblick das Bedeutendste im Auge behielt, nämlich das köstlich duftende Essen, das am Tische stand: Wie wichtig es ist, gute und abwechslungsreiche Kost zu sich zu nehmen! Pommes frites mit Ketchup allein wären zu wenig. Fettreiches Fast Food, wie Hamburger mit Pommes, Salami-Pizza oder Käsekrainer, auch zu viel an Süßigkeiten benötigen zur Verdauung sehr viel Blut, das regelrecht aus dem Gehirn gezogen wird. Damit wird man träge, *da wirkt Fast Food wie ein Schlafmittel fürs Gehirn.*

Hier ist Bequemlichkeit nicht bekömmlich.

Aber zum Glück hält Schnüfferl nichts von diesen Gehirnbremsen. Gibt es da nicht ein Sprichwort, das sagt:,Man ist was man isst' oder zumindest so ähnlich? Und Schnüfferl tat etwas für sein Gehirn, es aß alle Köstlichkeiten bis zum letzten Rest auf. Und ich glaube, den Teller hat es auch noch abgeschleckt, aber gesehen hat es niemand. Es gibt schließlich nichts Besseres als etwas Gutes. Nun braucht ihr euch nicht mehr zu wundern, warum Schnüfferl ein so schlaues Schweinchen ist. So ein Hirnfutter ist beispielsweise eine Dinkel-Walnuss-Brioche:

DINKEL-WALNUSS-BRIOCHE
Zutaten:
20 g   Germ
60 g   Milch
220 g fein gemahlenes Dinkelmehl
50 g   geriebene Walnüsse
2 EL   Honig
2   Eidotter
120 g flüssige Butter
1 Prise Salz, Eidotter zum Bestreichen.

Zubereitung:
Den Germ in der Milch auflösen und mit den restlichen Zutaten zu

einem glatten, geschmeidigen Teig verkneten. Zugedeckt gehen lassen. Den Teig einige Male zusammenschlagen und dazwischen immer wieder gehen lassen. Anschließend eine Rolle formen, in 10 gleich große Stücke schneiden und zu Kugeln rollen. Kugeln auf einem befetteten Backblech etwas flach drücken und kreuzweise einschneiden. Mit Eidotter bestreichen und in das vorgeheizte (200 Grad) Backrohr geben und ca. 30 Minuten backen.
(8-10 Stück à 278 Kcal bzw. 223 kcal = 1163,7 – 933,5 KJ)

ASPIRINBAUM UND SALICYLMENÜ
Von der Weide

Schnüfferl saß im Fauteuil im Wohnzimmer, und kaute mit Begeisterung an einem frischen Weidenzweig. Das hatte es eigentlich noch nie getan. Habakuk wunderte sich und fragte: „Bist du denn krank, Schnüfferl?" –

„Wieso soll ich denn krank sein?" - „Weil du an Weidenzweigen knabberst." - „Deswegen sollte ich krank sein?" - „Ja, weil Weidenrinde schon in der Antike zur Behandlung von Schmerzen und Fieber eingesetzt wurde." - „Ja, aber jetzt doch nicht mehr und... hat's was genützt?", fragte Schnüfferl ein wenig verlegen und neugierig zugleich. „Als die Gemeindemitglieder einer Pfarre in Südwestengland 1763 an Grippe erkrankten und Fieber hatten, machte ihr Pfarrer, Reverend Edmund Stone, einen Aufguss aus den Zweigen der Silberweide und gab ihn den Kranken zu trinken. Der Erfolg stellte sich alsbald ein, das hohe Fieber ging zurück." Schnüfferl machte große Augen und sagte: „Da hat der Pfarrer wohl ein Wunder vollbracht?" - „Nein, aus den Inhaltsstoffen des Aufgusses entsteht im Körper Salizylsäure, ein probates Mittel gegen Fieber." - „Und wusste das der Pfarrer?" - „Dass die Salizylsäure daran Schuld ist, das wusste er mit Sicherheit nicht. Genau so ist es mit den alten, bewährten Heilmitteln. Sie helfen, warum wissen aber die wenigsten."
Schnüfferl hatte inzwischen den saftigen Weidenzweig total abgefieselt und legte das Gerippe auf den Tisch, während Habakuk gleich weiter unterrichtete: „Der Name Salizylsäure stammt von der lateinischen Bezeichnung für Weide, die in der Sprache der Gelehrten, Salix heißt."
Schnüfferl ging das mit dem Weidensaft nicht aus dem Kopf, und wahrscheinlich hatte es gar nicht aufgepasst, was Habakuk am Schluss noch gesagt hatte, dann stellte es klipp und klar fest: „Die Behandlung ist aber einfach, gelt!" - „Die Behandlung ist einfach und wirksam, hat

aber einen entscheidenden Nachteil." - „Weil die Apotheker kein Geschäft machen", murmelte Schnüfferl und grinste still vor sich hin. „Nein, es kann zu unangenehmen Nachwirkungen kommen. Salizylsäure wirkt nämlich reizend und kann zu Blutungen und Geschwüren der Mund- und Magenschleimhäute führen." - „Das ist aber reizend! Na, nicht angenehm, wollte ich sagen." Und schon knabberte Schnüfferl wieder am Stängel.
Habakuk schmunzelte, dann sagte er: „Gelt ja, das haben zwei deutsche Chemiker der Firma Bayer, Felix Hoffmann und Heinrich Dreser auch so gesehen und fanden schließlich 1893 heraus, dass Natriumsalicylat, die gleiche Wirkung hat wie die Salizylsäure, die Nebenwirkungen aber ausbleiben. Sie nannten ihr Produkt Aspirin[165]."
- „Aspirin, so, so. Und worauf beruht denn die Wirkung des Weidenwassers?" - „Aspirin blockiert ein Enzym, das für die Herstellung von Prostaglandinen verantwortlich ist." - „Und wozu braucht der Körper diese Stoffe?" - „Damit sie ihm eine Verletzung oder den Angriff von Mikroorganismen anzeigen. Sind Prostaglandine im Überfluss vorhanden, kommt es zu Entzündungen, Schmerzen und Fieber." - „Deshalb nehmen die Menschen Aspirin, nicht wahr?" - „Und das in großen Mengen. In den USA werden jährlich zwanzig Milliarden Aspirintabletten eingenommen, in Deutschland werden im selben Zeitraum dreißig Millionen Packungen Aspirin und Aspirin plus C verkauft. Auch im Alka Seltzer ist Aspirin enthalten, dazu kommen noch Zitronensäure und Natriumbikarbonat." - „Wozu hat man denn das dazugegeben, wirkt es dann besser?" - „Durch die Reaktion mit dem Bikarbonat entsteht das Natriumsalz der Acetylsäure, das sich im Wasser löst und deshalb auch schneller wirksam wird. Auch die Zitronensäure, die den eigenartigen Aspiringeschmack überdecken soll, reagiert mit Bikarbonat zu kleinen Kohlendioxidbläschen. Aspirin wird auch gegen Rheuma verschrieben." - „Das nützt etwas?" - „Es gibt schon andere Mittel auch, aber seit 1899 wird Aspirin in der Therapie nicht nur als fiebersenkendes Mittel, sondern auch gegen rheumatische Schmerzen verwendet. Allerdings wird bei rheumatischen Erkrankungen dieser Stoff in hohen Dosen, nämlich sechs bis zehn Gramm pro Tag, verschrieben." - „Da gibt es aber einen weiten Anwendungsbereich für das Aspirin." - „Das war aber noch nicht alles, Schnüfferl. Auch bei Herzkrankheiten wird Aspirin verordnet. Um zu verhindern, dass Blutplättchen zu Blutgerinnseln verklumpen, werden ebenfalls Tabletten verordnet, die 500 mg Aspirin enthalten. Maximal darf man aber nur alle sechs Stunden zwei Stück nehmen, sodass man nicht mehr als vier Gramm Aspirin täglich einnimmt, damit man eine Übersäuerung vermeidet." - „Und wie wirkt sich das aus, wenn der Körper übersäuert ist?" - „Wie? Der Körper versucht durch rasche Atmung um durch Abgabe von Kohlendioxid (CO_2) den Säuregrad

des Blutes zu senken, dann kommt noch eine verstärkte Nierentätigkeit hinzu, was schließlich zur Austrocknung führt. Kann der Säuregehalt nicht mehr reguliert werden, führt dies zu Gewebeschädigungen und letztendlich zum Tod."

„Gibt es denn gar kein anders Mittel um sich vor einem Herztod zu schützen?" Der alte Rabe griff sich plötzlich mit seinem rechten Flügen an die Herzgegend und sagte ernst: „Bring mir bitte schnell die Flasche Rotwein, die dort drüben steht." Schnüfferl läuft so schell es geht, im Schweinsgalopp sozusagen, holt die Flasche und stellt sie vor Habakuk, indem es ihn mit Sorge betrachtet. Der alte Rabe öffnet vorsichtig die Flasche und schenkt sich ein Gläschen ein. Dann leert er es mit großem Genuss." Habakuk verdrehte dabei die Augen ein wenig und Schnüfferl sagte schon ganz kleinlaut: „Habakuk, gibt es denn gar kein anders Mittel gegen den frühen Herztod?" - „Doooch!", sagte sein Freund mit gedehnter Stimme. „Schau, das eine Mittel ist ein Gläschen Rotwein, darin sind Polyphenol-Antioxidantien enthalten." - „Polifenoldanzien?" - „Ganz richtig, diese sind häufig in den Schalen roter Weintrauben, daher trinke ich auch jeden Tag ein Gläschen Rotwein, meiner Gesundheit zuliebe und da gibt es noch ein zweites Wundermittel." - „Ein Wundermittel, sagst du?" - „Ja, ja, das zweite Wundermittel, das ist das Olivenöl, genauer gesagt, die einfachen, ungesättigten pflanzlichen Öle. Die tierischen Fette und die gehärteten Pflanzenöle sind beim Essen zu vermeiden. Und dann haben wir noch eine Möglichkeit Salicylate zu uns zu nehmen, ohne in die Apotheke zu gehen."

Schweinchen schaute Habakuk erwartungsvoll an, dann sagte Habakuk: „Der einfachste Weg ist es, Tee zu trinken, schwarzen Tee. Ein aufgebrühter Teebeutel liefert an die drei Milligramm, fünf Tassen die lebensverlängernde Dosis von fünfzehn Milligramm." - „Und Kaffe, nützt der gar nichts?" - „Doch, auch, aber da müsste man schon zwanzig Tassen zu sich nehmen, um auf die selbe Menge zu kommen, und das ist auch nicht gesund." Schnüfferl zog bei der Antwort Habakuks enttäuscht ein Schnoferl, dann fragte es missvergnügt: „Und wenn man beides nicht mag, bleiben dann nur die Tabletten?" Habakuk wackelte bedächtig mit seinem Kopf, dann sagte er geheimnisvoll: „Die Mittelmeervölker kennen da noch ein Geheimnis."

Jetzt war es wieder so weit, Schnüfferl spitzte seine Ohren, den das Wort ‚Geheimnis' hatte etwas Magisches an sich, es weckte in ihm mächtig Neugierde, und das sobald man ein Geheimnis erfährt, ist es ja keines mehr. Willst du auch das Geheimnis wissen? Na ja, da Schnüfferl bereits ‚Ja' gesagt hat, so möget ihr es ebenfalls erfahren: „Salicylat ist auch in vielen Früchten, Gemüsesorten und Kräutern enthalten und heute, Schnüfferl, heute gibt es ein echtes Salicylat-Menü." - „Ein Salicylat-Menü?", wiederholte Schnüfferl aufgeregt. „Ja:

Gazpacho, das ist eine kalt servierte Suppe aus Tomaten, Gurken, Zwiebeln und Paprika, anschließend..." Schnüfferl leckte sich bereits sein Schnäuzchen, was Habakuk natürlich nicht entging. „Anschließend gibt es eine Ratatouille, das ist ein Gemüsegericht aus Auberginen, Zucchini, rotem Paprika und Tomaten und als Nachspeise serviere ich dir ein Schüsserl voll Himbeeren, die allein enthalten vier Milligramm an Salicylat." Schnüfferl schleckte sich gleich mehrfach sein Schnäuzchen, dann sagte es schelmisch: „Schade, dass es so etwas nicht auf Krankenschein gibt." Habakuk antwortete lächelnd: „Dann wärst du ständig krank, liebes Schnüfferl, ich kenne dich doch."

Abends gab es Gemüselaibchen, hier das Rezept:

GEMÜSELAIBCHEN
Zutaten:
3   Eier
50 g   Emmentaler
75 g   fein gemahlener Weizen
2 EL   Sonnenblumenkerne
2 EL   Hefeflocken
2 EL   Pflanzenöl
50ß g   Zwiebel
Kräutersalz, 1 Messerspitze Curry
125 g   Karotten
1 TL   Thymian
125 g   Zucchini

Zubereitung:
Eier und Gewürz verquirlen, Weizenmehl und Hefeflocken einrühren, ca. 5 Minuten quellen lassen. In der Zwischenzeit Zwiebel fein hacken, Karotten und Zucchini raspeln. Das zerkleinerte Gemüse in den Teig einrühren, Käse und Sonnenblumenkerne untermischen. Öl in einer Pfanne erhitzen, aus dem Teig Leibchen formen und herausbraten. Mit Schnittlauch-Joghurtsauce und grünem Salat servieren.
(6-8 Portionen à 165 bzw. 123 kcal = 690,7 – 515 KJ)

Anmerkung: Wenn du Lust hast auf weitere Salicylate, die gibt es auch in Fruchtsäften, Rosinen, Birnen, Ananas, Melonen, Mangos, Gurken, Oliven, Mandeln, Erd- und Kokosnüssen, Maiskörnern, Kartoffeln mit Schale, Brokkoli, Honig, Lakritze, Pfefferminze, Ketchup und auch im Currypulver, das enthält sogar 200 mg in 100 Gramm. Und für die Erwachsenen auch in Wein und Bier.
Für einige aber, die eine bestimmte, salicylfreie Diät leben müssen, bleiben noch Fleisch, Fisch, Käse, Eier, Weizen, Hafer, Reis, Kraut, Karfiol, Sellerie, Lauch, Kopfsalat, Bohnen und Bananen, all diese Nahrungsmittel enthalten kein Salicylat.

ESSSTÖRUNGEN

> Zu wenig und zu viel, ist des Narren Ziel.
> *Sprichwort*

ESSEN UND SCHÖNHEIT

Gibt es noch irgendwo Mädchen, die nicht so sein wollen wie Heidi Klum oder wie eine andere Schauspielerin und Models mit hübscher Figur, mit wohl proportionierten Maßen? Ist es nicht beängstigend, dass kaum noch jemand in seiner eigenen Haut stecken möchte? Alle möchten „manche" werden, nur nicht sie selbst. Viele sind so rippig unterwegs, sodass man fast einen Arzt rufen möchte. Der kranke Traum wird genährt aus Vorbildern, so dürr, dass sie fast vom Laufsteg fallen. Schönheitsideal an der Kippe zur Intensivstation. 200.000 junge Österreicherinnen leiden unter Essstörungen. Sie träumen von Heidi Klums Modelkarriere und richten sich dabei zugrunde. Geschätzte 6500 Österreicher sind an Ess-Brechsucht erkrankt. Ein Prozent unter den 20-jährigen Mädchen ist magersüchtig. Und oft genug endet der Traum von der perfekten Figur mit dem Tod.

Nicht weniger gefährlich ist das Gegenteil davon, die Fettsucht (Adipositas, Obesitas), die krankhafte Ansammlung von Körperfett: Der herabgesetzte Grundumsatz wird oft durch hormonelle Störungen hervorgerufen. Jeder vierte Österreicher ist bereits fettleibig. In den USA hat sich die Zahl der Fettleibigen unter 18 Jahren binnen 40 Jahren verdreifacht (2006), sodass die Fettleibigkeit der Jugend als Bedrohung der Nation angesehen wird, ärger als alle Terrorakte. Es wird bald zu wenig fitte Soldaten, Polizisten und Feuerwehrleute geben, erklärte Richard Carmona, Chef der US-Gesundheitsbehörde. Auch in Großbritannien ist das Problem der Fettleibigkeit angewachsen. Laut jüngster Statistik leiden mehr als 25 Prozent der Schulkinder darunter, sodass ab 2007, laut Empfehlung der Regierungskommission, an britischen Schulen keine Süßigkeiten und Softdrinks mehr verkauft werden dürfen.

Neben den psychischen Belastungen, die in Depressionen enden, führt die Esssucht auch zu medizinischen Problemen, da Übergewicht zahlreiche Krankheiten begünstigt. Folgeerscheinungen wie kardiovaskuläre Erkrankungen, Diabetes, Gicht, Gallensteine, Schlaganfall, Gelenkleiden und Wirbelsäulenschäden sind die Regel.

Die an Essstörungen erkrankten Menschen sind ernsthaft krank und brauchen dringend Hilfe, da sie es alleine nicht schaffen, ja oft ihren Zustand nicht wahr haben wollen.

KRANKHAFT GESUND
Orthorexie

Schnüfferl benahm sich sehr komisch, ganz ungewöhnlich würde jeder sagen, der das kleine Schweinchen kennt. Sonst war Schnüfferl immer die erste bei Tisch und freute sich auf das, was es zum Essen bekam. Schnüfferl war ein echtes Genuss-Schweinchen, eine Frohnatur. Es verstand es zu genießen wie kein anderes, aber dieses Mal, nein dieses Mal war es anders, völlig anders. Schnüfferl türmte einige Bücher auf den Tisch auf, stocherte im Essen herum, schob einen Teil der Speisen lustlos beiseite und blickte ständig auf eine Tabelle. Dabei murmelte es vor sich hin, es klang so, als ob es Zahlen vor sich hersagte.

„Schnüfferl, beim Essen liest man nicht, beim Essen konzentriert man sich auf das Essen", sagte Habakuk streng. „Ich konzentriere mich ja, ich muss alles ausrechnen, wie viel Kalorien die Sachen haben, dann kann man einiges überhaupt nicht essen." - „Was? Was kann man nicht essen?", erwiderte Habakuk ein wenig eingeschnappt. Schließlich war er lange Zeit in der Küche gestanden, um ja alles gut zuzubereiten. Und ihr könnt mir glauben, er hatte sich wirklich bemüht, nicht anders als sonst. Und während Habakuk missvergnügt dasaß, sprach Schnüfferl: „Ich weiß, dass du nur biologisches Futter kaufst, aber dennoch ist nicht alles gesund, zu viel Fett, und Fett ist schädlich. Zum Glück habe ich mir eigens Futter mitgenommen, bei Tofu ist alles enthalten, was ich brauche, ich werde ab sofort nur mehr Tofu essen."
Habakuk blieb der Schnabel offen und, was wirklich selten - oder eigentlich bisher noch nie vorgekommen war - Habakuk war sprachlos, und Schnüfferl plauderte weiter: „Schau! Deshalb habe ich mir extra Obst und Gemüse vom Bio-Bauern mitgenommen, und sicherheitshalber alles geschält, man kann ja nie wissen, wegen radioaktiven Abfällen, saurem Regen und so, und da ja die meisten Vitamine in der Schale stecken, habe ich als Ersatz gleich einige Vitamintabletten aus der Apotheke mitgebracht. Genau zwei Stück muss ich zu Mittag nehmen, hat man mir geraten, und am Abend dann wieder zwei, dann habe ich meinen Tagesbedarf gedeckt."
Endlich hatte Habakuk seinen, vor Staunen weit geöffneten Schnabel wieder zugeklappt und sich ein wenig gefasst. Ohne einen Krächzer zu tun konnte er dem Treiben Schnüfferls nicht zusehen: „Gesundes Essen ist wichtig, wirklich, aber..." Schnüfferl stoppte sofort den Ansatz Habakuks, etwas darauf zu antworten mit den Worten: „Das alleine ist noch zu wenig, du musst nicht nur gesundes Essen zu dir nehmen, das muss auch alles durchdacht, geplant und berechnet sein, nicht so einfach alles hinuntermampfen, Habakuk." - „Ich? Ich und hinuntermampfen?" - „Ja, du. Du musst mehr auf die Lebensmittelqualität achten, viel mehr als bisher, Habakuk."

Habakuk war baff. Das war dem alten Raben dann doch zu viel. Und als er gerade etwas entgegnen wollte, als Schnüfferl lustlos im liebevoll zubereiteten Essen herumstocherte, sprudelte das kleine Schweinchen gleich wieder los: „Du solltest den Speiseplan schon einige Tage im Voraus planen, du weißt ja, überall gibt es Rückstände von Insektenschutzmitteln, von Kunstdünger, und vielen anderen Chemikalien, die uns schaden können, und..." Habakuk blieb der Schnabel trocken, als er sah, wie Schnüfferl die Broccoli zum Tellerrand schubste, ausgerechnet die Broccoli, die er zart gedünstet und sorgfältig mit geschmolzener Butter übergossen hatte, ausgerechnet die Broccoli, die Schweinchen immer als erstes verspeiste: „Aber Schnüfferl, was machst du? Die Broccoli hast du doch immer so gerne gehabt, warum gibst du sie nun weg?" - „Die Broccoli? Ja, die haben bisher immer zu meiner Lieblingsspeise gehört, aber darinnen können zu viele Schwerminerale stecken. Weißt du, dass diese krank machen können? Thunfisch kann man auch nicht essen, zu viele Schwermetalle, zu viel Quecksilber. In den Eiern können Salmonellen sein." Dabei schüttelte sich Schnüfferl vor Grausen, allein schon an den Gedanken an die ungesunden Nahrungsmittel, und so sprudelte es wie ein Wasserfall gleich weiter: „Und das Fleisch von Tieren hat viel zu viel der Omega-6 Fettsäuren, das ist auch ungesund. Abgesehen davon, dass man beim Verzehr von Rindfleisch BSE bekommen kann oder auch die Hühnergrippe beim Geflügel, na und das da, das ist ganz und gar verboten", wobei Schnüfferl auf ein Semmerl[166] zeigte. Ausgerechnet Schnüfferl, das sich immer wie wild auf das frische Weißgebäck stürzte, obwohl Habakuk ihr des Öfteren sagte, dass Vollkornprodukte gesünder seien, weil sie nicht nur mehr an Vitamine beinhalten, sondern auch die wichtigen Ballaststoffe, die man zur Gesunderhaltung benötigt.

Habakuk wurde es ganz schwarz vor den Augen - ob er bereits zuviel von den giftigen Nahrungsmitteln abbekommen hatte? Nein, sicherlich nicht. Habakuk fasste sich wieder und musste sich anstrengen, dabei ruhig zu bleiben: „Schau, Schnüfferl! Die alten Griechen hatten eines schon gewusst: 'Halte Maß', das heißt, nicht zu viel aber auch nicht zu wenig. Gesund essen und sich schon beim Einkaufen Gedanken machen, finde ich gut, ja wichtig. Dann gäbe es weniger Magersüchtige und weniger Fettleibige, aber eines Schnüfferl ist auch wichtig, um gesund zu bleiben. So wie Gesundheit nicht die Abwesenheit von Krankheit ist, sondern auch das seelische Wohlfühlen beinhaltet, so gibt es auch einen Unterschied zwischen gesunder Ernährung und dem zwanghaften ‚Gesundessen'. Gesundes Essen hat auch mit Genießen zu tun, denn Genuss ist einer der grundlegenden Faktoren für den Erhalt unserer Gesundheit. Wer gesund leben will, sollte genießen lernen. Genuss hat bekanntlich nichts mit

Völlerei zu tun, gelt."
Schnüfferl legte die Gabel beiseite, oder wenn man ehrlich ist, sie fiel ihm aus der Hand. Dann lauschte es mit gespitzten Ohren, als Habakuk weitersprach: „Eine sinnvolle, artgerechte und leistungsgerechte Ernährung soll einen positiven Effekt auf die Gesundheit haben, aber ohne Freuden des Lebens, ohne Freude am Essen selbst zu haben und ohne Geselligkeit bei Tisch, wird man krank oder man ist es schon." - „Krank? Höre ich krank?", stammelte das kleine Schweinchen und war den Tränen nahe. „Ja doch, Schnüfferl, Leute die nur mehr glauben, gesund zu leben, die andere auch noch dazu missionieren wollen, die sind bereits krank, sehr sogar, denn etwas fehlt ihnen, die Lust am Essen und die Lust am Leben; und wenn sie einmal etwas essen, das nicht auf ihrem Speiseplan steht, dann fühlen sie sich sogar schuldig und schlecht. Diese Personen, die so leben wollen wie du, die sterben auch, sie sterben zwar - wie sie meinen - gesünder, aber sicherlich früher als jene, die sich an den guten Dingen des Essens erfreuen können."
Habakuk war so richtig in Fahrt gekommen und Schnüfferl guckte Habakuk nur an, regungslos. Nicht aber, dass sich in seinem Köpfchen einiges abgespielt hätte, da gab es einen Sturm im Gehirn, ein sogenanntes ‚*Brainstorming*' und das im wahrsten Sinn des Wortes, nur Habakuk dozierte mit unverminderter Heftigkeit und lauter Stimme weiter: „Dr. Steve Bratman hat 1997 für diese Krankheit den Begriff *Orthorexie*[167] geprägt, für all die armen Schweinderln, bei denen die Qualität des Essens und weniger die Quantität im Vordergrund steht, die aber das Essen nicht mehr genießen können, wenn also gesundes Essen nicht länger gesund ist. Diese Kranken können ein Essen nicht mehr zelebrieren, sie alle sind arm, wirklich arm dran."
Schnüfferl saß noch immer regungslos da, seine Ohren hingen herab, wie bei einem Dackel. Fast könnte man sagen, es sah aus wie ein Schweinehund, wie ein echter Schweinehund. Es getraute sich nichts mehr zu sagen und auch nicht mehr von seinem gesunden Futter zu essen. Da ergriff Habakuk wieder das Wort: „Es gibt übrigens Apfel-Topfen-Auflauf, deine Lieblingsspeise, wenn ich nicht irre, aber wahrscheinlich darfst du den auch nicht..." Schnüfferl sprang auf und raste in die Küche und kam freudestrahlend mit einer Riesenportion Apfel-Topfen-Auflauf zurück." Schnüfferl nahm die größere Portion, und so blieb Habakuk nur die kleinere. Habakuk protestierte: „Das war aber nicht schön von dir, die größere Portion zu nehmen, Schnüfferl." Das Schweinchen sah seinen Freund mit seinen großen blauen Augen unschuldig an und fragte: „Ja, welchen von beiden Portionen hättest denn du genommen?" - „Natürlich die kleine", sagte Habakuk, um gut dazustehen. Schnüfferl lachte und erwiderte keck: „Na, die hast du ja." Nun lachte auch Habakuk herzlich, aber ich glaube, er lachte vor

Freude, weil Schnüfferl wieder vernünftig geworden war.

Die Kalorientafel und das andere Krimskramszeugs, das Schnüfferl zum Mittagessen mitgenommen hatte, waren auch verschwunden. So aßen sie beide, wie sie es immer taten und aßen mit Genuss und Freude.

APFEL-TOPFEN-AUFLAUF
Zutaten:
750 g geschälte, säuerliche Äpfel
1/2 kg Magertopfen
Saft und Schale einer unbehandelten Zitrone
60 g Grieß
150 g Zucker
2 Dotter
2 Eiklar

Zubereitung:
Äpfel grob reiben und mit Zitronensaft beträufeln. Eigelb mit Zucker, Topfen und Zitronenschale schaumig rühren und den mit Backpulver vermischten Grieß unterheben. Anschließend die Äpfel und den steif geschlagenen Schnee unterheben. Auflaufform mit Butter ausstreichen, Masse einfüllen und mit Semmelbrösel bestreuen. Butterflocken darauf verteilen. Bei 180 Grad ca. 45 Minuten backen. Schmeckt auch kalt gut!
(6 Portionen à 293 kcal = 1226,5 KJ)

Wer seine Gesundheit durch all zu strenge Lebensweise
zu erhalten sucht,
begibt sich damit in
eine fortlaufende und langweilige Krankheit.
François Duc de la Rochefoucauld (1613-1680)

OCHSENHUNGER
UND TROTZDEM ZU MAGER
Anorexie und Bulimie

„Hab ich einen Hunger heute, einen Bärenhunger", sagte Schnüfferl, als es in die Küche hereingestürmt kam. „Zum Glück hast du keinen Ochsenhunger", meinte Habakuk. „Vielleicht habe ich sogar einen Ochsenhunger, ich glaube fast, ich habe so etwas. Salat und Grünzeug könnte ich jetzt jede Menge verdrücken." - „Was? Du hast Bulimie[168]?" - „Bullimi? Hat das was mit dem Ochsen zu tun?" - „So ist es, *bous* bedeutet im Griechischen *der Ochse* und *limós* heißt Hunger. Nur ist diese Art des Heißhungers krankhaft." - „Krankhaft?", wiederholte Schnüfferl, und dehnte das Wort ewig lange aus, so entsetzt war es zu hören, es könnte krank sein, nur weil es Hunger hatte? Ist denn Hunger nicht ein normales Gefühl, wenn der Bauch nicht voll ist?
Aber Schnüfferl, ich mache doch nur einen Scherz, dennoch es gibt in Österreich mehr als 200.000 Menschen, die an Essstörungen leiden." - „Aber Essen stört mich doch nicht, Habakuk." Dabei sah Schnüfferl Habakuk mit einem unschuldigen Augenaufschlag an. „Bei dir habe ich auch keine Sorge, Schnüfferl, aber bei manchen können Entwicklungs- und Persönlichkeitsstörungen eine Esssucht wie Bulimie oder *Anorexia nervosa* auslösen. Gerade in den Industrieländern nehmen diese Essstörungen erschreckend zu. Die Ursache ist ein extremes Schlankheitsideal, bei dem ‚dünn' mit ‚gesund' gleichgesetzt wird, der Fitnesswahn, der die Menschen dazu treibt, zu ihrer ‚Ideal-Figur' zu kommen." - „Ist es denn so schlimm, wenn man gerne isst oder lieber schlank und rank sein möchte?"
Dabei drehte sich Schnüfferl um seine eigene Achse mit einem Blick nach hinten um seine Figur besser zu sehen. „Findest du mich dick?", fragte das Schweinchen keck. „Dich doch nicht, Schnüfferl. Schlimm wird es, wenn sich der oder die Betroffene trotz starker Gewichtsabnahme immer noch zu dick fühlt, dann wird es kritisch. Für fünf Prozent aller Magersüchtigen und bis zu zwanzig Prozent aller Bulimikerinnen endet die Krankheit tödlich." - „Tödlich?" - „Ja, so ist es, Schnüfferl. Und am meisten sind die Mädel davon betroffen, weil sie so aussehen wollen wie die Mannequins in den Modejournalen."

Mit Krankheiten zahlt man die Zinsen für das Vergnügen
Japanisches Sprichwort

Die Worte Habakuks schlugen bei Schnüfferl ein wie eine Granate.... Volltreffer! Zaghaft antwortete das Schweinchen: „Das möchte ich zwar auch, aber, aber ich möchte noch nicht sterben." Obwohl Schnüfferl die letzten Worte gerade nur gehaucht hatte, hörte sie Habakuk, der gleich antwortete: „Das wirst du auch nicht so bald, Schnüfferl." - „Aber, aber bei der Bulimie muss man doch zunehmen, wenn man immer isst und isst, nicht wahr, platzt man dann, weil man zu dick wird?" Habakuk schmunzelte, dann sagte er ruhig: „Nein, nein Schnüfferl, die Haut ist ein sehr dehnungsfähiges Organ. Bei der Bulimie essen die daran Erkrankten womöglich unmäßig viel, nehmen aber Mittel, um alles wieder zu erbrechen. Das spielt sich natürlich dort ab, wo die anderen nicht sehen, was mit ihnen wirklich passiert. Die Anorexie[169] hingegen ist die klassische Magersucht, da essen die Menschen nichts, sie machen bewusst viel Sport, um immer mehr an Kalorien zu verbrauchen, als sie aufgenommen haben, bis ihr Körper geschwächt und geschädigt wird, womöglich bis zum Tod."

> Wer an Gewicht abnehmen will,
> muss erst einmal an Willen zunehmen.

Momentan fehlten Schnüfferl die Worte, dann wagte es kurz eine Frage: „Aber wiesooo? Warum denn in aller Welt machen sie das?" - „Warum? Das ist gar nicht so einfach auf einen Nenner zu bringen, aber in allen Fällen spielen ein niedriges Selbstwertgefühl, unsichere Bindungen und Probleme im Umgang mit Emotionen eine Rolle, die zu einem negativen Körpergefühl führen." - „Aber wie kann es denn dazu kommen, Habakuk?" - „Viele der daran Erkrankten neigten vor Ausbruch der Krankheit zur übermäßigen Vorsicht, zum Perfektionismus, zur Zwanghaftigkeit, zu übertriebenem Ordnungssinn...."
Schnüfferl machte einen tiefen Seufzer der Erleichterung, denn oft schon musste es Habakuk ermahnen, alles wieder aufzuräumen, und Habakuk setzte lächelnd fort: „...und viele von ihnen haben eine strenge Kindheit, vielleicht ist es auch eine sexuelle Reifungsphobie." - „Davon verstehe ich aber nichts, was soll denn das wieder heißen?" - „Durch die Beibehaltung einer untergewichtigen Erscheinung verhindert der Jugendliche seine sexuelle Reifung und die damit verbundene Verantwortung." - „Und wie kann man den Armen helfen?" - „Da gibt es verschiedene Zugänge, wenn der Körper zum Feind wird. In erster Linie müssen die Erkrankten in ärztliche Behandlung, am besten durch eine Psychotherapie, aber die Begleitmaßnahmen sind ebenso wichtig. Ihr Selbstwertgefühl muss gestärkt werden, was die Zufriedenheit und das Körpergewicht des Patienten günstig beeinflusst."
„Jetzt aber schnell Schnüfferl, das Essen wird sonst kalt." Das

Chicoree-Risotto stand schon dampfend am Tisch. Vergessen war das mit der Bullenseuche oder so, Schnüfferl war auch ganz normal, es aß, wenn es Hunger hatte, und wenn nicht, na dann aß es eben nicht. So einfach war es für das Schweinchen. Was für Schnüfferl selbstverständlich ist, macht offensichtlich manchen Menschen Probleme, und die Anzahl der an Essstörung erkrankten wird immer mehr.

Wisst ihr, wie man ein Chicoree-Risotto macht? Nein? Da habt ihr das Rezept:

CHICOREE-RISOTTO
Zutaten:
150 g   Zwiebel
12o g   Gouda-Käse
1 EL   Butter oder Margarine
30 g   Chicoree
250 g   Risottoreis oder Naturreis
150 g   Schinken
1/2 l   Gemüsebrühe (Instant)
1 Bund Schnittlauch, Pfeffer, Salz
3-4 EL Schlagobers

Zubereitung:
Zwiebeln würfeln und im Fett andünsten. Reis unterrühren, mit Brühe und Schlag auffüllen und zugedeckt 15-20 Minuten ausquellen lassen. Reis gelegentlich umrühren. Inzwischen Käse raspeln, den Chicoree in Streifen schneiden und den Schinken würfeln, mit Pfeffer und Salz würzen. Schinken und Schnittlauch über den fertigen Risotto streuen. (4-6 Portionen à 473 bzw. 315 kcal = 1980 – 1318,6 KJ)

Tägliche Mäßigkeit ist das allerbeste Fasten.

DICK- NA UND?
Adipositas/Obesitas

„Habakuk, in der Schule hat ein Schüler zum andern ‚fettes Schwein' gesagt, dabei ist er doch gar kein Schwein. Warum macht man so was?" - „Um den andern zu beleidigen." - „Ich habe es gewusst, er mag uns Schweinderl nicht."

Auch dicke Menschen haben ein dünnes Fell

„Nein, nein, Schnüfferl, das ist anders, weil dein Mitschüler eben dick ist, und weil fett derzeit eben nicht zum Schönheitsideal der Menschen Europas und Amerikas gehört, hat er ihn beleidigt." - „Wieso derzeit, war das früher anders?" - „Sicherlich! Du brauchst dir nur die vielen Statuetten aus der Steinzeit anzusehen, zum Beispiel die Venus[170] von …" - „Milo", sprudelte Schnüfferl schnell heraus. „Die ist ganz schön proportioniert gewachsen, nein, die meinte ich nicht, sondern die Venus von Willendorf. Die ist nämlich ziemlich rund gebaut. Dicke Menschen waren zur damaligen Zeit wahrscheinlich selten, denn Nahrung gab es nicht im Überfluss. Wenn jemand dick war, so musste er wohlhabend und einflussreich sein, denn nur diejenigen verfügten über genügend Nahrung. Also galt damals dick zu sein als Schönheitsideal."

„Dick und fett, ein Schönheitsideal?", dachte sich Schnüfferl, dann aber stellte es doch eine Frage: „Wozu braucht man denn so viel Fett? Nur um schön zu sein?" - „Um die mageren Zeiten, in denen es weniger Nahrungsmittel gibt, besser zu überdauern. Fett ist ein Depotstoff. Schau, wir Tiere machen das ja auch so, und das seit unzähligen Millionen von Jahren. Die Murmeltiere zum Beispiel fressen im Sommer und Herbst so viel sie nur können. Sie fressen sich einen Feist an, so sagt man, denn im Winter, wenn das gute Gras mit Schnee bedeckt ist, müssen sie hungern und so zehren sie von ihren angemästeten Fettreserven."

Venus von Willendorf

- „Dann hat das kleine dicke Kind Fettreserven für den Winter gesammelt?" Habakuk schüttelte bedächtig seinen Kopf, dann sagte er: „Nein, Schnüfferl. Manche Kinder stopfen wahllos große Nahrungsmengen in sich hinein. Gerade in der sogenannten zivilisierten Welt wird das Problem der Überernährung bei gleichzeitigem Bewegungsmangel immer größer. Jeder vierte Österreicher ist bereits fettleibig!" - „Waas? Nur weil sie zu viel essen?" - „Nicht nur. Auch die Art des Essens[171] spielt dabei eine entscheidende Rolle. Das viele Fastfood, die geringe Menge an Ballaststoffen, die der moderne Mensch zu sich nimmt! Aber auch hormonelle Störungen können zu einem herabgesetzten Grundumsatz führen, wobei es zu einer krankhaften Körperfettansammlung kommen kann[172]." - „Krankhaft?" - „Sicherlich! Zu fett ist weder besonders schön noch gesund. Man nennt diese Erkrankung Fettsucht oder auch *Adipositas*[173] oder *Obesitas*."

Vielleicht ist das linke Schweinchen gar nicht zu dick, sondern nur untergroß, wie der Kater Garfield.

> Wir Teutschen fressen und sauffen uns arm und krank
> und in die Helle.
> *Philippus Melanchthon, 1599: Aderlassbuch*

Dass es Menschen Spaß macht, sich krank zu essen, das ging ihm nicht in sein kleines Köpfchen, so stellte es gleich eine Frage: „Warum essen die Menschen dann zu viel, wenn es sie krank macht, solange bis sie alle Adi-Positiv sind?" - „Ach Gott, Schnüfferl! Du kannst wieder Fragen stellen. Das hat viele, viele Gründe. Vielleicht, weil ihnen langweilig ist, wenn sie vor dem Fernseher sitzen und essen und essen. Es ist eine Art Ersatzbefriedigung, Ersatz für mangelnde Zuwendung, manche essen, um ihren Frust zu überwinden, andere greifen eher zur Flasche und betrinken sich. Aber auch Alkohol macht dick und fett." - „Und doof", ergänzte Schnüfferl. „Und doof", wiederholte Habakuk. „Gut, wenn es halt in der heutigen Zeit nicht schön ist, was soll's, wenn man etwas dicker ist, oder?" - „So ist es nicht, mein liebes Schweinchen. Neben den psychischen Belastungen, die ein Dickerl durch die Intoleranz seiner Mitbewohner erfährt, welche es dauernd hänseln, führt die Esssucht auch zu medizinischen Problemen, da zu dem Problem des Dickseins zusätzlich noch eine psychische Belastung kommt."

Jetzt wird's aber ernst, dachte sich Schnüfferl. Auch wenn man sagt, die Dicken sind ja so gemütlich. Wenn es um die eigene Gesundheit geht, hört sich die Gemütlichkeit bald auf. Aber wieso sollte Dicksein gleichbedeutend mit ungesund sein? „Und wieso das?", fragte das kleine Schweinchen forsch. „Weil das Übergewicht zahlreiche Krankheiten begünstigt. Erkrankungen wie Kreislaufstörungen und Herzkrankheiten, weil das Herz viel stärker pumpen muss, Gelenkleiden und

Das fixierte Idealegwicht

Wirbelsäulenschäden, weil der Körper mehr zum Schleppen hat, Gicht, Gallensteine sowie Zuckerkrankheit und dann noch die Gefahr eines Schlaganfalls. Man darf nicht wahllos und zwanghaft alles in sich hineinstopfen."

Schnüfferl, das gerade herzhaft in eine Semmel biss, fiel der Brocken fast aus dem Mund. Es schluckte ihn aber noch rasch hinunter. ‚Nicht alles in sich hineinstopfen', wiederholte Schnüfferl im Geiste, dann meinte es blauäugig: „Na, dann isst man halt weniger." - „Das wäre auch gut, Schnüfferl, aber damit ist es alleine noch nicht abgetan. Selbst wenn es einem gelänge, durch eine Hungerkur so richtig abzuspecken, hätte man bald wieder das vorherige Gewicht erreicht. Das ist der typische Jojo-Effekt." Schnüfferl saß mit offenem Mund da, dann stammelte es heraus: „Ist ja schrecklich!" - „Ich sagte doch, dass Obesitas eine

Krankheit ist. Man muss deshalb die Sache angehen, so wie man einen Elefanten isst." - „Einen Elefanten? Puh, der ist doch riesig groß!" Schnüfferl schluckte erst einmal kräftig, als ob man ihm gleich einen dieser grauen Kolosse vorgesetzt hätte, dann fragte es neugierig: „Na, und wie isst man einen Elefanten?" - „Stück für Stück. Genauso muss man beim Abspecken auch vorgehen, Schritt um Schritt. Dazu braucht man Geduld und noch einmal Geduld. So schnell, wie manche es haben möchten, so schnell geht das leider nicht. Da gibt es auch kein Wegzaubern, eine Harry Potter-Diät oder so."

„Und was ist die Ursache, dass manche eben viel dicker sind als andere?" - „Die Ursache liegt im Energieverbrauch, bzw. der Fettverbrennung. Besonders fettreiche Kost führt zur Gewichtszunahme, wie das beim Fastfood der Fall ist. Fettes schmeckt eben meist besser. Dann kommt noch der Bewegungsmangel hinzu, es wird viel weniger Energie verbraucht, als man durch die Nahrung aufgenommen hat." - „Kann denn die Fettsucht nicht vererbt werden? Die Eltern von meinem Schulfreund sind auch so kugelig." - „Wenn sie nicht auch durch falsche Ernährung so dick geworden sind, können natürlich auch erbliche Faktoren Störungen des Energiestoffwechsels hervorrufen."

„Aha! Aber Habakuk, du hast doch auch gesagt, dass man auch durch psychische Belastungen dick und fett werden kann, wie geht denn das?" - „Einige Menschen reagieren auf Belastungssituationen oder Situationen mit Gefühlen wie Wut, Trauer, Ängste, Depressionen, Langeweile mit verstärkter Nahrungsaufnahme." - „Das kenn' ich. Wenn ich vor dem Fernseher sitze, muss ich auch immer etwas knabbern." - „Na, siehst du. Das sollte man eben nicht tun, besonders dann nicht, wenn man zu Übergewicht neigt, da wird man schnell zu einem *Couch potato*, unförmig und pummelig. Aber bei dir bin ich sicher, dass du weiterhin noch knabbern kannst." Dabei hob Habakuk seine Schwinge und sagte: „In Maßen natürlich! Viele aber suchen im Essen im gewissen Sinne Trost. Auch andere psychische Störungen, wie Minderwertigkeitsgefühle und Nachlassen des Selbstwertgefühles können zu derartigen Essstörungen führen."

„Ich kenne aber einige, bei denen das alles nicht zutrifft. Die essen nur ganz wenig, naschen nicht und werden doch kugelrund, obwohl ihre Eltern gertenschlank sind. Sie brauchen nur an Essen zu denken und schon nehmen sie zu" - „Ja, ja, das gibt es freilich auch. Das dürften höchstwahrscheinlich hormonelle Störungen im Spiel sein. Auch eine Schilddrüsenunterfunktion bewirkt eine größere Fettablagerung. Selbst Medikamente, wie Cortisonpräparate, die ‚Pille' und Antidepressiva können Gewichtszunahme auslösen und, mit zunehmendem Alter zum Beispiel nimmt auch der Energieverbrauch des Körpers ab. Wenn man dann gleich viel und üppig wie früher isst, na dann..." - „wird man dicker", warf Schnüfferl vorlaut ein. „Richtig, dann wird man eben etwas rundlicher... Aber Schnüfferl, warum schaust du mich so an?" - „Ich schau dich doch gar nicht an." - „Du schaust nicht? Nun gut", sagte der Rabe ein wenig irritiert, und Schnüfferl stellte gleich eine weitere Frage: „Meine Güte, ist es so schlimm, wenn man dem Schönheitsideal der Steinzeit gleicht?" - „Nicht schlimm, solange der oder die Betroffene nicht körperlich leidet, wie unter Kurzatmigkeit, starkem Schwitzen oder unter Gelenkschmerzen. Bei körperlicher Belastung ermüden allerdings die dicklicheren meist schneller als die Schlanken."

Es war dies das erste Mal, dass Schnüfferl die gute Nachspeise zu Mittag stehen ließ und selbst Habakuk, der schon scharf darauf war, schien plötzlich darauf wenig Lust zu haben. Wenn du aber glaubst, dass d u sie nun bekommen könntest, nichts damit! Zur Jause nämlich waren die beiden Schnitten Apfelstrudel nicht mehr auffindbar - merkwürdig, gelt?

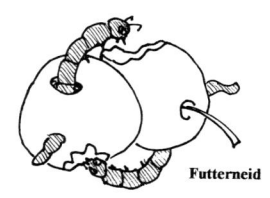

Anmerkung: Bist du auch ein Dickerl? Versuche es einmal mit verschieden Düften, mit ätherischen Ölen bei der Massasage und im Bad: Fenchel, Wacholder, Rosmarin, Bergamotte und Geranium. Schnüfferl macht es so, warum glaubst du wohl, dass es so schlank ist?

Nun, es gibt auch Fast Food, das gesund ist:

GRÜNE ERBSENSUPPE (für eine Person)
Zutaten:
1 kleine, mehlige Kartoffel (oder auch 1-2 EL Kartoffelflocken)
1 Tasse Erbsen (tiefgekühlt), 100-200 g1-1 1/2 Tassen Bouillon
1-2 EL Rahm
Meersalz, schwarzer Pfeffer (gemahlen), wenig Minze (frisch oder getrocknet), 1 Hand voll Rucola

Zubereitung:
Die Kartoffel schälen und raffeln, mit gefrorenen Erbsen aufkochen. Zugedeckt bei kleiner Hitze 7-10 Minuten köcheln lassen. Mit dem Stabmixer so lange pürieren, dass die Suppe noch Biss hat. Mit Rahm, Salz und Pfeffer abschmecken. In Schüsselchen oder Tasse anrichten und mit Rucola bestreuen.
Dazu passt geräucherter Fisch oder Schinken, Wurst, gehobelter Parmesan oder Frischkäse.

Varianten:
Je nach Saison statt Erbsen Spinat, Lattich, Broccoli, Karotten, Fenchel, Sellerie, Lauch oder Zucchetti verwenden. Minze durch Basilikum, Majoran, Petersilie oder Curry ersetzen.
Im Sommer schmeckt die Suppe auch eisgekühlt wunderbar.

Josef Weinheber schreibt in seinem Gedicht: „Der Phäake", nachdem er eine unheimliche Fülle von Speisen aufzählt, die dieser Gourmand verspeist:

Glauben S'nicht, ich könnt ein Fresser wern,
ich hab sonst nix, drum leb ich gern,
kein Haus, kein Auto, nicht einmal
ein G'wehr im Überrumplungsfall.
Wenn nicht das bissel Essen wär....

Der Dicke aber – autsch! Mein Bein!
Hat wieder heut das Zipperlein.
Wilhelm Busch (1832 – 1908)

Mein lieber Sohn, du tust mir leid,
dir mangelt die Enthaltsamkeit
Wilhelm Busch (1832-1908)

Auch im Wörterbuch kommt
„Anstrengung" vor „Erfolg"
Peter Bamm

WENN ESSEN ZUM ZWANG WIRD
DIE LATENTE ESSSUCHT

Nach dem Mittagessen hatten sich die beiden zur Ruhe begeben. Schnüfferl streckte sich auf der Bettbank gemütlich aus, und Habakuk las konzentriert in der Zeitung, bis er unvermittelt aufschreckte und Schnüfferl, das gerade dahindöste, etwas daraus vorlas: „Etwa zwei bis fünf Prozent der Gesamtbevölkerung sind davon betroffen. Aber auch hier stellen Frauen, mit 60 bis 65 Prozent den größeren Anteil. Die Appetit- und Sättigungsregulation ist empfindlich gestört."
Schnüfferl wälzte sich kurz zur Seite und antwortete: „Mein Appetit ist nicht gestört, mir schmeckt's immer." - „Das freut mich, Schnüfferl, aber ich lese da von der BED[174]." - „Heißt bed nicht Bett im Englischen?" - „Schon, schon, aber B. E. D. ist eine Krankheit." - „Na schön, wenn du willst, dann liege ich eben auf einer Krankheit." - „Nein, Schnüfferl, BED ist die Abkürzung für Binge Eating Disorder. Von BES spricht man dann, wenn die Essanfälle mindestens zweimal pro Woche über sechs Monate auftreten." Schnüfferl seufzte tief, dann sagte es erleichtert:

„Das trifft mich nicht, ich habe immer Hunger." - „Bei dir ist das ganz normal, ein heranwachsendes Schweinchen braucht auch mehr Futter, ich meine aber das krankhafte, unkontrollierte Essen."
Schnüfferl blinzelte zu Habakuk, der gleich weiter sprach: „Erwachsene Frauen, die sich einer strengen Diät unterziehen, haben ein 18-faches größeres Risiko an einer Essstörung zu erkranken als solche, die keine Diät halten." - „Na, da bin ich aber froh, ich halte keine Diät", murmelte Schnüfferl halblaut und drehte sich gleich wieder um, um weiterzuschlafen. Habakuk legte die Zeitung auf den Tisch und sagte: „Essanfälle ohne zu erbrechen, etwa 5 % der Übergewichtigen leiden an dieser Krankheit. Die Hälfte der Patienten mit BES ist übergewichtig. Und häufig leiden sie auch unter psychischen Erkrankungen. Ess-Störungen muss man ernst nehmen."

Fortsetzung von Seite 82

Das mag wohl stimmen, aber Schnüfferl hatte nichts mehr gehört, es schlief bereits fest - und was soll's, das schlanke Schnüfferl war ja zum Glück davon nicht betroffen.
Genug ist manchmal schon zu viel.

Die Natur ist die beste Führerin des Lebens.
Cicero

Und noch ein Rezept für eine gesunde Suppe:

ROTE RÜBEN SUPPE
Zutaten:
750 g   rote Rüben
3/4 l   Gemüsebrühe (Instant)
1   säuerlicher Apfel
1/4 l   Sauerrahm
Saft einer Zitrone
Je eine Prise Salz, frisch gemahlener Pfeffer und Zucker
1 Bund   Schnittlauch

Zubereitung:
Rote Rüben schälen, in Würfeln schneiden (1 Knolle beiseite legen) und in der Gemüsebrühe 20 Minuten garen. Den Apfel grob raspeln und mit Zitronensaft mischen. Die restliche rote Rübe ebenfalls fein raspeln. Die gekochten roten Rüben im Mixer pürieren, mit Sauerrahm mischen, erneut erhitzen und mit Salz, Pfeffer und Zucker abschmecken. Die Suppe mit den Äpfeln und den roten Rüben–Raspeln verrühren und mit Schnittlauch bestreuen.

Kalorien:
(6 Portionen à 150 kcal = 628 KJ)

Über den Geschmack lässt sich nicht streiten.
De gustibus non est disputandum.

Trinke Liebchen, trinke schnell,
trinken macht die Augen hell.
Fledermaus, Operette von Richard Strauß, Lied Nr. 5

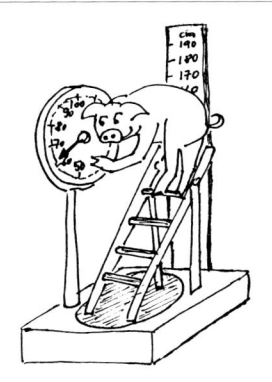

**Für meine ein Meter achtzig
bin ich gar nicht zu dick**

UNTERERNÄHRUNG

Ein Problem der Welt

HUNGER

Schnüfferl kam ins Wohnzimmer hereingestürmt und quiekte gott'serbärmlich: „Ich habe Hunger, Huuunger!" Nur Habakuk schien sich nicht zu kümmern. Mit dem Rücken abgewandt ging er ungerührt seiner Tätigkeit weiter. Es war aber unmöglich, Schnüfferl überhört zu

haben, denn die Stimme des kleinen Schweinchens war so schrill und so durchdringend, na und laut war sie auch. Als Schnüfferl nochmals losquiekte, drehte Habakuk betont langsam seinen Kopf nach hinten. Dabei rutschte ihm die Brille fast auf die Schnabelspitze. Erstmals musterte er Schnüfferl eine geraume Zeit, dann antwortete er besonnen:
„Das kann doch nicht wahr sein Schnüfferl, vor zwei Stunden hast du doch gejausnet, na und dabei - es sei dir ja vergönnt - gleich zwei Portionen Apfelstrudel verdrückt! Und jetzt willst du wieder hungrig sein?" - „Ich habe aber trotzdem Hunger", winselte das kleine Schweinchen nun mit Mitleid heischender, schwacher und entkräfteter Stimme. Na ja, Kinder essen oftmals riesige Mengen, schließlich müssen sie ja noch wachsen, wenngleich es einem Erwachsenen nicht ganz klar ist, wohin diese Mengen verschwinden. Aber das mit dem Hunger wollte Habakuk seiner kleinen rosaroten Freundin nicht abnehmen.

Erfahrungsaustausch

„Viele Menschen in den reichen Ländern, die in Wohlstand leben, führen ein Leben wie Zombies, sie wissen eigentlich gar nicht, dass sie schon gestorben sind", sagte Habakuk, den Blick unentwegt auf Schnüfferl gerichtet. „Gestorben? Wie ist denn das möglich?" - „Ich meine nicht, dass sie physisch tot sind, aber seelisch sind sie es. Ihr Herz ist versteinert, in der gefühlsmäßigen Kälte ihrer Umgebung erfroren, sodass sie sich wenig um das Schicksal anderer kümmern." - „Wie kommt es denn, dass die Menschen wenig für andere übrig haben, wenn sie reich werden?"
Habakuk lächelte weise, dann sagte er: „Schau beim Fenster hinaus, Schnüfferl, und sag mir, was du siehst." Schnüfferl wusste zwar nicht, warum es gerade jetzt beim Fenster hinaussehen sollte, und vor allem, warum es keine Antwort auf seine Frage bekam, aber es sah hinaus und berichtete: „Schau, da draußen läuft der junge Nachbarhund, und wie lustig, der kleine Franzl läuft hinter ihm her, und Wuffi, sein Hund, mit ihm. Und unter dem Baum sitzt das alte Ehepaar, das ich gelegentlich beim Einkaufen treffe, und da drüben..." - „Gut Schnüfferl, gut, das reicht mir schon. Und nun, schau in den Spiegel, was siehst du nun?" Schnüfferl war verdutzt, aber es tat so wie ihm geheißen. „Ja, ja, ich sehe mich selbst", sagte das Schweinchen noch immer nicht wissend, warum Habakuk ihm so merkwürdige Aufgaben stellte und ihm nicht erklärte, wieso die reichen Menschen so wenig für die andern übrig haben. Bevor Schnüfferl nun nach der Antwort drängen wollte, begann Habakuk die Sache aufzuklären: „Nun, Schnüfferl, du hast dir bereits die Antwort gegeben." - „Ich soll mir die Antwort gegeben haben? Ja, welche denn?" - „Ganz einfach. Siehst du, die Fensterscheibe, wie auch

der Spiegel, bestehen aus Glas, nur beim Spiegel ist ein bisschen Silber[175] dahinter und so ist es mit den Menschen auch, kaum ist ein bisserl Silber dahinter, sehen sie sich nur mehr selbst."

Schnüfferl, den Körper noch zum Spiegel gewandt, blickte Habakuk betroffen an, und der alte Rabe stellte fest: „Siehst du, ich meine die Gleichgültigkeit der reichen Länder gegenüber den armen, wo viele Menschen unterernährt sind. Mit der Unterernährung gehen meist auch Fehl- und Mangelernährung einher. Der Mangel an Proteinen und Nährstoffen führt zu einer Schwächung der inneren Organe, besonders des Herz-Kreislaufsystems wie auch des Immunsystems. Dadurch kommt es, besonders bei Kindern, zu tödlichen Infektionskrankheiten. Täglich sterben etwa fünftausend Kinder und bis zu zwanzigtausend Menschen an den unmittelbaren und mittelbaren Folgen der Unterernährung." Schnüfferl wurde bleich. Es wandte sich zu Habakuk, und nach einer kurzen Pause sagte es: „Davon erfährt man in den reichen Ländern aber nichts." - „Vielleicht will man es auch nur nicht wahrhaben. Aber auch in den reichen Ländern gibt es Fälle von Unterernährung, entweder durch Krankheit, wie die Magersucht zum Beispiel oder auch durch Verwahrlosung und Kindesmisshandlung."

Da Habakuk natürlich wusste, dass das Gefühl des Hungers nicht unbedingt mit der Füllung des Magens zu tun hat, sondern eher mit einem niedrigen Glykogenniveau[176], und da der alte Rabe schließlich nicht der Kindesmisshandlung angeklagt werden wollte, richtete er dem kleinen Schweinchen etwas zum Essen her. Habakuk wusste, dass Schnüfferl keinen Hunger hatte, der durch den Neurotransmitter *Serotonin*, das ‚Esshormon', gesteuert wird. Hunger ließe sich durch eine Erhöhung des Serotoningehaltes abschalten, nein Schnüfferl hatte lediglich Appetit. Na, und Appetit ist der Hauptantrieb zum Essen, der kommt auch ohne Hunger, ohne fehlende Sättigung, sondern ist Ausdruck der Lebensfreude, und die entsteht im Limbischen System, im Innersten des Gehirns.

Mit der Peitsche treibt man den Hunger nicht aus.
Redensart

1. Eine Jause für Kinder sollte nicht aus Mehlspeisen oder Süßigkeiten bestehen, die nur „leere Kalorien" beinhalten und auch die Konzentration und Leistungsfähigkeit nicht steigern, da die wichtigen Vitamine und Mineralstoffe fehlen. Eine sinnvolle Jause wären z. B.: Käsebrot mit Radieschen und ein Glas Orangensaft; oder: Vollkornbrot mit Topfenaufstrich, eine Banane, Wasser oder ein Glas Buttermilch, ein Kornspitz mit Schinken und Gurkerl, ein Apfel und ein Kräutertee.
2. Denis Papin (22.8.1647 -1714) Französischer Physiker, Professor in Marburg (1688-1707) erfand den Papin'schen Topf und das dazugehörige Sicherheitsventil für Überdruck. Er baute übrigens auch als erster ein Dampfschiff mit Schaufelrädern.
3. Gottfried Willhelm Leibnitz (1.7.1646-14.11.1716): Philosoph, Politiker und Forscher auf beinahe allen Wissensgebieten. Er schrieb bahnbrechende Arbeiten in Mathematik (Differentialgleichung), Physik (Gesetz von der Erhaltung der Kraft), Logik, Psychologie, Erdgeschichte u.a.
4. Packerlsuppe: österreichisch für Tütensuppe.
5. Als sich die französische Armee nach dem Brand von Moskau zurückziehen musste, bettelten die Franzosen um Essen: ‚Cher amie' sagten sie, was soviel wie ‚lieber Freund' bedeutet. Lange Zeit war das Wort im Russischen ‚Scheramiga' und „Scheramuschnik' gleichbedeutend mit Gauner.
6. Sir Willam Edward Parry (19.12.1790-8.7.1855) englischer Polarforscher, unternahm vier Polarfahrten zur Entdeckung der Nordwestpassage und Erreichung des Nordpols. 1827 erreichte er die damals höchste Breite von 82o45'.
7. Sapotaceae (aztekisch): Pflanzenfamilie der Ebenales; Tropische Holz- und Milchsaftgewächse zu denen u.a. Argania, Bassia, Bolletbaum und Chrysophyllum gehören.
8. Gewürzte Fleischsoße: malaisch: kuchap. Tomate vietnamesisch: cà chua (= katschwa),
9. Hernando Cortez (1485 -1547) spanischer Konquistador Mexikos; eroberte am 13.8.1521 Tenochtitlan (heute: Ciudad de México), die Hauptstadt des Aztekenreiches und wurde Stadthalter und Generalkapitän von Neuspanien. Zog 1524/25 durch Veracruz, Tabasco und Chipas bis nach Honduras. 1536 führte er eine Expedition nach Kalifornien.
10. Alexander Freiherr von Humboldt (14.9.1769 Berlin – 6.5.1859 Berlin): Naturforscher, Begründer der physischen Geographie. 1791 besuchte er die Bergakademie zu Freiberg und wurde dann Oberbergmeister in Franken. 1797 lernte er in Paris den Botaniker Bonplant kennen, mit dem er 1799-1804 über die Kanarischen Inseln nach Amerika reiste und von dort zahlreiche naturwissenschaftliche Beobachtungen nach Europa brachte. Er bereiste Venezuela, das Orinocogebiet, Kolumbien, Ecuador, und 1802 den 6287 m hohen Vulkan Chimborazo bestieg, Mexiko und Kuba. Von 1808-1827 lebte er in Paris, wo er sein Riesenwerk bearbeitete. Seit 1827 hielt er die berühmten, gegen die Naturphilosophie Hegels gerichteten Vorlesungen in Berlin. 1829 nahm er an einer Zentralasienexpedition teil, wo er den Ural, Altai, Dsungarei und das Kaspische Meer bereiste. Zu seinem Hauptwerk zählt der fünfbändige „Kosmos" (1845-62), in dem er das naturwissenschaftliche Wissen seiner Zeit zusammenfasste.
11. Friedrich II. von Preußen der Große (1740-1786)
12. Der Verzehr von 40 Gramm dunkler Schokolade (Bitterschokolade), mit einem Kakaoanteil von 74 % verbessert die Funktion der Gefäßinnenwände und den sogenannten antioxidativen Status. Die positive Auswirkung auf den Blutfluss hält mehr als acht Stunden an.
13. Von den 20 Arten aus der Familie Sterkuliaceen werden die folgenden: Theobroma pentagona, Theobroma angustifolia und Theobroma cacao zur Kakaoherstellung verwendet.
14. Die Kakaomotte (Zarantha cramerella) ist ein auf den Sundainseln heimischer Kleinschmetterling, dessen Larven die Kakaofrüchte zerstören.
15. Ceylon, Java, Ozeanien wie Samoa.
16. Ein Coca-Cola enthält Wasser, 10,6 g Zucker pro 100 ml, das sind ca. 10 Dekagramm Zucker pro Liter. (Auch Eistee, Energy-Drinks, Limonaden, Fruchtsäfte und Vitamindrinks haben hohe Zuckergehalte), Lebensmittelfarbstoff E 150d (Zuckerlikör), Säuerungsmittel: E 338 (Phosphorsäure), Aroma, Aroma Coffein (10 mg Coffein /100 ml Coca Cola)
Im Coca-Cola Light sind Wasser, Kohlensäure, Lebensmittelfarbstoff E150d, E952 (Natriumcyclamat, Acesulfam-K, Aspartam, welches Phenylalanin enthält), Aroma, Aroma Coffein und zusätzlich noch Zitronensäure enthalten.
17. Kokain ist ein Alkaloid aus den Blättern des Kokastrauches (Erythroxylon coca), der in Peru und Bolivien vorkommt. Dort werden auch die Kokablätter gekaut was nicht nur schmerzstillend ist, sondern auch gefäßzusammenziehend und schleimhautabschwellend wirkt. Es steigert auch die Gehirnfunktion. Bei größeren Dosen allerdings kommt es zu Rauschzuständen und Krämpfen. Durch Atemstillstand kann auch der Tod eintreten. Kokain ist ein schweres Rauschgift und bewirkt Sucht.
18. In Atlanta und auch in Las Vegas gibt es auch ein Coca-Cola Museum.
19. Dr. John Sith Pemberton (1831-1888) US-amerikanischer Apotheker. War morphiumsüchtig, experimentierte mit der Cola-Pflanze, um durch das damals harmlos geltende Kokain von seiner Sucht wegzukommen. Erfand das Coca Cola, das er am 6. Juni 1887 als Patent einreichte. Bis 1903 war im Coca Cola noch Kokain enthalten. Zwei Tage nach dem Patentantrag verkaufte er 2/3 seiner Rechte an die Firma Asa Candler. Das verbliebene Drittel verkaufte er für seinen Sohn sein, der, nur wenige Jahre später, im Alter von 57 Jahren an einer Überdosis an Rohmorphium starb.
20. Vanille (Vanilla planifolia) die einzige Orchideenart unter den weltweit 30.000 Arten, die genießbare Früchte hervorbringt. Sie wächst an Waldrändern und rankt sich lianenartig bis zu 10 m Höhe auf Bäume hinauf. Ideal für ihr Wachstum sind Regionen mit wechselnden Regen- und Trockenzeiten. Zwei weitere Arten: Vanilla pompona aus Venezuela und Vanilla tahitiensis aus Französisch Polynesien werden auch zur Herstellung von Vanille genutzt.
21. Motezuma (Montezuma): um 1466-1520
22. Bernal Diaz de Castillo (um 1498 Medina del Campo – 1581 Guatemala): Spanischer Konquistador und Chronist, nahm 1519-21 unter Cortez an der Eroberung Mexikos teil.
23. Vanillin = ein Phenolderivat. Bei der Fermentation der Vanillefrüchte entsteht zunächst das Coniferin, ein geruchloses Glykosid (Vanillosid, Glucovanillin), das enzymatisch in Glucose und Vanillin gespalten wird. Vanillin ist die Hauptkomponente, daneben gibt es noch an die 30 bis 40 weitere Stoffe, wie Ester und Aldehyde, die den lieblichen Geschmack und Geruch der echten Vanille ausmachen. Vanillin in vielen Lebensmittel enthalten ist, gilt, in großen Mengen genossen,

als krebserregend. Übermäßiger Vanillin-Genuss führt auch zum Absinken der Konzentrationsfähigkeit bei gleichzeitiger Zunahme der Nervosität. Achtung! Zuviel Vanillekipferl sind nichts für Naschkatzen!
24 Tee im Chinesischen (Amoy-Dialekt: T'e), im Persischen: schai oder im Türkischen çai vom Chinesischen (Mandarin): cha.
25 20 mg/100 ml Ca (Kalzium) und 10 mg/100 ml Mg (Magnesium).
26 Wenn man einen Millimeter auf 100 Meter vergrößert, dann entsprächen 10 um einem Millimeter!
27 Eine stillende Mutter produziert in 6 Monaten soviel Milch, dass eine Badewanne gefüllt werden könnte.
28 Die Weltgesundheitsorganisation (WHO) empfiehlt, sechs Monate zu stillen, danach bis zum vollendeten 2. Lebensjahr geeignete Beikost. Darüber hinaus kann das Kind gestillt werden, so lange Mutter und Kind das wollen.
29 Methode nach Johann Baptist van Helmont (1577 Brüssel – 30.12.1644 Brüssel): Niederländischer Arzt und Chemiker. Er führte den Begriff des Gases für den dritten Aggregatszustand der Materie ein.
30 Die Sterblichkeit der Kinder unter fünf Jahren lag bei 62 %. Als Todesursachen kamen hauptsächlich Durchfall, Lungenentzündung und Tuberkulose in Frage, wobei der oft schlechte Ernährungszustand der Kinder sein Übriges tat. Damit lag die Lebenserwartung in Europa zwischen 1740 und 1770 um die fünfunddreißig Jahre.
31 Kolostrum enthält Fett in Tropfenform, daher ist es so gelb. Sein Eiweiß enthält weniger Kasein und mehr Albumin und Globulin, außerdem reichlich Mineralstoffe, Vitamin A und C, sowie für das Kind wichtige Abwehrstoffe. Das Kolostrum der Haustiere nennt man Biestmilch.
32 Antikörper
33 Die Milchleistung einer Milchkuh ist über 10.000- (16.000) Liter pro Jahr. Die teuerste Milch ist die Mäusemilch, sie kostet pro Liter gut 20.000 Euro. Für einen Liter benötigt man 4000 Mäuse. Das ist doch zum Mäusemelken, nicht wahr?
34 Stutenmilch hat eine ähnliche Zusammensetzung als die Muttermilch und ist als **Muttermilch**-Ersatz gut geeignet. Sie enthält wenig Eiweiß, wenig Fett, dafür aber viel Milchzucker und viele ungesättigte, essentielle Fettsäuren. Vergorene Stutenmilch, Kumys wird in Mittelasien, von Turkvölkern, z. B. Kirgisen, Usbeken und Mongolen getrunken.
35 Die Muttermilch enthält ca. 50 % mehr Milchzucker als die Kuhmilch. Bei der Umstellung von Muttermilch auf Kuhmilch kann es beim Säugling zu Verdauungsproblemen kommen.
36 Schon die alten Sumerer beschäftigten sich vor 5000 Jahren mit der Milchwirtschaft. Ihnen mundete nicht nur die Milch, sie stellten auch verschiedene Milchprodukte her, was Tontafeln belegen. Später lernten auch die alten Ägypter, Griechen, Römer und Germanen den Wert der Milch kennen. Die alten Ägypter, welche die Milch irtet nannten, kannten neben der Kuhmilch auch die Milch von Ziegen und Schafen.
Um ausreichend mit Kalzium versorgt zu sein, muss das Kind nicht unbedingt pure Kuhmilch trinken. Vielleicht isst es Kakao lieber, oder es ißt gerne Joghurt, Milchdesserts oder Käse, oder es nimmt auch in Form von Grießbrei, Milchreis, Pudding Milch zu sich. Oft werden Sauermilchprodukte von Kindern sehr gut vertragen, denen Vollmilchprodukte nicht bekommen. Bei Verdacht auf Kuhmilchallergie oder Milchzuckerunverträglichkeit sollte man unbedingt einen Arzt aufsuchen.
37 Simonides von Keos (* 557/556 v. Chr. in Iulis auf Keos; † 468/467 v. Chr. in Akragas): griechischer Dichter
38 Scherbet, scharbat = arab. Getränk = maschrub = Dschilati , Dondurma
39 In Energy-Drinks und den diversen Colas ist nicht nur Koffein enthalten, sondern auch sehr viel Zucker. (1 Flasche Coca Cola enthält 37 Stück Würfelzucker) und sind aus diesem Grund als Durstlöscher nicht geeignet. Natürliche Fruchtsäfte enthalten nur den im Obst vorkommenden Fruchtzucker. Im Fruchtnektar ist zusätzlich Haushaltszucker zugesetzt und der Fruchtanteil ist bedeutend geringer.
40 Zucker (Saccharose und Glukose).
41 Red Bull Sugarfree, die zuckerfreie Variante, mit nur acht Kilokalorien pro Dose, gibt es seit 2003.
42 Taurin (2-Aminoethansulfonsäure). Von den Chemikern Gmelin und Tiedemann 1827 aus Stiergalle isoliert und zunächst „Gallen-Asparagin" genannt. 1838 wird diese Substanz erstmals als Taurin bezeichnet. Dieser zufällig entstandenen Trivialnamen verdankt Taurin eine Reihe von Legenden um seine Herkunft (Bullenblut, Bullensperma, Bullenhoden etc.) und vor allem über seine Wirkung. In der Muttermilch des Menschen sind 25 bis 50 mg (Milligramm) Taurin enthalten, in einer Red Bull Dose von 250 ml hingegen 100 mg (0,1g). Ein erwachsener Mensch von 70 kg Körpergewicht hat etwa 70 g Taurin, das vor allem in Muskel, Herz, Gehirn und Blut enthalten ist. Selbst im „Nivea for Men", einem erfrischenden Hydro Gel, ist Taurin enthalten.
43 Glucuronolacton: C6H8O6 ist ein natürliches Stoffwechselprodukt (Metabolit) im menschlichen Körper. Es wurde von den Amerikanern als Droge während des Vietnamkrieges verwendet, um die Soldaten im Kampf mit Energie zu versorgen, aber auch um den Stress zu reduzieren. Deswegen wird es auch in den meisten ‚Energy Drinks' verwendet. Es reduziert die Schläfrigkeit, verbessert die geistige Aufmerksamkeit, das Gedächtnis und verkürzt die Reaktionszeit.
44 Kellergasse = Gasse mit Weinkellern, die abseits der Ortschaft angelegt ist. Entlang eines Hohlweges befinden sich die Keller, ein solcher ist ein meist in Löss hinein gegrabener, dreiteiliger Hohlraum, der aus Presshaus, Kellerröhre und Keller besteht. In diesen Weinkellern ist die Temperatur annähernd bei 10° C konstant bei einer Luftfeuchtigkeit von 80 %.
45 Titus Flavius Domitianus (18.9.96 nach Christus Rom): Römischer Kaiser (81-96 nach Christus), Sohn Vespasians, Bruder des Titus, dem er auf den Thron folgte. Er verteidigte das Reich erfolgreich gegen Britannien und Germanien und erbaute den Limes. Er wurde im Jahr 96 ermordet.
46 Carnuntum: Östlich von Wien, zwischen Petronell und Bad Deutsch Altenburg an der Donau gelegene, römische Ruinenstadt. Ursprünglich eine keltische Stadt, später römisches Legionslager, dann Hauptstadt von Oberpannonien und Sitz des römischen Stadthalters.
47 Marcus Aurelius Probus (232 Sirmium – 282 Sirmium): Römischer Kaiser (276-282), sicherte die Reichsgrenzen gegen die andringenden Germanen, indem er diese in die römischen Grenzheere

aufnahm und ihnen erlaubte, sich im Grenzgebiet anzusiedeln. Er wurde 282 in Sirmium, der Hauptstadt Niederpannoniens (Ruinen bei Mitrovica an der Save) ermordet.
48 Karl der Große (2.4.742 – 28.1.814 Aachen): Fränkisch und römisch-deutscher Kaiser (768-814).
49 Henry Morgenthau jr. (11.5.1891 New York – 6.2.1967 Poughkeepsie bei New York): US-amerikanischer Politiker: Sah in seinem Morgenthau-Plan die Zerstückelung Deutschlands vor, sowie die Zerstörung der Industrie und Einführung von Agrarstaaten. Außerdem wäre eine Zwangsarbeit für Millionen Deutsche in anderen Ländern vorgesehen gewesen. Der anfänglich von Präsident Roosevelt gebilligte Plan wurde Ende 1944 unter dem Einfluss der Staatssekretäre Hull und Stimson fallengelassen.
50 Reblaus (Viteus vitifolia): Pflanzenlaus aus der Gruppe der Blattläuse, etwa 1 mm groß. Die befallenen Rebstöcke sterben ab. Bekämpfung durch Kontaktgifte. Aushauen der befallenen Stöcke und Anpflanzen reblausimmuner Rebsorten.
51 Isolani in Friedrich Schiller: Die Piccolomini 4,7.
52 Damaskus: Hauptstadt Syriens, in der fruchtbaren Ghuta-Oase, am Südostrand des Antilibanon gelegen.
53 Amphore = bauchiges Ton- oder Bronzegefäß mit zwei Henkeln, ab dem 11. Jhdt. vor Christus zum Aufbewahren von Wein oder Öl.
54 So ein Bild mit Weinkrügen, die mit Reben geschmückt sind und aus dem Grab des Djeserkerésonb, Theben West, Mitte des 18. Jahrhunderts, stammen. Auf einem andern Bild, aus dem Grab des Apuja, in Theben West, 19. Dynastie, sieht man die Weinlese, das Abpflücken und Zerstampfen der Trauben. Berühmt ist auch das „Grab der Weinlauben", wo man Weinstöcke in der Sargkammer des Sen-nufer, Theben-West, aus der Regierungszeit Amenophis II. entdeckte. Im Grab des Tutanchamun fand man viele Weinkrüge, die Wein verschiedener Jahrgänge enthielten. Ein Krug datiert sogar auf die Regierungszeit von Amenophis III. Leider sind die köstlichen Getränke aus den unglasierten Krügen nicht mehr erhalten.
55 Amasis (570-526 vor Christus), General, der durch eine Volkserhebung gegen Apries und dessen griechischen Söldner kämpfte und König der 26. Dynastie (Saitendynastie) von Ägypten wurde.
56 Hieratische Schrift: Seit 2700 vor Christus wurde neben der Hieroglyphenschrift eine Kursiv-Schrift, das Hieratische, verwendet und später, ab 700 vor Christus, die noch stärker vereinfachte demotische Schrift.
57 Bei der Familienfeier des Schabbat folgt vor der Segnung des Brotes der Weinsegen in Hebräisch: „Gelobt seist du, Ewiger, König der Welt, der du die Frucht des Weinstockes erschaffen und uns den heiligen Schabbat in Liebe und Wohlgefallen zum Anteil gegeben hast als Gedenken des Schöpfungswerkes und an den Auszug aus Ägypten. Amen." Danach trinken alle der Reihe nach aus dem Kelch, zuerst die Männer, dann die Frauen. Dann erfolgt der Segensspruch über die Brote.
58 Genesis 9, 20-22
59 Vom mittelgriechischen Hügelland, nördlich des Golfes von Korinth. In Phokis lagen Delphi und der Berg Parnass.
60 Symposion: aus dem Griechischen: Trinkgelage, gemeinschaftlicher Schmaus, Gastmahl, durch Trinklieder, häufig auch durch Flötenspielerinnen oder Tänzerinnen belebt.
61 Danach ist auch die Lehre von den Rebsorten, die Ampelographie, benannt.
62 Hippokrates (*460 vor Christus auf der Insel Kos – um 377 vor Christus, in Larissa, Thessalien): griechischer Arzt, gilt als Vater der Heilkunde. Das Wesen der Krankheit bestand nach ihm in einer fehlerhaften Mischung der Körpersäfte. Der ‚Eid des Hippokrates' ist noch heute die Grundlage ärztlicher Ethik.
63 Plutarchos von Chäronea (um 45 nach Christus – um 125 nach Christus): Griechischer Philosoph und Historiker der hellenistisch-römischen Zeit. Konsul unter Trajan und Stadthalter von Griechenland, Priester des delphischen Apollon. Verfasste 46 Biographien in vergleichender Darstellung berühmter Griechen und Römer.
64 Wilhelm Busch (15.4.1832 Wiedensahl / Hannover – 9.1.1908 Mechtshausen bei Seesen): Deutscher Maler, Graphiker und Dichter. Berühmt sind: „Max und Moritz", „Die fromme Helene" „Hans Huckebein", „Julchen", „Abenteuer eines Junggesellen" u.a.
65 HDL-Cholesterin = High-Density-Lipoprotein-Cholesterin, ein Fett, das weder im Wasser noch in der Blutflüssigkeit löslich ist. Damit es zu den Körperregionen transportiert werden kann, wird es im Blut an bestimmte Eiweißkörper (Proteine) gebunden. Die Verbindungen zwischen Fetten (Lipiden) und Eiweißen (Proteinen) werden Lipoproteine benannt. Das HDL-Cholesterin schützt vor Arteriosklerose und Herzinfarkt.
LDL-Cholesterin (Low-Density-Lipoprotein-Cholesterin) lagert sich bei einem Überangebot an die Innenschicht der Gefäßwände an und kann Gefäßverkalkung und Herzinfarkt hervorrufen.
66 Ernst Ferdinand Sauerbruch (3.7.1875 Barmen – 2.7.1951 Berlin): Deutscher Chirurg, Begründer der Lungenchirurgie in Druckdifferenzverfahren und Erfinder des Sauerbruch-Armes, einer Prothese, welche die Bewegung der Finger durch eigene Muskelkraft ermöglicht.
67 Pernod: Anislikör, benannt nach dem französischen Hersteller H.-L. Pernod.
68 Pastice: französisch: Anislikör
69 Sambuca: italienisch: Anislikör
70 Rakı: Branntwein aus vergorenen Rosinen mit Anis
71 Sir Edward Vernon (1684-1757): Britischer Admiral.
72 In Österreich gab es 1998 162 Drogentote und mehr als 20.000 Menschen starben durch legale Suchtmittel wie Alkohol und Nikotin. Bei jedem zweiten tödlichen Verkehrsunfall von Jugendlichen ist Alkoholmissbrauch die Unfallursache. Haschisch (Cannabis) ist auch in unseren Schulen zur Alltagsdroge geworden. Fast jeder Dritte hat diese Droge schon einmal probiert, verrückt, gilt Alkohol als „Volksdroge Nummer eins" Selbst Zehnjährige mit Vollrausch gibt es. Etwa 330.000 Menschen in Österreich sind alkoholabhängig.
73 Die Pilze enthalten das Halluzinogen Psilocybin.
74 Herodot (*um 485 v. Chr. Halikarnassos / Karien bis +um 425 v. Chr. Thurioi/Unteritalien): Griechischer Geschichtsschreiber. Der „Vater der Geschichtsschreibung" unternahm ausgedehnte Reisen nach Persien (Ekbatana), Ägypten (Elephantine), Babylonien, der Cyrenaika und an das Schwarze Meer. Das Streben nach historischer Wahrheit machte Herodot zum Begründer der kriti-

schen Geschichtsschreibung.
75 Paracelsus (Theophrastus Bombastus von Hohenheim: Geboren 1494 in Einsiedeln, Schweiz; gestorben am 24.9.1541 in Salzburg): Philosoph und Arzt. Setzte an die Stelle der überlieferten Säftelehre eine chemische Biologie und Pathologie und betonte die Wichtigkeit der Seele im normalen und krankhaften Geschehen.
76 Odyssee: 4. Gesang; 220. Zeile: „Würze, die Leiden und Gram hinwegtilgt aus dem Gedächtnis schüttete rasch sie hinein in den Wein, von welchem sie tranken."
77 Diágoras der Melier, griechischer Dithyrambendichter aus dem Ausgang des 5. Jahrhunderts vor Christus, genannt der Atheist, wurde wegen Leugnung der Götter verurteilt.
78 Hypnos: Griechischer Gott des Schlafs, Sohn der Nacht und Zwillingsbruder des Todes (Thanatos). Wird als geflügelter Jüngling dargestellt, mit Flügeln an den Schläfen und Mohnstängel in den Händen sowie einem Horn, aus dem er den Schlaf ausgießt. Er ist der Sohn der Nacht und der Bruder des Schlafs.
79 Demeter, Kurzform: Deo. Der Name bedeutet ‚Mutter der Erde'; gilt vielerorts als Göttin des Getreides. (Bei den Römern hieß sie Ceres, Cerealien = Zerealien, lat.: Feldfrüchte, besonders Getreide, auch: altrömisches Fest zu Ehren der Göttin Ceres: 12.-19. April). Homer benennt die Brotfrucht nach ihr. Hades entführte ihre Tochter Persephone in die Unterwelt. Die trauernde Mutter hatte daraufhin die Erde mit Unfruchtbarkeit geschlagen, sodass selbst die Götter des Olymps um ihre Gaben kamen. Zeus bestimmte, dass Persephone zwei Drittel des Jahres bei ihrer Mutter und dein Drittel des Jahres bei ihrem Gatten Hades verbleiben sollte. Der Demeter-Kult war in Großgriechenland weit verbreitet. Bei den Thesmophorien, dem weiblichen Fruchtbarkeitsfest, waren Männer ausgeschlossen. Bei den Thalysien (Erntetagfest) wurden ihr vielfach trächtige Tiere geopfert (Marmorstatue der Demeter von Knidos ist im Britischen Museum in London ausgestellt).
80 Mark Aurel (Marcus Aurelius Antonius): Römischer Kaiser (161-180), geboren 121 in Rom, gestorben in Vindobona (Wien) am 17.3.180. Der feinsinnige, um Humanität bedachte ‚Philosophenkaiser', musste in fast unaufhörlichen Kriegen das Reich vor dem Zerfall bewahren.
81 Galen(os): (*129 Pergamon bis + 199 Rom): Griechisch-römischer Arzt, einer der bedeutendsten der römischen Kaiserzeit. Leibarzt Marc Aurels. Seine Schriften fassten die gesamte antike Heilkunde zusammen und waren im Mittelalter die Grundlage des medizinischen Wissens. Seit Galen sind Arzneizubereitungen bekannt.
82 Hadrian Publius Aelius: Römischer Kaiser (117-138), geboren am 24.1.76 in Italica, Spanien, gestorben am 10.7.138 in Bäja. Als Stadthalter von Syrien wurde er am 11.8.117 in Antiochia zum Kaiser ausgerufen.
83 Kokain (Cocain): Methylester des Benzoylekgonins, ein Alkaloid der Blätter des Kokastrauches (Erythroxylon coca).
84 Erythroxylon coca, eine in Bolivien und Peru heimische Erythroxylacee, die in ihren Blättern ebenso wie Erythroxylon novogranatense aus Kolumbien das Kokain liefert.
85 Peyotl: Getrocknete Spitzen der in Mexiko heimischen Kakteenart Anhalonium Lewinii. Rauschgift der Indianer in Mexiko auf Grund des Gehaltes stark wirksamer Alkaloide wie Meskalin, Pellotin und Lophophorin.
86 Datura (arab.: Stechapfel): Ein Nachtschattengewächs.
87 Rauchende Jugendliche werden immer jünger. In Österreich beginnen 22 % der Burschen und 18 % der Mädchen im Alter von 15 Jahren regelmäßig zu rauchen. In Salzburg rauchen 67% der 18-Jährigen. Dies wird in Zukunft ein gesundheitspolitisches Problem darstellen.
Eine Pall Mall-Filter-Zigarette beinhaltet: 10 mg Teer, 0,8 mg Nikotin und 10 mg Kohlenmonoxid (CO); eine Pall Mall Smooth Taste-Zigarette: 8 mg Teer, 0,6 mg Nikotin und 9 mg Kohlenmonoxid. Dies entspricht dem Durchschnittswert nach ISO. Rechnet aus, wieviel Teer ein Kettenraucher innerhalb von einem Jahr in seine Lunge bekommt. Glaubt ihr, dass das gesund ist, die sportliche Aktivität und Leistung fördert? Denkt daran, dass auch das passive Mitrauchen gesundheitsschädlich ist!
In Deutschland sind 6,8 Millionen Menschen nikotinabhängig. Jährlich erkranken dort 60 Menschen auf 100.000 Einwohner an einem Bronchialkarzinom. Bei 80-90% davon ist Rauchen die alleinige Ursache. In vielen Ländern ist daher Rauchen an öffentlichen Plätzen, sowie Büros, Wartesälen und Zügen und Flugzeugen verboten.
88 In Wien gibt es ein eigenes Kaffeemuseum: A-1080 Wien, Alser-Straße 67 Tel.: 01-4066735 (Cafe Benno).
89 Georg Franz Kolschitzky: Hat sich am 16. August 1683 bei der Türkenbelagerung Wiens, zusammen mit seinen Diener Michalowitz, der ebenfalls Türkisch sprach, durch das türkische Lager geschlichen, um sich zum kaiserlichen Lager, das zwischen Angern und Stillfried stand, durchzuschlagen. Am 11. September erreichte das christliche Heer den Kahlenberg und 12. September begann die Schacht. Nach dem Sieg über die Türken bekam Kolschitzky aus der Beute die grünen Kaffeebohnen und die Erlaubnis, das erste Kaffeehaus in Wien, „Zur blauen Flasche" zu eröffnen. Um 1900 gab es in Wien bereits 600 Kaffeehäuser, in denen sich ein wichtiger Teil des Wiener Lebens abspielte, gemäß dem Motto: „Nicht daheim und doch zuhause". Kaffeehäuser gab es in Venedig seit 1645, Oxford (1650), London (1652), Marseilles (1659), Amsterdam und Den Haag (1663) und Paris (1672).
90 Johan Diodato (eigentlich Owanes Astouatzuatur): eröffnete in Wien am 17. Jänner 1685 das erste Kaffeehaus in der Rotenturmstraße Nr. 14, dem damaligen Hachenbergischen Haus, gleich gegenüber dem Mauthaus. Diodato bekam dafür ein Privileg von Kaiser Leopold I. für das öffentliche Ausschenken des „Thürkischen Gethränks Chava". Es war nur ein Zimmer mit einfachen Holztischen und kleinen Tischen. Nach einer Spionageaffäre rund um die Belagerung Belgrads, die unter dem Oberbefehl Prinz Eugens stand, konnte sich Diodato um die Rehabilitieren und übersiedelte nach Venedig: Sein Kaffeehaus übernahmen vier Armenier. So nahm die Kaffeehauskultur in Wien ihren Anfang.
91 Der Tabakkonsum war noch im 17. Jahrhundert in Bayern, Sachsen und Zürich bei Strafe verboten, und im Herzogtum Lüneburg stand auf Rauchen sogar die Todesstrafe!
92 Amerigo Vespucci (9.3.1451 Florenz - 22.2.1515 Sevilla): Italienischer Seefahrer, entdeckte 1497-1504

auf vier Reisen (z.T. angezweifelt) große Küstenstriche Südamerikas, das er als erster als selbstständigen Kontinent erkannte. Der deutsche Kartograph Martin Waldseemüller, im Glauben, dass Vespucci der Entdecker sei, benannte den Kontinent in seiner ‚Cosmographiae Universalis Introductio' 1507 nach Vespuccis Vornamen ‚America'.

93 Sir Walter Raleigh (1552-1618) studierte für kurze Zeit in Oxford, schloss sich den Kämpfen für die französischen Hugenotten an, wurde 1581 Günstling der Königin Elisabeth I., 1587 zum Ritter geschlagen und 1587 zum Hauptmann der Garde ernannt. Damit verbunden waren lukrative Privilegien wie Weinhandel und Export feiner Wollstoffe (broadcloth) sowie ein Patent für die Königin, Land in Besitz zu nehmen. 1584 sandte er eine Expedition an die Küste nördlich von Florida. Diesem Landstrich gab er den Namen Virginia. Eine Kolonie wurde auf Roanoke Island errichtet. Aber durch mangelnde Organisation zerfiel die Kolonie: Raleigh verlor die Gunst des Hofes, kam kurzfristig in den Tower und wurde nachher für einige Jahre vom Hof verbannt. Im Jahr 1595 segelte er los, um das sagenhafte El Dorado in Guinea zu entdecken. Nach dem Tod der Königin 1603 wurde ihm wieder der Prozess gemacht, indem er zum Tode verurteilt wurde. Die nächsten zwölf Jahre verbrachte er im Tower zu London, zusammen mit seiner Familie, wo er in Komfort lebte und Zeit genug hatte, sein Buch „History of the World" zu schreiben. Im Jahre 1616 entließ James I. den Gefangenen, um ihn mit einer neuerlichen Expedition nach Guinea zu beauftragen auf der er Gold finden sollte. 1618 kehre Raleigh zurück, ohne Erfolg. Da er keine Hoffnung in London hatte, wollte er nach Frankreich entkommen, wurde aber gefangen und wieder in den Tower gesperrt, und am 29. noch im selben Jahr, am 29. Oktober, wurde er in Westminster enthauptet.

94 Suum cuique! Wahlspruch König Friedrichs I. von Preußen und Inschrift des preußischen Adlerordens 1701

95 Der Mensch lebt nicht vom Brot allein, sondern von einem jeden Wort, das aus dem Mund Gottes hervorgeht. – Matthäus 4,4

96 Brosamen: Mittelhochdeutsch: brõs(e)me, althochdeutsch: brõs(a)ma; = Zerriebenes, zerbröckeltes; Brotkrümel.

97 In Österreich und in Deutschland sind an die 300 verschiedene Brotsorten bekannt (Vollkornbrote, Weizenbrote, Mischbrote, Roggenbrote, Spezialbrote)

98 2 Mose, 12, 29. Zur Schabbatfeier wird nach dem Weinsegen das Tuch, das über die Brote gelegt wurde, entfernt und auf Hebräisch der Segen über die Brote gesprochen. Danach wird das Brot geschnitten und mit ein wenig Salz bestreut und jedem, der an der Schabbatfeier teilnimmt, gereicht. Dies ist auch ein Zeichen der Anspruchslosigkeit. Nur zum Neujahrsfest, zum Rosch Haschana, wird Honig aufs Schabbat-Brot gestrichen, damit das Jahr süß wird.

99 Scherzl = österreichischer Ausdruck für Anschnitt

100 Mais (Zea mays) oder auch Welschkorn, Türkischer Weizen, Kukuruz: Eine bis zu drei Meter hohe Getreidepflanze, die zu den Süßgräsern gehört.

101 abfieseln = abnagen

102 Jerome Bock, ein deutscher Naturforscher, nahm 1539 die Maispflanze in seinem ‚New Kreuterbuch' auf und 1542 bildete Gerhard Fuchs die ganze Maispflanze, das ‚Türkisch Korn', in seinem Werk ‚De historia stirpium' ab.

103 Giovanni Battarra (1778): „...Nun, meine Kinder, wenn ihr euch im Jahr 1715 getroffen hättet, das von den Alten immer das Jahr der Hungersnot genannt wurde, als man von diesem Getreide noch keinen Gebrauch machte, hättet ihr viele von den armen Kreaturen Hungers sterben gesehen....Aber schließlich hat es Gott gefallen, dieses Getreide einzuführen..."

104 Polenta: Mais-Grütze, Nationalspeise in Italien, besonders in Norditalien, sodass polentone die abwertende Bezeichnung für Norditalianer geworden ist.

105 Pellagra: Die Symptome der drei ‚D': Dermatitis, Diarrhöe und Demenz. Also, Hautauschlag, Durchfall und Verblödung. Diese Krankheit nahm in den Maisanbauländern epidemisches Ausmaß an. Die Krankheit grassierte ab der zweiten Hälfte des 18. bis in das vorgerückte 19. Jahrhundert in Südfrankreich, in der italienischen Poebene und am Balkan. Noch 1910 suchte diese Krankheit bis zu 10 % der Bevölkerung heim. (Zentral- und Norditalien, besonders Venetien und Lombardei, Emilia, in Rumänien die Walachei, weiteres Moldawien. Tirol, Korfu, Unterägypten, Rotmeerküste und in Spanien waren Asturien, Niederaragon, Guadalajara und Burgos betroffen. In Frankreich der gesamte Südosten.)
Was die Bauern schon lange wussten, dass, wenn sie Wein tranken und Fleisch und Weizenbrot aßen, die Krankheit nicht bekommen, haben erst zu Beginn des 20. Jahrhunderts amerikanische Wissenschafter festgestellt, dass Pellagra keine Erbkrankheit ist, sondern eine Mangelerkrankung, die aus dem exklusiven Genuss von Mais entstand. Der dabei auftretende Vitamin B-Mangel, kann durch Gaben von Bierhefe beseitigt werden, oder durch eine ausgewogene Diät bzw. Zubereitung des Mais nach indianischer Art.

106 Nikotinsäure (früher: Niacin) ist ein einfaches Pyridinderivat (Pyridin-3-Carbonsäure) und ein Vitamin der B-Gruppe.

107 Landwirt Gottfried Glöckner

108 Medwjed (russ.) heißt in slawischen Sprachen Bär, was übersetzt soviel wie Honigfresser bedeutet.

109 al-barquq (arab.) die Zwetschge.

110 mischmisch (arab.) die Aprikose, Marille. mischmesch (hebrä.) die Aprikose, Marille.

111 granum = Korn, Kern.

112 Granatapfel: Englisch: pomegranate, Französisch: la grenade

113 Rinde des Granatapfelbaumes: Granatrinde = Cortex Granati

114 Hohelied, 8, 2 Würzwein gäbe ich dir zu trinken, Granatapfelmost.

115 Granatapfelmuster (französisch: pomme d'amour) vom 14. -16. Jahrhundert oft verwendetes Muster in der Weberei aus gesprungenen, von Ranken umrahmten Granatäpfeln, stilisierten Ananas, Pinienzapfen. Im 15. Jahrhundert vom burgundischen Hof bevorzugt, im 19. Jahrhundert für die Kirchengewänder wieder zur Anwendung gekommen.

116 Num. 13,23

117 Gartensorten haben auch scharlachrote, weiße und gelbe (gefüllte) Blüten.

118 Kirsche (Prunus cerasus), althochdeutsch: Kirsa, griechisch: Kerasion, nach der namensgleichen

Stadt in Kleinasien, Kerasous, benannt. Neugriechisch: kerási(on), armenisch: keras; neupersisch und türkisch kirez, weiter westlich lag die Stadt Kerasonda oder Kiresun, das spätere Pharnakia.
119 Licinus Lucius Lucullus: Römischer Feldherr, (um 117 – um 57 vor Christus): Er erwarb sich viele Reichtümer im Osten welche ihm in Rom ein (sprichwörtliches) glanzvolles und üppiges Leben erlaubten. lukullisch, nach Art des Lucullus, üppig, schwelgerisch.
120 Die Hauspflaume (Prunus domestica) ist aus einer Kreuzung von Schlehen (Prunus spinosa) und Kirschen (Prunus cerasifera) entstanden.
121 Zucker: arab. sukkar
122 Zuckerrübe (Betula vulgaris vulgaris): Wichtige Wirtschaftspflanze aus der Familie der Gänsefußgewächse (Chenopodiaceae).
123 Andreas Sigismund Marggraf (3.3.1709 Berlin – 7.8.1782 Berlin), deutscher Chemiker, seit 1754 Leiter des chemischen Laboratoriums der Akademie der Wissenschaften in Berlin. Mit der Entdeckung des Zuckers in der Zuckerrübe (1747) schuf er die Grundlage für die von seinem Schüler Achard begründete Zuckerindustrie in Deutschland. Er benutzte erstmals das Mikroskop für chemische Untersuchungen. Er entdeckte die Ameisensäure und entwickelte neue Methoden zur Darstellung von Phosphor, Zink u.a.
124 Franz Carl Achard (28.4.1753 Berlin – 20.4.1821 Cunern/Niederschlesien, heute: Konary/Polen). Seit 1782 Direktor der Physikalischen Klasse der Berliner Akademie, gründete 1801 in Cunern die erste Zuckerfabrik.
125 Kürbis (Cucurbita pepo)
126 Gurke (Cucumis sativus)
127 Extractum und Tinctura Colocynthidis sind stark wirksame, mit Vorsicht zu verwendende Abführmittel.
128 Flaschenkürbis Lagenaria vulgaris, die einzige kürbisartige Pflanze, die das Altertum kannte. Sie wächst heute in den feuchten Wäldern von Malabar in Vorderindien.
129 Manna: Hebräisch: ‚Himmelsbrot' (hebrä.), welches die Israeliten, auf ihrer Wanderung durch die Wüste aßen. Wahrscheinlich Ausscheidungen von Schildläusen (eventuell auch die Mannaflechte: Lecanora esculenta). Das Wort Manna könnte eventuell aus dem Hebräischen Ma na? = Was ist das? sich herleiten. Manna war weiß wie Koriandersamen und schmeckte wie Honigkuchen, sah wie Bdelliumharz aus, das man zur Salbenherstellung verwendete. Gen. 2,12, 16: 31,35
130 In Österreich gibt es ein eigenes Erdäpfelmuseum in A-2185 Prinzendorf 8, Alter Pfarrhof, Tel.: 02533/89732 oder 02533/89938; www.volkskulturnoe.at/museen/0018.htm
Weltweit existieren 5000 kultivierte Sorten in 130 Ländern. Nur die feucht-heißen Länder eignen sich nicht für den Anbau.
131 Kartoffel (Solanum tuberosum)
132 Tomate (Paradeiser): Lycopersicum esculentum
133 Eierfrucht, Aubergine oder italienisch: Melanzana (Mehrzahl: melanzane): Solanum melongena
134 Tollkirsche: Atropa belladonna
135 Stechapfel: Datura stramonium
136 Engelsposaune: Datura suaveolens
137 Korallenbäumchen: Solanum pseudocapsicum
138 Ruderalpflanzen: Pflanzen auf stickstoffreichen Böden in Siedlungsnähe (Schutthalden, Wegränder, Bahntrassen): Brennnessel, Gänsefußarten u.a.
139 Bilsenkraut: Hyoscyamus niger
140 Bocksdorn: Lycium barbarum
141 Bittersüße Nachtschatten: Solanum dulcamara
142 Judenkirsche: Physalis alkekengi
143 Sir Walter Raleigh (um 1552-1618): Englischer Seefahrer, gründete 1585 die erste englische Kolonie in Nordamerika, die er zu Ehren Elisabeth I „Virginia" nannte. Kämpfte gegen die spanische Armada, 1603 wegen Teilnahme an einer Verschwörung zum Tode verurteilt, jedoch begnadigt. Kehrte 1617 erfolglos von einer Expedition von Guyana zurück, wo er eine spanische Stadt zerstört hatte. Auf Verlangen Spaniens wurde er ausgeliefert, wo ihn Jakob I. 1618 hinrichten ließ.
144 Friedrich der Große (1712-1786): Friedrich II. König von Preußen (1740-1786)
145 Spinat (Spinacia oleracea L.): Gänsefußgewächse (Chenopodiaceae), oleracea bedeutet gemüseartig.
146 Spinat Arabisch: sabanadsch
147 Eine Verbesserung der Eisenaufnahme erreicht man, wenn man zusätzlich Vitamin C-reiche Lebensmittel isst, z. B. frisches Obst, Orangensaft, Broccoli u.a. Der Eisengehalt beträgt im frischen Spinat 2,6 mg, im gekochten und entwässerten 2,2 mg pro 100 Gramm, das ist nicht mehr als in einem Ei enthalten ist, da wurden Werte bis zu 2,2 mg/100 g gekannt und im Weißbrot 2,3 mg, sogar in der Schokolade befindet sich mehr, nämlich 6,7 mg und in Pistazien sind es sogar 7,3 mg pro 100 Gramm!
148 Gschnas (süddeutsch) = Maskenball
149 Wie die Paradeiser hat auch unser Paprika südamerikanische Ahnen. Die Spanier haben sie nach Europa gebracht um das Pfeffer-Monopol der Venezianer anzugreifen. Erst Ende des 19. Jahrhunderts wurden Sorten von Gemüsepaprika mit dicken, fleischigen Wänden gezüchtet, die milde schmecken.
150 Albert Szent-Györgyi (16.9.1893 Budapest - 22.10.1986, USA): Ungarisch-Amerikanischer Biochemiker, Professor in Szeged (1931-1945), lieferte zahlreiche Beiträge zur Chemie der Vitamine und führte Untersuchungen über den Verlauf der biologischen Oxidation durch. Entdeckte das Vitamin C, das mit der Ascorbinsäure, die der Norweger Axel Holst (1860-1931) entdeckte ident ist. Er erhielt 1937 den Nobelpreis für Medizin und lebte seit 1947 in den USA.
151 Das Pfefferland Cayenne (Französisch-Guayana, S-Amerika). Die Strafinsel diente der französischen Regierung bis 1946 als Verbannungsort.
152 Pfeffer: Latein: Piper, Engl.: pepper, franz. poivre, italienisch: pepe, pevere, rumänisch: piper, spanisch: pimienta, portugiesisch: pimenta, pfeber, isländisch: pipar, finnisch: pippuri.
153 Saleph = Kalykadnos, Coxon, Göksu, ca. 50 km nördlich von Alanya; Süd-Türkei.
154 Die Darmflora übt einen wesentlichen Einfluss auf das Immunsystem aus. Lactobacillus reuteri steigert im Menschen die CD4-Zellenzahl.

155 Prof. Dr. jur. Claus Hipp trat 1964 in den väterlichen Betrieb ein und übernahm 1968 die Betriebsleitung. Er lebt mit seiner Frau und fünf Kindern, zusammen mit zahlreichen Tieren, 20 Pferden und 80 Kühen, in einem Bauernhof in der Nähe von Pfaffenhofen. Claus Hipp ist auch freischaffender Künstler, er spielt Oboe und Englisch-Horn und ist ausgebildeter Maler. Seine abstrakten Bilder wurden in New York, Paris und Kiew ausgestellt. Er ist aktiv im Reitsport tätig, als Military Reiter feierte er Siege bei internationalen Sprung- und Militaryturnieren. Heute züchtet er Turnierpferde.
Müttern ist nichts gut genug für ihre Kinder und Hipp setzt konsequent auf biologischen Landbau, auf allergievermeidende Kost und gentechnikfreie Produkte. Ohne Konservierungsstoffe, ohne künstliche Geschmacks- und Zusatzstoffe „Dafür stehe ich mit meinem Namen", sagt Prof. Hipp. Ein eigenes Lebensmittellabor prüft standardmäßig auf zahlreiche, unterschiedliche Schadstoffe. Die HIPP Unternehmergruppe ist weltweit der größte Verarbeiter von biologischen Rohstoffen und beherrscht mit 60 % den deutschen Markt. Weitere Firmen, die Babynahrung anbieten, sind: ALETE, BEBA, HUMANA und MILUPA.
156 Ein völliger Verzicht auf tierisches Eiweiß (vegane Kostform) ist für Kinder strikt abzulehnen, weil es sonst zu einer Mangelversorgung an zahlreichen Nährstoffen kommt (Eiweiß, Kalzium, Vitamin B12), was zu schweren Störungen in der Entwicklung und Gesundheit des Kindes führen kann.
157 Philippus Aureolus Theophrastus Bombastus von Hohenheim (10.11.1493 oder 1494 Einsiedeln – 24.9.1541 Salzburg): Arzt, Naturforscher und Philosoph, Erneuerer der Medizin. Kämpfte gegen die scholastische Einstellung der Medizin seiner Zeit, indem er das naturwissenschaftliche Experiment über die Buchüberlieferung stellte, wurde wegen seiner umwälzenden Lehren von den Hochschulen und Ärzten seiner Zeit geschmäht und verfolgt.
158 gifta (isländisch) Glück; verheiraten, trauen. Daher: Mitgift: etwas mit der Heirat bekommen.
159 Elfriede Blauensteiner, österreichische Giftmörderin, zu lebenslangem Kerker verurteilt.
160 Claudius Drusus Germanicus Cäsar Nero (15.12.37 n. – 9.6.68 nach Christus): Römischer Kaiser.
161 Marcus Aurelius (121 n. Chr. in Rom - 17. 3. 180 Vindobona): Römischer Kaiser.
162 Aus seinem Reich entstand 131 vor Christus die römische Provinz Asia.
163 Papst Alexander VII (1655-1667)
164 Das ist übrigens beim Lernen genau so. Auch hier müssen alle Sinne angesprochen werden. Lernen, wie Essen muss auch Freude machen, dann hat mehr davon. Effektiv lernen ist nur mit Gefühl möglich!
165 Acetylsalicylsäure (= Natriumsalicylat) der Natur abgeguckt (Aspirin®) aus der Weide Salix.
166 Semmerl: = Verkleinerungsform (Verniedlichung) von Semmel: österreichischer Ausdruck für Brötchen.
167 Orthorexie, gr. orthós gerade, richtig.
168 Bulimie = wenn man ständig Heißhunger-Attacken hat, im übertragenen Sinne, wenn man einen Bärenhunger hat oder hungrig wie ein Wolf ist. Das Wort Bulimie kommt von Ochse (griechisch, βους) und Hunger (griechisch: λιμός, limós). Unter der Bulimia nervosa (BN), der so genannten Ess-Brech-Sucht, leiden bei uns an die 8 % aller Frauen, wobei die jüngeren davon stärker betroffen sind. Die Bulimie tritt häufig bei Mädchen und Frauen zwischen dem 18. und 30. Lebensjahr auf. Sie schwanken zwischen suchtartigem Essen und panischer Angst zuzunehmen. Die Betroffenen legen Wert auf gutes Aussehen. Aber die Wahrnehmung des eigenen Körpers ist gestört. Die häufig attraktiven, normalgewichtigen bis schlanken Frauen erleben sich als dick, unattraktiv und hässlich. Diese ‚Hungerneurose' kann auch zur Selbstverachtung, Stimmungstiefs, Konzentrationsstörungen, Reizbarkeit, Wutausbrüchen, Angst, Unausgeglichenheit, Unsicherheit, Isolierung, Nachlassen des sexuellen Interesses und auch zur Neigung zu Ladendiebstählen führen. Häufig sind auch depressive Verstimmungen mit Selbstmordgedanken. Außerdem kann es zu verschiedenen körperlichen Störungen kommen, wie zum Ausbleiben der Monatsregel, trockene Haut, Zahnschäden, Schwellungen der Speicheldrüsen, Störungen des Elektrolyt- und Wasserhaushaltes durch das ständige Erbrechen, Herzrhythmusstörungen und, wenn auch selten, zu Speiseröhreneinriss und zu Magenwanddurchbrüchen. Die Erkrankten leben häufig in einer rigiden Familie, in der sie besonders bevormundet werden. Die Essensverweigerung bzw. das Erbrechen stellt eine Art Machtdemonstration dar. Je eingeengter sich der oder die Erkrankte fühlt, desto ausgeprägter ist die Bulimie. Die Situation der Umwelt wird ‚zum Kotzen' empfunden, und die Sorgen werden ‚im Klo hinuntergespült'. Aufgrund des Essverhaltens kommt es auch zu medizinischen Problemen. Es kommt zum Kaliummangel, der zu ernsthaften Herzrhythmusstörungen führen kann. Durch das Erbrechen werden durch die Magensäure auch die Speiseröhre und die Zähne geschädigt. Infolge des gestörten Mineralstoff- und Hormonstoffwechsels kommt es zum Haarausfall und zum Ausbleiben der Menstruation. Bulimie-Patienten sind zum Unterschied zu den an Anorexie Erkrankten meist normalgewichtig.
169 Anorexia; Anorexie: griech.: Streben, Begierde; Die Anorexia nervosa (AN) tritt meist bei, überwiegend weiblichen, Teenagern auf. Am meisten betroffen sind Mädchen und Frauen zwischen dem 12. und 35. Lebensjahr. Die Magersüchtigen sind tatsächlich ‚süchtig nach Hunger'. Die Gewichtsabnahme wird über die Reduktion der gesamten Nahrungsaufnahme erreicht oft auch zusammen mit einem Übermaß an körperlicher Betätigung, um die aufgenommenen Kalorien zu verbrennen. Häufig liegt auch ein Missbrauch von Abfuhr- und Entwässerungsmitteln vor. Bei sehr starkem Untergewicht treten Hyperthermie, Ödeme und Flaum-(Lanugo)-Behaarung auf. Amenorrhoe, das Ausbleiben des Menstruationszyklus, stellt sich bereits vor einer sichtbaren Gewichtsnahme ein. Die daran Erkrankten sehen sich selbst nicht krank und sind gegenüber einer Behandlung nicht aufgeschlossen. Die Todesrate liegt zwischen 5 und 18 %. Viele der Patienten gelten als perfektionistische ‚Musterkinder', etwa ein Drittel von ihnen war vor Beginn der Erkrankung leicht übergewichtig. Durch die Mangelernährung im Rahmen von Essstörungen kann es zur Verminderung der Knochenmasse und Veränderung in der Mikrostruktur kommen. Osteoporose und Stressfrakturen sind die Folge.
170 Venus (lateinisch „die Gefällige") ursprünglich altitalische Göttin der Gärten, dann der griechischen Aphrodite gleichgesetzt. Man feierte sie als Liebesgöttin und Glücksbringerin. Venus von Willendorf: Jungpaläolithische (jüngere Altsteinzeit), 25.000 Jahre alte, 11 cm große Plastik, die

1908 in Willendorf bei Krems Niederösterreich gefunden wurde.
171 Besonders Kinder sollten fettreiche Lebensmittel, wie Pommes, Wiener Schnitzel, Würstchen, Kuchen, Torten und Eis nur zu bestimmten Festtagen essen Kinder sollten öfters am Tag, 5-8 Mal kleinere Portionen einnehmen (Brot, Nudeln, Kartoffeln, Reis, Obst und Gemüse). Wenn zwischendurch geknabbert wird, dann keine der fettreichen Chips. Das Fett begünstigt die Entstehung von Übergewicht, die hohe Salzzufuhr belastet die Nieren. Als Alternative gibt es Rosinen, Sonnenblumenkerne, Popcorn, Reisgebäck, Soletti.
172 Wie viel wir essen, das heißt, ob wir Hunger haben oder nicht, entscheidet das Gehirn. Vom Gehirn wird die Menge der Nährstoffe und Hormone im Blut registriert und danach gehandelt. Bei einer gestörten Fettsäureproduktion im zentralen Hirnbereich, dem Hypothalamus, kommt es ei einem Mangel an Malonyl-CoA, zu einem starken Hungergefühl, was zu Übergewicht führen kann. An einem Medikament wird geforscht.
173 Adipositas = Obesitas = Fettsucht.
Definition: Krankhafte Vermehrung des Körpergewichtes durch Ansammlung von Fettgewebe im Körper, die bei Männern 20 % und bei Frauen 25 % des Körpergewichtes übersteigt. Etwa 30 % der Menschen in den westlichen Industrieländern liegen über dem so genannten Normalgewicht. Von Fettsucht spricht man erst, wenn der Body-Mass-Index (BMI) 30 oder höher ist. Der BMI ist das Körpergewicht in Kilogramm, dividiert durch das Quadrat der Körpergröße in Meter z. B.: 70 kg Körpergewicht und 1,70 m Größe. BMI = 70: (1,7 x 1,7) = 70: 2,89 = 24,2. - Normalgewicht: 20-25; Übergewicht: 25-30; Adipositas: 30-40; Krankhafte Adipositas: 40-70. - Etwa 20 % der Bevölkerung hat einen BMI über 30. Der Anteil der Frauen gegenüber dem der Männer ist nur unwesentlich erhöht. Die höchste Rate adipöser Menschen findet man in der Altersgruppe von 45 bis 65 Jahren.
Auslöser der Hyperphagie = Überernährung: erbliche Faktoren, falsche Ernährungsgewohnheiten Bewegungsmangel, psychische Stresssituationen (Depression, Ängste, Wut, Trauer, Langeweile), bei Nachlassen des Selbstwertgefühles und bei Minderwertigkeitsgefühlen. Herabgesetzter Grundumsatz durch hormonelle Störungen (Schilddrüsenunterfunktion), Medikamente (Cortison, Antidepressiva, ‚Pille') können ebenfalls zur Adipositas führen.
Im Zusammenhang mit der Adipositas treten die folgenden Krankheiten auf: Koronare Herzerkrankungen, Bluthochdruck, Schlaganfall, Diabetes mellitus (Zuckerkrankheit), Gallenstein, Pubertas tarda, Zyklusstörungen. Fettleber, Cholelithiasis, Schlafapnoe-Syndrom, degenerative Skeletterkrankungen, Gicht, Krebs (z.B. Brust-, Gebärmutter- u. Dickdarmkrebs).
Die Zuckerkrankheit (Diabetes mellitus) ist eine Stoffwechselerkrankung, an der in Österreich 500.000 Menschen leiden. Der Blutzuckerspiegel ist erhöht, der Körper kann Kohlenhydrate, wie Zucker, nur eingeschränkt verwerten. Der sogenannte Typ-2-Diabetes, wurde früher als „nicht insulinabhängiger Diabetes" oder „Altersdiabetes" bezeichnet. Heute findet er sich bereits bei übergewichtigen Kindern und Jugendlichen. Weltweit gab es 1985 etwa 30 Millionen Diabetiker, 2006 sind es nahezu 230 Millionen und 2025 wird es mindestens 350 Millionen Zuckerkranke Menschen geben. Heute leiden 35,5 Millionen Inder und 23,8 Millionen Chinesen an Zuckerkrankheit. Im Südsee-Inselstaat Nauru sind 30 % der Bevölkerung davon betroffen, in den arabischen Emiraten 20 %.
Behandlung. Ärztliches Gespräch, körperliches Training in Gruppen, Schulung in Selbsthilfegruppen, Psychotherapie, Kreativtherapie (Musiktherapie, Körperwahrnehmungsschulung, Sport: Wandern, Schwimmen), medikamentöse und physikalische Therapien. Energiereduzierte, vollwertige Ernährung, die mit einer Veränderung der Essgewohnheiten verbunden ist. Besser mehrmals am Tag (5 x) kleine Portionen essen als wenige (3x) und sehr reichhaltige Mahlzeiten. Nur essen, wenn man wirklich hungrig ist. Grundsätzlich soll man viel Obst und Gemüse und wenig Fett zu sich nehmen. Einseitige Diät, Schwitzkuren, Blitzdiäten, kurzfristige Nulldiät, bringen keine lang anhaltenden Fortschritte. Und noch etwas: Um kräftig abzuspecken, gibt es nur ein wirklich gutes Rezept: Geduld und Ausdauer.
Um Gewicht zu verlieren, muss man weniger Kalorien zu sich nehmen als man verbraucht. Um ein Kilogramm Körperfett abzubauen muss man 7000 Kalorien einsparen. Eine 1000 oder 1200 Kaloriendiät bewirkt pro Woche eine Gewichtsabnahme von einem Kilogramm. Wichtig ist nicht nur die Gewichtsabnahme, sondern auch die Stabilisierung des neuen Gewichtes. Mit dauerhaftem Erfolg kann man nur rechnen, wenn man konsequent ‚falsche' durch ‚richtige' Ernährungsgewohnheiten ersetzt. Eine sinnvolle Abmagerungsdiät ist eine kalorienreduzierte Mischkost. Eine gute Unterstützung beim Abnehmen ist eine Gruppe von Gleichgesinnten, die ebenfalls abnehmen möchte.
174 Binge Eating Disorder (Störung) (BED oder BES): Wenn mindestens an zwei Tagen pro Woche zwei Essanfälle auftreten ohne Gegenmaßnahmen (Erbrechen, Abführmittel, Fasten Intensivsport) zu ergreifen, bei anschließender Scham oder Depression. Daher wird die überreichliche Nahrungsaufnahme nicht alleine eingenommen. Binge (engl.) = Fress- und Saufgelage. Der Begriff wurde 1959 in den USA geprägt. BES betrifft etwa 2% der Bevölkerung in Deutschland und Österreich und ist damit die häufigste Essstörung.
175 Noch klarer und verständlicher wird es im Jiddischen, wo Silber (‚blasses Metall', Hebräisch = Kesef) gleichzeitig auch Geld bedeutet.
176 Glykogen ist als Vielfachzucker die Speicherform der Kohlehydrate bei Mensch und Tier. Bei vermehrtem Energiebedarf wird sie zu Glucose aufgespalten. Glykogen wird in der Leber (höchste Konzentration) und in der Muskulatur (größte Menge) gespeichert. Insulin fördert den Glykogenaufbau, Adrenalin und Glucagon hingegen regen den Glykogenabbau an. Bei gutem Ernährungszustand besteht bis zu 10% des Lebergewichtes aus Glykogen, im Hungerzustand weniger als 1%.

INHALTSVERZEICHNIS

Vorwort des Herausgebers ... 7
Einleitung ... 8

ALLGEMEINES ... 11
Vitamine tun gar nicht weh ... 11
Sweet Honey ... 12
Napoleon und die Konservendose ... 15
Typisch amerikanisch ... 20

GETRÄNKE ... 22

Nicht alkoholische Getränke ... 22
Wasser, Getränk und Lebensmittel ... 22
Ein Geschenk der Götter ... 24
Kakao ... 28
Kaffee ... 30
Das Geheimnis von 7x ... 33
Tlilxochitl ... 36
Die U.S.A. und der Tee ... 40
Bionade - Das Rezept aus dem Dorf der Unbeugsamen ... 42
Kombucha ... 44
Milch. Ein natürlicher Energy-Drink ... 45
Kulinarische Abkühlung ... 49

Energy-Drinks ... 52
Red Bull. Eine Erfolgsgeschichte ... 52

Alkoholische Getränke ... 55
Hopfenblütensaft ... 55
Der Bock im Bier ... 59
Ein Viertel Wein - Im Weinviertel ... 60
In Vino Veritas ... 63
In Vino Sanitas ... 68
Das Rätsel vom weißen Schnaps ... 74
Der Grog und der alte Seebär ... 75

DROGEN UND GENUSSMITTEL ... 77
Drogen I ... 77
Und nochmals Drogen II ... 82
Ecstasy-Extase ... 86
Nichts als blauer Dunst - Rauchzeichen ... 89
Suum Cuique! - Jedem (gefällt) das Seine ... 96

PFLANZENKOST ... 97

Getreide ... 97
Und unser tägliches Brot gib uns heute ... 97
Die Rache des Mais ... 101

Früchte, Obst und Gemüse ... 105
Beerenhunger ... 105
Der süße Carotinspender, die Marille ... 109
Eine erfrischende Frucht mit großer Symbolkraft - Der Granatapfel ... 111
Der römische Feldherr und die Kirsche ... 115
Die Hauspflaume ... 118
Süßgoscherl und Zuckerrohr ... 119
Die Wurzel gegen die Sklaverei, die Zuckerrübe ... 123
Die Rache des Rettichs ... 125

Die Verwandte aus Indien - Melanzane 127
Die Panzerbeeren I. Teil. Der Kürbis 129
Die Panzerbeeren II. Teil. Melonen und Gurken 132
Pflanzen, die die Welt veränderten 134
Earchtling. Die Rettung aus dem Boden. Die Kartoffel (Solanum tuberosum) 134
Das grüne Gericht und das grüne Gesicht. Der Spinat 138
Grün müsste man sein 140

Heilpflanzen und Kräuter 142
Bärlauch (Allium ursinum) 142

Gewürze 144
Scharfmacher. Die Chilischote 144
Capsicum annuum. Der Paprika 146
Eine gepfefferte Geschichte. Der Pfeffer 148

ESSEN UND GESUNDHEIT 151

Gesunde Ernährung 151
Hipp Hipp Hurrah! Glück im Glas. 151
Stressed-Desserts. Die Nachspeise 153
Die Giftküche der Natur 155
Die Apotheke in der Küche 159
Hirnfutter. Supertreibstoff fürs Gehirn 163
Aspirinbaum und Salicylmenü. Von der Weide 169

Essstörungen 173
Essen und Schönheit 173
Krankhaft gesund - Orthorexie 174
Ochsenhunger und trotzdem zu mager - Anorexie und Bulimie 178
Dick - na und? Adipositas/Obesitas 180
Wenn Essen zum Zwang wird. Die latente Esssucht 185

Unterernährung – Ein Problem der Welt 187
Hunger 187

REZEPTE

Pfirsich-Bowle 20
Tlilxochitl 39
Minz-Eistee 42
Drachenblut 108
Zitronen-Joghurt- Mousse 114
Kirschkuchen 117
Müslikuchen 122
Melanzani gefüllt 128
Kürbiscreme Suppe 131
Kürbispfanne 131
Kartoffel-Champignon-Auflauf 138
Krautfleckerl 150
Paradeiser (Tomaten)Creme Suppe 162
Dinkel-Walnuss-Brioche 168
Gemüselaibchen 172
Apfel-Topfen-Auflauf 177
Chicoree-Risotto 180
Grüne Erbsensuppe 184
Rote Rüben Suppe 186

Inhaltsverzeichnis 198

Der Autor:
Univ.-Prof. DDr. Gottfried Tichy, geb. 1942,
ist Professor für Geologie und Paläontologie
an der Universität Salzburg. Er lebt in Seekirchen am Wallersee.

Symposium

© Verlag Michael Aichmayr
A-4690 Schwanenstadt, office@aichmayr.com
© Gottfried Tichy, A-5201 Seekirchen am Wallersee
1. Auflage, ISBN 3-901722-10-6
Gedruckt in Österreich, 2006